Young Bin Lie
und
Sun Whan Lie

Grenzgänger

Grenzgänger

Eine Autobiographie

Young Bin Lie
und
Sun Whan Lie

Steinmann

Für Kyung-Taek und So-Eun
Kyung-Uk und Kyung-Ja
Susanne
Johannes und Tanja
und
Sul-Gi, Boram, Han-Gyeol
Eu-Jin und Da-Jin
Dominik

Mein besonderer Dank gilt der
Evangelischen Kirche in Hessen und Nassau (EKHN),
die mich 1974 zum Pfarrer in ihrer Landeskirche
berufen und mir bis zum Ruhestand 1991 eine intensive
ökumenische Zusammenarbeit ermöglicht hat.
Sie hat mich ermutigt, mein Buch „Grenzgänger",
das auf Koreanisch bereits 1996 erschienen ist,
in deutscher Sprache zu veröffentlichen.

Erste Auflage
Copyright 2013 by Steinmann Verlag,
Rosengarten bei Hamburg
Alle Rechte vorbehalten
ISBN 978-3-927043-43-5
Covergestaltung: Elsa von Rahden, Kassel
Titelbild von Lee Ung No:
„Flucht der heiligen Familie auf einem edlen Hirsch"
Herstellung: BoD - Books on Demand, Norderstedt

www.steinmannverlag.de

Grußwort von Dr. Dieter Trautwein (†), ehemaliger Propst für Frankfurt

Manche Botschafter in unserer Welt machen große Schlagzeilen. Viele andere bleiben fast unbekannt. Ihre Leistungen sind aber meistens von großer Bedeutung. Sun Whan und Young Bin Lie gehören zu den letzteren. Ihre Präsenz in Deutschland und insbesondere in Frankfurt und damit auch in der Evangelischen Kirche in Hessen und Nassau ist schon immer, auch wenn es viele nicht merken, ein großes Privileg für uns gewesen.

Als junge koreanische Theologen und als Studenten-Ehepaar gaben sie uns die Ehre, indem sie sich in der Zeit von 1955 bis 1974 in unsere Theologie und Kirchengeschichte einarbeiteten. Dass sie schließlich in der Kirche von Martin Niemöller mit ihrer Familie ein deutsches Zuhause fanden, war nicht zufällig. Während sie sich die jüngste deutsche Kirchengeschichte und in ihr den Kampf der *Bekennenden Kirche* geistlich zu eigen machten, wurde es ihnen noch deutlicher, wie sehr ihnen als koreanische Christen, ob in der Heimat oder im Ausland, ein politisches Credo aufgetragen war.

Das Thema von Bonhoeffers „Widerstand und Ergebung" war ihnen präsent. Verfolgt von der südkoreanischen Diktatur, die bis in unser Land hinein Gefangene machte, waren sie existentiell weit mehr herausgefordert als es vom Nachkriegschristentum in Westdeutschland begriffen wurde. Durch ihre Geistesgegenwart jedoch machten sie nicht nur auf sich selbst, sondern stellvertretend auf die Lage ihres so radikal geteilten Volkes aufmerksam. Ihr Leiden am Eisernen Vorhang, der den Norden Koreas vom Süden trennt, ließ uns Chancen und Aufgaben besser begreifen, die uns die von West nach Ost durchschreitbare Mauer, trotz aller Mühen und Ärgernisse, doch als Möglichkeit bot. Ihre Sehnsucht nach dem Ende gegenseitiger tödlicher Bedrohung in Korea gab uns Impulse, in der gemeinsamen Bemühung um Frieden und Gerechtigkeit in der Mitte Europas nicht nachzulassen.

Sun Whan und Young Bin Lie waren lebendige Dolmetscher für einen konziliaren Prozeß, der nicht nur die Eisernen Vorhänge bekämpft, sondern auch die Frage nach der besseren sozialen Gerechtigkeit wachhält. Dass Young Bin und Sun Whan in der lokalen Gemeinde des Frankfurter Ortsteils Niederrad so lange bejaht und in der Bevölkerung geachtet waren, hängt sicher damit zusammen, dass es ihnen gelang, die Botschaft von der Menschenfreundlichkeit Gottes und seines Christus glaubwürdig in die menschlichen Schicksale vor Ort zu übertragen. Und weil diese Präsenz – lokal und regional –, weil das Mitleben im deutschen Kontext so eindrücklich gelang, war es auch den Kollegen und dem leitenden geistlichen Amt leicht gemacht, den besonderen politisch-diakonischen Weg des Ehepaares Lie zu bejahen und zu unterstützen. Wer ihr Mitsein mit uns begriffen hatte, der musste ihre bleibende Mitverantwortung für die Gemeinschaft des koreanischen Volkes, der sie entstammen, anerkennen.

Weil gerade Young Bin als Sohn eines Pfarrers aus Nordkorea das Schicksal der im nordkoreanischen System isolierten und so sehr vereinzelten kleinen Gruppen von Christen bewegen musste, galt es, ungeachtet der südkoreanischen, jeden Kontakt verbietenden Gesetzgebung einen Weg zu Schritten des Dialogs zu finden. Eine mühsame Pionierarbeit wurde begonnen. Trotz aller Rückschläge und Bedrohungen kam es zu eindrücklichen Begegnungen mit Christen und Sozialisten aus Nordkorea in Europa.

Ja, auch unser eigener grenzüberschreitender Dialog führte zur Begegnung von nordkoreanischen Christen mit hiesigen Gemeinden. Inzwischen wird es mehr und mehr deutlich, dass endlich auch die Politik von Süd- und Nordkorea hoffnungsvolle Schritte zur Überwindung der schrecklichen Trennungslinie finden kann.

Sun Whan und Young Bin Lie wünsche ich, dass sie auch in ihrem Ruhestand noch lange Botschafter des Friedens sind, der die Zäune einreißt zwischen Nahen und Fernen, zwischen Freunden und Feinden, zwischen allen Völkern, auch den in sich selbst verfeindeten Völkern – Botschafter also für die nach wie vor aktuelle Nachricht: „Christus ist unser Friede.“

Inhaltsverzeichnis

Vorwort eines Grenzgängers

Aus Anlass meines 70. Lebensjahres versuchte ich, mein bisheriges Leben von einem bestimmten Aspekt aus einzuordnen: Ich bin in gewissem Sinn ein *Grenzgänger*.

Als ich geboren wurde, hatte die Spannung zwischen zwei Welten von Großvater und Vater einen Höhepunkt erreicht. Unsere Familie war traditionell *konfuzianisch.* Acht Generationen lang bis zum Vater gab es in unserer Familie Lehrer des Konfuzianismus. Als Vater zum christlichen Glauben konvertierte, verbannte Großvater ihn aus der Familie, weil er das Christentum für eine Kolonialreligion hielt, obwohl sein Sohn einziger Nachkomme der Familie war.

Als ich als dritter Sohn in seine nun christliche Familie geboren wurde, aus der seit acht Generationen jeweils nur ein Sohn hervorgegangen war, nannte Großvater mich *den Boten der Versöhnung* und empfing mich zuerst, bevor er sich mit seinem verbannten Sohn versöhnte. Mein Schicksal prädestinierte mich lebenslang zum Versöhnungsboten und Grenzgänger.

Im 20. Lebensjahr erlebte ich die Befreiung vom japanischen Kolonialismus. Fünf Jahre danach machte ich den Koreakrieg durch, den man einen „Stellvertreterkrieg des Kalten Krieges" nannte. Mit 30 kam ich nach Deutschland, das meine Wahlheimat geworden ist. So viele epochale und geographische Grenzen habe ich bereits in frühen Lebensjahren überschritten.

In der Zeit der Teilung des Landes nannte man in Deutschland diejenigen, die über die Zonengrenze verkehrten, *Grenzgänger*. Damit meinte man ideologisch bzw. politisch Verdächtige. Nicht wenige unter ihnen waren Theologen und Christen. Sie waren sehr stolz, „Verdächtige" zu sein: denn sie waren sich bewusst, *Brückenbauer* des getrennten Landes zu sein. Vor solchen Christen in Deutschland hatte ich großen Respekt!

Von solchen Christen und Theologen wollte ich lernen. Darum kam ich nach Deutschland. In Korea gibt es seit 50 Jahren der Teilung des Landes keinen legalen Grenzgänger. Mir und meiner Lebensgefährtin gelang es erst 35 Jahre nach dem Verlassen des Nordens, die Hände meiner Landsleute in Nordkorea zu drücken. Die Versöhnung zwischen Nord und Süd ist sicher keine private Angelegenheit. Aber es musste jemand damit anfangen. Vor allem den Christen ist es geboten, den Sozialisten die Hände zu reichen. Wir Christen haben ja Hass gegen sie gesät und Feindschaft geerntet! Unser christlicher Dialog mit den Sozialisten in Nordkorea dauert seit 15 Jahren an. Deswegen sind wir unter unseren Landsleuten auch in Deutschland isoliert und einsam geworden – und für Südkorea „persona non grata".

Das Wagnis der Versöhnung mit Nordkorea wäre für mich undenkbar gewesen ohne meine Frau, die mich sowohl theologisch als auch tatkräftig begleitet hat. Unser fast zwei Jahrzehnte dauernder Einsatz für einen Dialog zwischen unseren Auslandschristen und den Sozialisten in Nordkorea hat aber seinen Preis: Unsere Kinder und Enkelkinder haben unser Gespräch mit ihnen sehr vermisst. Da sie den Großteil meiner in koreanischer Sprache verfassten Autobiographie nicht lesen können, sah ich es als meine Pflicht an, sie ins Deutsche zu übersetzen. Dass sie in Deutschland geboren und deutsche Staatsbürger geworden sind, ist außerdem keineswegs ihre eigene Entscheidung gewesen. So haben wir entschieden. Ihre Geschichte ist eine Fortsetzung unserer Geschichte. Darum sind wir verpflichtet, ihnen unsere Geschichte mitzuteilen.

Zum Schluss möchte ich meine treuen deutschen Freunde nicht vergessen, die unseren koreanischen Dialog wie ihre eigene deutsche Sache unterstützt und uns im deutschen Kontext begleitet haben: *Dr. theol. Klaus Martin Beckmann,* Oberkirchenrat der Evangelischen Kirche in Hessen und Nassau, *Dr. theol. Dieter Trautwein*, Propst zu Frankfurt am Main und mein Amtskollege *Pfarrer Frieder Stichler* in der Paul-Gerhardt-Gemeinde zu Frankfurt/M.-Niederrad, die sich alle leider über die Ernte unseres Dialogs heute nicht mehr mitfreuen können.

Die koreanische Auflage, die bereits aus Anlass meines 70. Geburtstags in Seoul gedruckt wurde, kam auf Wunsch der *Gemeinschaft der Teilenden des Leidens* (고난모임)in der Methodistenkirche in Korea zustande. Sie hat unseren Dialog mit den sozialistischen Landsleuten in Nordkorea zu ihrer Sache gemacht und ihn damit dokumentiert.

Mein besonderer Dank geht an meine liebe *Frau Sun Whan*, die zugleich meine theologische Kollegin ist. Ich danke ihr dafür, dass sie tapfer und treu unsere gemeinsamen Grenzgänge gemeistert hat. Danken möchte ich auch dem Steinmann Verlag, der den Mut hat, das Buch als theologische Herausforderung eines koreanischen Theologen im ökumenischen Kontext in Deutschland zu veröffentlichen.

Und schließlich danke ich *Sabine Stichler* und *Dr. Werner Steinmann*, die die deutsche Fassung redigiert haben.

Bad Soden-Salmünster, im Juli 2013

Young Bin Lie

I. Väterliches Erbe

1. Konversion und Verbannung

Mein Vater hieß *Pung-Un Lie* (1890-1960). Er war auch der einzige Sohn der achten Generation, die jeweils nur einen einzigen Sohn hervorbrachte, was selten vorkommt. Traditionell werden bei der Namensgebung den Jungen zwei Vornamen gegeben. Davon muss einer ein gemeinsamer Name sein, der zwei Funktionen hat: einmal mehrere Söhne als Brüder erkennen zu lassen, zum anderen den Grad der Generationen in derselben Sippe zu bezeichnen.

Z.B.: Wir waren vier Brüder: der Älteste hieß *Kwang-Bin*, der Zweite *Dong-Bin*, ich, der Dritte, *Young-Bin* und der Jüngste *Sang-Bin*. Also *Bin* war unser gemeinsamer Vorname. Der Vorname des Vaters war total außer der Reihe, nicht nur weil er der einzige Sohn war, sondern weil der Großvater, der auch einziger Sohn war, eine zweite Frau heiratete, um weitere Söhne zu erhoffen, aber ausschließlich Töchter bekam. Er resignierte und musste seinen Sohn den Händen des Schicksals anvertrauen. Er gab seinem Sohn folgenden Namen: *Pung-Un* (風雲). Das bedeutet, *dass du eine Wolke bist und vom Wind des Schicksals getrieben wirst.*

Großvater hatte auch einen ungewöhnlichen Vornamen. Er hieß *Ze-Hung* (在興). Das heißt: *Gedeihe*! Das ist der Optativ von Gedeihen: *Gott möge ihm viele Söhne schenken*! Urgroßvater war verständlicherweise auch sehr besorgt, weil Großvater wieder einziger Sohn war. Mein Vorfahre der achten Generation hieß *Il-Zun Lie* (李 一千). Das bedeutet: *Der Einzige unter den Tausenden.* Er war einer von wenigen konfuzianischen Lehrern in der nördlichsten Provinz Koreas und darum einsam, weil es keinen Kreis von Gelehrten gab. Er erfuhr, dass in Kanglung/ Provinz Kangwondo der prominente Gelehrte Yul-Kok Li (李 栗 谷)eine Akademie führte. In seiner Nähe zog mein Vorfahr ein und eröffnete eine Schule, um akademischen Austausch mit ihm zu ermöglichen. Dieser Ort heißt Hyun-Buk/Yangyang, wo seine sechs Nachkommen begraben sind.

Bis mein Vater geboren wurde, waren alle Nachkommen als konfuzianische Lehrer tätig. Im Alter von 26 begegnete er zum ersten Mal einem methodistischen Missionar aus den USA. (Die amerikanischen Missionsgesellschaften von Methodisten und Presbyterianern teilten sich ihre Missionsgebiete auf der koreanischen Halbinsel – im östlichen Teil waren die Methodisten, im westlichen Teil die Presbyterianer –, um Konflikte untereinander zu vermeiden.) Es muss etwa um 1916 gewesen sein.

In jener Zeit durchschritt Vater eine tiefe geistige Krise. Die letzte Dynastie *Li* konnte sich nicht mehr retten. Der königliche Hof und die adlige Klasse waren mit ihrer Moral und Autorität am Ende. Der königliche Hof war unfähig, die Adligen, die das Volk schonungslos ausbeuteten und unterdrückten, zu bändigen und zu regieren. Die Historiker bezeichnen jene Zeit „die dunkelste Zeit des Königsreichs Li". Der gute Geist der konfuzianischen Lehre, Kaiser und Könige seien vom Himmel beauftragt, das Volk mit Barmherzigkeit menschlich zu regieren, war längst verlassen. „Das Volk wanderte in der Finsternis."

Die herrschende Klasse insgesamt, die sich nur mit ihren Privilegien und Interessen beschäftigte, war blind gegenüber der Lage, in der sich die neue imperiale Macht Japan nach dem Sieg über China (1884) bereits befand – nämlich auf dem Marsch zur koreanischen Halbinsel. Stattdessen lehnte sie sich weiter sorglos an China an. Sie schlug sogar den eigenen Volksaufstand für nationale Unabhängigkeit mit japanischer Hilfe nieder.

Die Unfähigkeit des Konfuzianismus, weder moralisch noch gesellschaftlich imstande zu sein, die Menschen in der Tiefe zu erkennen und zu erneuern, beunruhigte meinen Vater, den konfuzianischen Lehrer, sehr. Er kam immer mehr zur Erkenntnis, dass die konfuzianischen Gebote (3 Kang, 5 Lyun 三綱五倫) eher gesellschaftliche Ordnungen verkörpern, die vom Absolutismus abhängig sind, und nicht von einer Anthropologie, die über einen selbständigen und selbstkritischen Geist verfügt. Konfuzianismus schien also eine Ethik der Ordnung zu sein. Damit konnte man nicht ans Werk gehen, den Menschen geistig und geistlich zu verstehen und zu erneuern.

Da begegnete Vater der Bibel, die ihm ein Missionar mitbrachte. Sie war in chinesischer Sprache, die Vater als Gelehrter beherrschte. Vor allem gefiel ihm die Kritik *Jesu* gegenüber den Gesetzeslehrern: „Weh euch, Schriftgelehrte und Pharisäer, ihr Heuchler, die ihr seid gleich wie die übertünchten Gräber, die auswendig hübsch scheinen, aber inwendig sind sie voller Totengebeine und lauter Unrat! So auch ihr: von außen scheint ihr vor den Menschen fromm, aber inwendig seid ihr voller Heuchelei und Übertretung“ (Mt 23,27-28). Ebenso gefiel ihm das Wort des *Paulus*: „Die Buchstaben des Gesetzes sind nicht die Wahrheit, sondern im Geist der Buchstaben wohnt die Wahrheit.“ Sein Herz ging schnell auf. Er begriff, was hinter der Moral steckt. Die Aussage Jesus berührte ihn: „Du sollst lieben Gott, deinen Herrn, von ganzem Herzen, von ganzer Seele und von ganzem Gemüte. Und du sollst deinen Nächsten lieben wie dich selbst! Das ist das vornehmste und größte Gebot“ (Mt 22, 37-39). Er verstand die Wahrheit, die er lange gesucht hatte: dass die Liebe der Ursprung und das Entscheidende aller Moral und Ethik ist. Und schließlich machte er sich das Glaubensbekenntnis des Apostels Paulus zu eigen, der als Gesetzeslehrer die Christen verfolgte und nach seiner Begegnung mit dem auferstandenen Christus das Heil Gottes ganz neu verstehen konnte: „So halten wir nun dafür, dass der Mensch gerecht werde ohne des Gesetzes Werke, allein durch den Glauben“ (Röm 2, 28). Vater kam zur theologischen Erkenntnis über das Verhältnis von Evangelium und Gesetz.

Ihm war die zweite Frage sehr ernst: Das Verhältnis von Glaube und Geschichte. Er fragte konkret, ob nach der biblischen Wahrheit die Kolonialpolitik überhaupt zulässig sei. Die europäische Expansion erschütterte asiatische Völker wie eine Naturkatastrophe. Denn die Kolonialstaaten aus dem Abendland brachten nicht nur Kriegsschiffe und Kanonen, sondern auch christliche Missionare, die die Menschen in Asien zu Sündern erklärten und aufforderten, an den Gott zu glauben, der dem sündigen Menschen vergibt. Nach dem Verständnis der asiatischen Kultur waren die ausbeuterischen Abendländer die Räuber und die Sünder, die fremde Länder und Besitz wegnahmen, aber nicht die ausgeraubten Asiaten. Die Asiaten wunderten sich, dass die abendländischen Kolonialisten mit solcher Christianisierung eher ihr eigenes Gewissen betäubten als das Gewissen der Ausgebeuteten. Darum nannten die Leute das Christentum eine Kolonialreligion oder „Religion von Opium.“

Asiaten waren damals sprachlos, als China, das Reich der Mitte, das ganz Asien beherrschte, von abendländischen Kolonialstaaten widerstandslos niedergeschlagen, erniedrigt und ausgebeutet wurde. Der Opium-Krieg (1839-42), den die Engländer in Honkong inszeniert hatten, überstieg die asiatische Vorstellung von der Barbarei des abendländischen Kolonialismus. Angesichts solch kolonial-christlicher Praxis des Abendlandes war Vater mit der Bergpredigt Jesu sehr beschäftigt, um das Kommen des Reiches Gottes zu begreifen. Er war überzeugt, dass die biblische Botschaft Jesu nichts mit *dem* Christentum zu tun hat, das er als Verbindung von kolonialer Expansion und christlicher Mission kennen gelernt hatte – wonach die biblische Wahrheit der abendländischen Herrschaftsideologie dienstbar gemacht wurde.

Etwa nach dreijährigem Bibelstudium vollzog er die Konversion zum biblischen Glauben, setzte seinem langjährigen inneren Konflikt mit dem Konfuzianismus ein Ende. Er konnte theologisch zwischen der biblischen Botschaft und dem Christentum der amerikanischen Mission genau unterscheiden. Neben meinem Vater traten damals auch viele der jungen Generation zum Christentum über. Anders als er waren sie so genannte *Modernisten* bzw. *Republikaner*, die das feudale Königreich ablehnten und eine moderne Gesellschaft – wie in den USA – erträumten und die glaubten, dass die abendländische Zivilisation „christlich" sei. Jene Modernisten wollten die koreanische Abhängigkeit von China und Japan unbedingt lösen. Indem sie sich den Amerikanern annäherten, gingen sie allerdings neue Abhängigkeiten ein. Seit dieser epochalen Wende Anfang des 20. Jahrhunderts besteht in Korea der traditionelle Pro-Amerikanismus bis heute, besonders unter den Christen.

Mit seiner Konversion zum christlichen Glauben nahm Vater die Konsequenz auf sich, von der Familie verbannt zu werden. Vaters Entscheidung war theologisch eindeutig, nämlich keine Konversion zum Christentum als Kolonialreligion, sondern zum Glauben an die Botschaft Jesu. Für Großvater und seine Umwelt, die den Unterschied nicht kannten, stellte seine Tat einfach eine große Schande dar. Die Verbannung kam der Ehre der Familie teuer zu stehen, denn Vater war ja der einzige Sohn, der Familien-Nachfolger. Ich würde nachträglich die Schmerzen von beiden Männern mit biblischen Beispielen vergleichen: Die Schmerzen meines Großvaters, der seinen Sohn um der Familienehre willen verbannen musste, sind mit den Schmerzen Abrahams vergleichbar, der nach dem Befehl Jahwes seinen geliebten Sohn Isaak als Opfer darbringen sollte (1. Mose 22). Und die Schmerzen meines Vaters, der Jesus nachfolgen wollte und nun seinen eigenen Vater und dessen Haus verließ, sind vergleichbar mit dem Trennungsschmerz der Brüder Simon Petrus und Andreas, die Jesus nachfolgten und ihre Familie zurückließen (Mt 4,18).

Es muss nun unbedingt erwähnt werden, dass diese Familientragödie doch noch mit einem *Happyend* abgeschlossen wurde. Die Verbindung zwischen den stolzen beiden Männern, Großvater und Vater, brach über zwei Jahrzehnte völlig ab. Inzwischen heiratete Vater eine neun Jahre jüngere christliche Frau. Aus ihrer Ehe gingen vier Jungen hervor. Es trat also ein, was meine Vorfahren acht Generationen lang erhofft, aber was sich nicht erfüllt hatte. Dieses Ereignis überraschte den Großvater so sehr, dass er spontan dem Vater gegenüber bekannte: „Ich muss mir ernsthaft Gedanken machen über deinen Gott." Für ihn bedeutete der zweite Enkelsohn ein „Wunder", der dritte ein „Geschenk Gottes" und der vierte ein „Segen Gottes". Als ich fünf Jahre alt war, signalisierte der hartnäckige Großvater Vater gegenüber Versöhnung. Er ließ mich zuerst als Vorboten zu sich kommen, bevor Vater zu Großvater ging. Seine Freude war überwältigend und unbeschreiblich, nachdem er so lange einsam und verlassen gewesen war. Er ließ mich auf seinem Schoß sitzen und seinen ehrwürdigen Generalbart streicheln, was allerdings für mich „als Geschenk Gottes" ein Privileg war. Mein erster Akt der Vermittlung zur Versöhnung zwischen Großvater und Vater hat mich irgendwie vorbestimmt, in meinem Leben viele Brücken über Grenzen zu schlagen.

2. Selbständige Kirche

1992 besuchte unser zweiter Sohn *Kyung-Uk* mit seiner Familie zum ersten Mal nach seiner Heirat Südkorea. Von dort brachte er mir ein besonderes Geschenk mit: eine Fotoaufnahme von einem mir sehr bekannt vorkommenden Haus: das Pfarrhaus in Mul-Chi, in dem wir in der Zeit von 1933 bis 1937 gewohnt haben, als Vater dort Pfarrer war. Es war nicht mehr bewohnt und sollte bald abgerissen werden. (In der Tat, das Haus war nicht mehr da, als ich Korea im Sommer 2005 besuchte.) Das einstöckige Haus mit der Veranda vorne war auf dem Bild mit Wellblechdach gedeckt – wie damals. Nun tauchten in mir plötzlich einige Lebensszenen auf – wie in einem Film –, die mein kindliches Leben stark geprägt haben.

Es war die ärmste Zeit unserer Familie. Vater hatte vier oder fünf Gottesdienststellen. Er war ja ständig unterwegs, um arme Gemeindeleute zu betreuen und um Gottesdienst zu halten. Trotzdem konnte seine Gemeinde unserer Familie mit vier Kindern noch nicht einmal das Existenzminimum sichern. Unsere Mutter schuftete in der Landwirtschaft: Kartoffeln und Bohnen wurden auf dem Boden der Gemeinde angebaut und Schweine- und Seidenzucht betrieben. Dennoch konnte unsere Familie Schulden nicht verhindern, weshalb Mutter ihre teure und wichtige Mitgift zur Hochzeit, eine Handnähmaschine(Singer), abgeben musste.

Mein ältester Bruder *Kwang Bin* bekam eines Tages die Zulassung zur Musikhochschule in Tokyo. Er durfte aber das Elternhaus nicht verlassen, weil er der Familiennachfolger war, und weil die Schule japanisch war. Den Traum musste er aufgeben. Stattdessen erlangte er die Lehrerlizenz für die Grundschule und ging nach Wonsan, der größten Hafenstadt an der Ostküste, wo er eine Stelle an einer Privatschule bekam.

Mein zweitältester Bruder *Dong-Bin* verließ das Elternhaus bereits mit 13 Jahren und ging in eine Arztpraxis in einem kleinen Städtchen Mun-Pyung in der Nähe von Won-san.

Da ich aber zuhause nicht genug zu essen bekam, war ich mit Dorfjungen, die alle wegen Vitamin- und Proteinmangels Froschbäuchlein trugen, ständig unterwegs zum Meer oder in den Bergen, um etwas Essbares zu suchen. Reis oder Fleisch bekamen wir einmal zum Neujahrfest. Erwachsen geworden fragte ich Vater, warum er von der reichen Gemeinde zur armen Gemeinde hierher versetzt worden sei, und wieso er keinen Versuch mache, seinen beiden begabten Söhne ein Studium in Amerika mit Hilfe der amerikanischen Missionare zu ermöglichen, wie es anderen Pfarrern gelungen war.

Er hatte grundsätzlich eine kritische Distanz zur amerikanischen Christianisierung und Politik, darum wollte er nicht, dass seine Kinder die amerikanische Kultur aufnehmen, genau so wenig wie die japanische. Er durchschaute damals schon die amerikanische Expansion im pazifischen Raum. Amerikanisches Interesse an Asien nannte man noch nicht amerikanischen Kolonialismus, aber einen expansiven Zug der Amerikaner – neben dem europäischen Kolonialismus und der imperialen Expansion der Japaner – konnte man ohne weiteres wahrnehmen. Amerikaner gingen nicht mit äußerer Gewalt vor wie Europäer, aber mit einem gewissen Zwang zur Öffnung des Handels. Dann folgte ein Einfluss auf den Königshof durch Mithilfe von Kultur, Medizin und Pädagogik – und schließlich durch die Christianisierung. Dieser schematische Gang der amerikanischen Expansion ist gerade in Korea musterhaft gelungen.

Und den kritischen Koreanern – wie meinem Vater – war die neutrale Haltung der amerikanischen Missionen gegenüber der japanischen Gewaltherrschaft über Korea sehr auffallend und verdächtig. In der Tat wurde gerade eine *geheime Abmachung* zwischen Japan und USA (der so genannte Kei-Tafft Vertrag) 1909 unterzeichnet, die die Kolonialpolitik gegenseitig anerkennt, und in der Japan das „Recht" hat, die koreanische Halbinsel „zu führen, zu verwalten und zu schützen", während das gleiche Recht den USA auf den Philippinen eingeräumt wurde.

Die Skepsis meines Vaters gegenüber den Amerikanern war vor allem theologisch begründet. Sie basierte auf der Inkonsequenz der amerikanischen Mission zur biblischen Botschaft – vor dem Hintergrund ihres totalen Schweigens zum Befreiungskampf des koreanischen Volkes gegen die japanische Gewaltherrschaft. Ebenfalls kritikwürdig war ihm ihre Theologie der Trennung von „Glauben" und „Politik". Oder ihre Missionsmethode: z.B. die Erweckungsbewegung, die Menschen nur zum Heilsegoismus treibt. Und schließlich verurteilte er die Christianisierung, die die amerikanische Mission betrieb und die nichts mit der Verkündigung des Evangeliums zu tun hatte, sondern auf eine abendländische Kulturherrschaft über andere Kulturen abzielte. Darum sagte er zu seinen Kindern: Es sei gut, die europäische Herrschaftskultur kennen zu lernen, aber es sei nicht gut, davon zu lernen.

Er war von Anfang an gegen die Predigt der Missionare von der Vergebung der Sünden des Menschen durch die Gnade Gottes, wobei die Sünde nicht konkret angezeigt, sondern moralisch verallgemeinert wurde. In der Vernebelungspredigt wurde immer die Kontur der Herrschaft und nicht die der Freiheit erwähnt oder beim Namen genannt. Es wurde subtil versucht, den Unterschied zwischen Unterdrücker und Unterdrückten zu ignorieren. Es wurde zwar das allgemeine Sündenbekenntnis gesprochen: „Wir sind alle Sünder!“ Die Vergebung der Sünden wurde aber nicht zum neuen Anfang, zur Verantwortung des Menschen umgesetzt, sondern nur im Sinne der „Wiederholungstat“ disqualifiziert. Vater distanzierte sich immer von allen Aussagen von „der billigen Gnade“, die ohne Verantwortung nur passiv verstanden wird. Und allermeist hasste er den „Heilsegoismus“.

Aus dem oben erwähnten Grunde plädierte er leidenschaftlich für eine *selbständige* Kirche, die möglichst schnell von der amerikanischen Mission und Theologie unabhängig werden sollte. Mit diesem Gedanken war er sehr allein. *Der Kreis der nationalen Kirche* war eine sehr kleine Minderheit unter der Pfarrerschaft.

Die nationale Kirche hatte zwei Schwerpunkte: einmal die finanzielle Selbstständigkeit der Ortsgemeinde bzw. der zentralen Kirchenverwaltung der methodistischen Kirche von der Missionsgesellschaft in den USA – wobei die methodistische Kirche als strukturell bischöfliche und zentralistische Kirche viel zu lange von dem Budget der amerikanischen Mutterkirche abhängig war. Der andere Schwerpunkt bestand darin, eine theologisch an der koreanischen Kultur orientierte Kirche zu gestalten. Da auch das theologische Seminar, die Bildungsstätte für Theologen, sehr lange in amerikanischen Händen lag, kam es nie dazu, über die *selbständige Kirche* theologisch zu reflektieren und die Diskussion innerhalb der Kirche zu erweitern. Leider ist das Plädoyer für die *selbständige Kirche* bereits im Anfang erstickt worden. Die methodistische Kirche in Korea hat heute eine Geschichte von 112 Jahren. In der Gegenwart ist sie zwar finanziell unabhängig von der amerikanischen Mutterkirche, aber theologisch genau so *unmündig* wie damals. Mein Vater blieb bis 1945 ein Verbannter in seiner Kirche, wie zuvor in seiner Familie. Vaters Schicksal war sein ganzes Leben, ein *Verbannter* zu sein. Er war zuerst ein von seiner Familie Verbannter. Dann wurde er unter der japanischen Kolonialherrschaft ein verbannter Patriot und unter der amerikanischen Mission ein verbannter Pfarrer. Diese Verbannungsgeschichte meines Vaters ist sein würdiges Erbe, auf das ich sehr stolz bin.

Zu der Zeit suchten die jungen Theologen in der methodistischen Kirche in Korea die Spur der Bewegung der *selbständigen Kirche*, aber fanden kaum ein Dokument davon, geschweige denn von lebenden Zeugen. Als ich nach dem Korea-Krieg in die BRD kam und über die DDR mit meinem Vater in Nordkorea fast vier Jahre lang einen Briefkontakt hergestellt hatte, bat ich ihn um seine Geschichte, besonders der Bewegungsgeschichte für eine selbständige Kirche, die er als zentrale Figur damals dokumentieren sollte. Er versprach es mir. In der Zeit von 1956 bis 1960, als er starb, stellte er das Dokument fertig und ließ es seinen Nachbarn in einer Holzkiste für mich aufbewahren. Erst im Jahr 1981, elf Jahre nach dem Tod meines Vaters, besuchte ich den Nachbarn Herrn Han. Da ich ihm aber solange keine Nachricht hatte zukommen lassen, hatte er die ganze Kiste mit den kostbaren Dokumenten meines Vaters verbrannt. Es ist schrecklich! Jammerschade! Diese Geschichte kann nur partiell durch mündliche Quellen zusammengestellt werden, wie die Q der Synopse der Bibel.

Warum wird nun die Stimme innerhalb der methodistischen Kirche in Korea nach der *selbständigen Kirche* laut? Die koreanische Halbinsel ist bereits 60 Jahre geteilt. Das zuzeistische Nordkorea hat sich nach dem Koreakrieg von Moskau und Peking unabhängig gemacht, während in Südkorea weiter Amerikaner stationiert sind. Sie wollen das Land nicht in absehbarer Zeit verlassen. Ständig finden sie einen Grund, warum sie da bleiben sollten. Die neue Generation im Süden betrachtet die Amerikaner nicht mehr als Befreier, sondern als Besatzer. Für die herrschende Klasse, die in der japanischen Kolonialzeit als Kollaborateur Besitz ergattert hatte und die nach der Kapitulation Japans von den neuen Herren ohne Kriegsgericht zu allen bisherigen Verwaltungs- und Machtstellungen zugelassen worden waren, sind die Amerikaner Garant ihrer Sicherheit. Sie genießen ihre Privilegien in der Republik weiter. Vor allem aber trägt die christliche Bevölkerung den Pro-Amerikanismus unerschütterlich weiter. Jeder vierte Koreaner gehört irgendeiner Kirche an, die seit der Missionszeit mehr der amerikanischen

Kultur als der Bibel glaubt. Die Kirche ist militant antikommunistisch. Sie will weiter die Teilung des Landes, aber nicht die Wiedervereinigung. Sie blockiert alle nationalen Einheitspolitiken mit dem Instrument des Anti-Kommunismus-Gesetzes und des Staatssicherheitsgesetztes.
Die Gesellschaft und die Kultur Südkoreas sind sehr amerikanisch-imperialistisch geprägt. Sie sind ausgesprochen abhängig von der amerikanischen Zivilisation. Der Anfang des abhängigen Pro-Amerikanismus ist eben in der Missionsgeschichte zu finden.

Und alle kritische Theologie, die amerikanischen Imperialismus tangierte, wurde von der Kirche diskriminiert, z.B. die anfängliche Bewegung von *selbständiger Kirche*, zu der mein Vater gehörte. Oder die Theologen, denen es um die *Einheimisch-Machung* des Evangeliums ging. Sie hatten keinen Platz an der kirchlichen Hochschule, sondern nur an den allgemeinen Universitäten.

Darin kommt zum Ausdruck, wie die christliche Theologie den Dialog mit den anderen Religionen auf gleicher Ebene verweigert hat. *Solche Theologie* kann man „imperiale oder koloniale Theologie“ nennen, weil sie über alle anderen Kulturen dominieren will. So hat mein Vater bereits bei der Missionstätigkeit der Amerikaner die *amerikanische Ideologie* entdeckt. Darum bin ich auf ihn sehr stolz. Sein theologisches Erbe und seine Konsequenz haben mich in meinem ganzen Leben begleitet, wofür ich unendlich dankbar bin.

3. Bleiben in Nordkorea

Als ich 1955 zum Studium in die BRD kam, hatte ich einen brennenden Wunsch: bald Briefkontakt mit meinen Eltern in Nordkorea über die DDR herzustellen. Alle Koreaner sind sowohl nach der Teilung des Landes 1945 als auch durch den Korea-Krieg in Nord und in Süd auseinander gerissen und getrennt worden. Außerdem hat die diktatorische Regierung das Anti-Kommunismus-Gesetz gemacht, das u.a. jegliche Kontakte mit Verwandten in Nordkorea verbietet. Seit ich 1946 zum theologischen Studium nach Seoul kam, war die Verbindung zu meinen Eltern total gerissen. Da ich aber nun glücklicherweise in

Deutschland war, wo Deutsche in West und Ost ohne weiteres einander Briefe schreiben konnten, habe ich nachgeforscht, wie Briefverbindungen unter den sozialistischen Ländern, hier konkret zwischen DDR und Nordkorea, möglich seien. Bald habe ich einen Pfarrer aus der DDR bei einer Konferenz in der BRD kennen gelernt, der meinen Anliegen kannte und über die koreanische Situation Bescheid wusste. Er war gerne bereit, eine Briefverbindung zwischen mir in der BRD und meinen Eltern in Nordkorea zu vermitteln. Er hat uns dann fast vier Jahre lang diese Freundlichkeit erwiesen!

Fast vier Wochen nach meinem ersten Brief an die Eltern bekam ich Antwort von ihnen! Was für eine Aufregung, als ob sie selbst zu mir gekommen wären! Es war zuerst meine große Beruhigung, dass sie den Krieg überlebt hatten, dass sie nicht zu den vier Millionen Toten gehörten, dass ihnen die dreijährige Hölle der erbarmungslosen amerikanischen Bombardements nicht zum Verhängnis geworden war! Hinzu kam meine große Freude darüber, dass mein Lebenszeichen aus Deutschland nun ebenso Vater und Mutter erleichtert sein lassen konnte. Denn auch sie hatten in totaler Ungewissheit und Sorge gelebt angesichts des ungewissen Schicksals ihrer Kinder und Angehörigen im Süden. Darüber hinaus war mein Vater voller Dankbarkeit, als er erfuhr, dass ich in seine theologische Nachfolge getreten war und dass ich mich sogar zum weiteren Studium nach Deutschland begeben hatte. Denn damit hatte er nicht ernsthaft gerechnet.

Der zweite Abschnitt meines Briefes aber rief bei meinen Eltern Entsetzen und Trauer hervor: Es ging um meinen älteren Bruder, den Familien-Nachfolger Kwang-Bin. Kaum ein halbes Jahr nach dem Ausbruch des Krieges marschierte schon die nordkoreanische Volksarmee in die Hauptstadt Seoul ein und führte die militärische Verwaltung durch, die u.a. die Registrierung von Technikern und Künstlern anordnete. Mein Bruder, der Filmregisseur war, und der als unpolitischer Mensch nicht geflüchtet war – er war in Seoul geblieben –, wurde in einer heißen Hochsommernacht aus dem Bett geholt und mitgenommen mit dem Versprechen, er würde gleich nach Hause zurückkehren können, wenn er registriert sei. Er kehrte aber nicht nach

Hause zurück. Seine Ehefrau, die im dritten Monat schwanger war, und seine zwei Kinder warteten vergeblich auf ihn.

Um die Eltern nicht ohne Hoffnung zu lassen, habe ich meine Einschätzung hinzugefügt, dass Techniker und Künstler unversehrt später bei dem Rückzug der Volksarmee nach Nordkorea mitgenommen worden seien. Daraufhin reiste Vater gleich in die Hauptstadt Pyongyang, um beim Staatspräsidenten HONG Gi-Mun, den Vater persönlich gut kannte, eine Audienz zu bekommen, und um dessen Unterstützung beim Suchen des Sohnes zu bitten. Das Ergebnis war negativ. Die Verarbeitung des Verlustes ihres ältesten Sohnes kostete meinen Eltern sicher ganz viel Kraft. Später schrieb Vater mir: „ Durch den Krieg hat jede Familie mehr oder weniger Verluste zu beklagen.“ Unsere Eltern standen unter Gottes Segen; es waren ihnen vier Söhne geschenkt worden. Zwei mussten sie aber in ihrem Leben wieder hergeben.

Ich weiß nicht, wie viele Briefe zwischen Vater und mir in etwa drei Jahren hin- und hergegangen sind. Aus seinen Briefen kann ich einige wichtige Dinge so zusammenfassen: Gleich nach der Teilung des Landes begann eine Fluchtwelle von gewissen Kreisen nach Süden. Grundbesitzer, deren Ländereien weggenommen wurden, Nationalisten, Intellektuelle und Christen. Ein Großteil der Pastoren bildete die erste Gruppe unter den Flüchtenden. Bereits ein Jahr danach konnte man, als die Wonsan-Synode der methodistischen Kirche tagte, ihre Zahl – ursprünglich mehrere hundert – mit den Fingern zählen.

Mein Vater hätte guten Grund gehabt, den Norden zu verlassen und in den Süden zu ziehen. Denn alle drei Kinder waren bereits in Seoul. Der Älteste kehrte aus Schanghai nach Seoul zurück gleich nach der Kapitulation Japans. Ich studierte dort Theologie. Mein jüngerer Bruder wurde von der Mutter mit zu uns gebracht, weil er im Norden als Pastorensohn zu weiterführenden Schulen nicht zugelassen wurde. Außerdem wurde meinem Vater eine Gemeinde im Süden in Aussicht gestellt, wenn er kommen würde. Trotzdem entschied er sich, weiter in Nordkorea zu bleiben. „Warum sollte ich dem Land hier den Rücken kehren, in dem ich doch mein ganzes Leben lang mit armen Bauern und für sie gelebt habe? Warum sollte ich das Land verlassen, in dem endlich die armen Bauern zu ihrem Recht kommen? Ich bin von Gott beauftragt, mit den Armen und für die Armen zu arbeiten. Ich lebe hier gerne und liebe das Land, dessen Schicksal in unseren eigenen Händen liegt. Ich ziehe niemals nach Süden, wo Amerikaner die Herren sind!“ So blieb er und starb dort 1960.

Eines Tages zu später Nacht kurz vor dem Korea-Krieg empfing Vater einen unerwarteten Besuch: den Vorsitzenden des Volkskomitees, der wie der Oberst der Pharisäer bei Nacht zu Jesus kam (Joh 3,1f). Ihn kannte Vater seit der japanischen Zeit persönlich. Er war auch Mitglied seiner Gemeinde. Er war damals Angestellter einer Lebensversicherung. „Ich bin privat gekommen, Herr Pastor, um Sie und Ihre Frau zu bitten, vor Sonnenaufgang das Haus zu verlassen und in einer unbekannten Gegend zu bleiben. Ich habe die Anweisung von der Zentralstelle, alle Pastoren zu verhaften. Mein Gewissen erlaubt mir nicht, Sie, verehrter Herr Pastor, auszuliefern. Ich bitte Sie sehr darum!“ So verschwand er in die Dunkelheit, aus der er gekommen war.

Vater verglich seine Geschichte mit der Geschichte von Mt 2,13: „Da erschien der Engel des Herrn dem Joseph im Traum und sprach: Stehe auf und nimm das Kind und seine Mutter mit und flieh nach Ägyptenland und bleib dort, bis ich dir’s sage; denn Herodes hat vor, das Kind zu suchen, um es umzubringen.“ Als Vorkehrung für den Koreakrieg wurden alle Pastoren und viele Christen verhaftet, weil angenommen wurde, alle seien amerikanische Sympathisanten und Informanten. Als der Krieg vorüber war, kehrten meine Eltern nach Hause zurück. Sie fanden die durch amerikanische Bomben verbrannte Kirche und das Pfarrhaus vor. Und der Vorsitzende des Volkskomitees war nicht mehr da.

Die Mehrheit der Christen befand sich damals vor der Teilung des Landes im Norden. Danach kamen fast eine Million Christen nach Süden. Trotzdem blieben noch etwa 150.000 Christen im Norden zurück. In der zweiten Phase des Krieges verbreiteten die Amerikaner gezielt Gerüchte unter der christlichen Bevölkerung im Norden, dass sie bald Atombomben einsetzen würden. Darum sollten die Christen versuchen, sich zu beeilen und sich an den zwei Häfen Wonsan und Hungnam an der Ostküste zu sammeln, wo Transportschiffe bereit stünden.

In der Tat kamen zigtausende von Christen, die die Chance wahrgenommen hatten, nachträglich in den Süden.

Die Gemeinde Hyupkok, in der mein Vater arbeitete, bestand nur aus sieben Gemeindemitgliedern, die alle über sechzig Jahre alt waren. Angesichts der allgemeinen Situation der Kirche in Nordkorea befürchtete Vater, die Kirche könnte aus diesem Land eines Tages verschwinden – die alten Gemeindeglieder würden sterben und neuer Zuwachs wäre nicht zu erwarten. Er analysierte, dass die Feindschaft zwischen Christen und Sozialisten erst durch die amerikanische Mission in diesem Land gesät worden war. Da nun die Christen ein sozialistisches Land nicht akzeptieren wollten, wurden sie zwangsweise auch von den Sozialisten nicht als Mitbürger des Landes akzeptiert. Da die Kirche jenen unglücklichen Samen gesät hatte, erntete sie auch entsprechend unglückliche Früchte. Die Christen dürften sich nicht das Land aussuchen, in dem das Evangelium gesät werden solle. Das Evangelium Jesu gilt aber ja allen Völkern zu aller Zeit (Mt 28,18ff.) ohne Ausnahme von bestimmter Kultur oder Ideologie. Vater verstand das Verhältnis zwischen Evangelium und Sozialismus vielmehr positiv und konstruktiv. Er machte das beispielhaft an dem Gleichnis Jesu vom barmherzigen Samariter (Lk 10,25ff.). Jesus räumt dort ein, dass barmherziges Verhalten bei Heiden und Atheisten vorbildhafter sein könne als bei Juden oder Priestern. Von Sozialisten könne man demnach mehr Solidarität mit den Besitzlosen, mit den Armen erwarten als von Christen. Darum hätten Christen und Sozialisten voneinander zu lernen.

Aus dieser theologischen Einsicht sah er seine Mitarbeit für Arme im Sozialismus dort, wo die Armen mit dem zugeteilten Land allein nicht fertig wurden. Die neue Konzeption zur Genossenschaft wollten die neuen Landbesitzer nicht mitmachen. Er sah darin aber eine große Chance für die schwachen Bauern, in gemeinsamer Produktion mit anderen kleinen Bauern mehr Effizienz zu erzielen. Mehr noch und noch wichtiger: dadurch würde eine neue solidarische Gesellschaft aufgebaut. Vater engagierte sich in der Aufklärungsarbeit zur Genossenschaft, als ob sie im Geiste der urgemeindlichen Kommune geschähe.

Als ich mit Sun erst im Jahre 1981 zum ersten Mal die Gräber meiner Eltern in Hyup-Kok aufsuchte, begleitete uns der

Leiter der Genossenschaft persönlich und erzählte vom Beitrag und Einsatz meines Vaters für die Genossenschaft. Da er beim Aufbau der Genossenschaft große Verdienste erworben hatte, wurde er nicht auf dem Friedhof, sondern an einer besonderen Stelle beigesetzt. Er wurde von den nicht christlichen Gemeinden respektiert und als Pastor verehrt. Er versuchte, in einer sozialistischen Gesellschaft im Geiste des Evangeliums eine solidarische Gemeinschaft aufzubauen.

Mein Vater hat sein Leben als Bewährung des Glaubens verstanden. Darum konnte er den aufrechten Gang bis zum Ende durchhalten. Trotz der verschiedenen Verbannungen durch seine Familie, durch die amerikanische Missionskirche und durch die japanische Unterdrückung war er in der Nachfolge Jesu treu geblieben. Materielle Armut hatte ihn sein ganzes Leben begleitet, er lebte aber in der wahren Freiheit des Geistes und im Reichtum Gottes. Selbst angesichts des Schicksals, dass er zu seinen Lebzeiten zwei Söhne verloren hatte, konnte er noch die Worte sagen: „Gott hat sie mir gegeben, Gott hat sie genommen."

Obwohl er einsam, ohne erfahrene Nähe seiner Kinder und getrennt von allen seinen Liebenden starb, fühlte er sich doch gestärkt und getröstet, weil er wusste, dass ich seinen Weg, sein theologisches Erbe übernommen hatte und fortsetzen würde.

II. Meine Kindheit und Jugend

1. In Armut

Die Erinnerung an meine Kindheit reicht zurück bis nach Mul-Chi. Ich war fünf Jahre alt. Da sich mein Vater für eine *selbständige Kirche*, also für eine von der amerikanischen Mission unabhängige Kirche, einsetzte, war er bei den Missionaren der Methodistenkirche aus den USA, die das Bischofsamt und die zentrale Verwaltung innehatten, unbeliebt. Nach kaum fünf Jahren wurde er von der Gemeinde der Kreisstadt Yang-Yang (襄陽邑) in jene sehr arme Gemeinde versetzt. Das Gehalt der früheren Gemeinde hatte für unsere fünfköpfige Familie ausgereicht. Nun mussten wir aber für den Haushalt mehr tun. Besonders unsere Mutter war gefordert. Alle Flächen der Gemeinde wurden für Kartoffeln und Bohnen zur Verfügung gestellt. Die Hände unserer Mutter, die Landwirtschaft nicht kannten, verwandelten sich bald in raue Bäuerinnenhände.

Mein zweiter älterer Bruder Dong-Bin, der gerade die Grundschule abgeschlossen hatte, aber zu Haus keine Chance sah, eine weiterführende Schule zu besuchen oder eine Ausbildung zu machen, verließ bald das Elternhaus und ging in eine Arztpraxis in der Nähe von Won-San (元山) – zu einem Arzt, den unser Vater gut kannte. Dong-Bin wollte selbst Arzt werden. Dafür war er bereit, alle Dienstleistungen als Gehilfe in der Arztpraxis zu erlernen, um so autodidaktisch die Erlangung der Arztlizenz vorzubereiten.

Er war der Begabteste unter uns. Seine Schulabschlussprüfung wurde mit der Sonderleistung des Provinz-Gouverneurs ausgezeichnet. Besonders herausragend waren seine mathematischen Fähigkeiten. Schon damals beherrschte er das ganze Anforderungsprofil der Hochschulmathematik.

Der älteste Bruder Kwang-Bin war künstlerisch begabt. Er wollte Musik studieren. Sein Freund, der bereits an der Musikhochschule in Tokyo studierte, vermittelte eine Zulassung zur Musikhochschule und arrangierte das Nötige für Unterkunft und finanzielle Einkünfte. Aber unser Vater war gegen seinen Weggang vom Elternhaus, weil er ja als ältester Sohn der „Sukzessor“, der Rechtsnachfolger war. Er wurde gezwungen, die Gemeindeschule für analphabetische Dorfleute zu leiten. Er beschäftigte sich autodidaktisch besonders mit dem Geigenspiel und las Bücher der Weltliteratur. Ich verdanke ihm viel, denn er hat mir im Alter von vier Jahren das Noten-Lesen und das Harmoniumspiel beigebracht und mir seine gesamte Bibliothek – die vorwiegend Bücher in japanischer Sprache enthielt – zur Verfügung gestellt. Obwohl noch nicht in jeder Hinsicht perfekt, erfreute mich sein Geigenspiel von Beethovens *Menuett* oder Kreislers *Humoresque* und eröffnete mir eine Sehnsucht nach der europäischen Musik. In seiner Bibliothek machte ich zum Beispiel schon früh Bekanntschaft mit Dantes *Verlorenem Paradies*, Tolstois *Auferstehung* oder *Les miserables* von Victor Hugo. Ich konnte gut verstehen, dass seine Sehnsucht nach Kunst und Literatur ihn nicht länger in solchem Abseits der Welt halten würde.

Nach einer dreijährigen Examensvorbereitung erlangte er die Lehrerlizenz für die Grundschule. Mit diesem Abschluss ging er nach Won-San – das ist eine Großstadt an der Ostküste –, um dort an einer Privatschule seinen Lehrerberuf auszuüben.

Meine Kindheit war mit einem Wort „traurig“. Das Familienleben litt vor allem unter dem Mangel im Haushalt. Die Eltern konnten die Bedürfnisse der Kinder nicht recht befriedigen. Vater war ständig unterwegs zu den Familien der vier Gemeinden, die sehr weit zerstreut waren. Die Versorgung der Familie beschäftigte unsere Mutter sehr intensiv in der Landwirtschaft. Die armen Dorfbewohner arbeiteten noch härter Tag und Nacht. Trotzdem konnten sie sich von den Schulden nicht befreien. Sie waren alle Pächter, die die Hälfte der Reisproduktion als Pacht abgeben mussten.

Ich wurde irgendwann der Boss der Kinder im Dorf, die stark an Protein- und Vitaminmangel litten. Sie trugen ein dickes Bäuchlein wie ein Frosch. Mit ihnen organisierte ich, ans Meer oder in die Berge zu gehen, um unseren Hunger zu stillen, indem wir Muscheln oder Fische aus dem Meer herausholten oder Eier aus dem Nest oder Honig aus dem Stock von Wildbienen. Wir waren fast Naturkinder wie in Afrika. Am sonnigen Hang oberhalb unseres Dorfes lag eine hoch mit Draht umzäunte Obstplantage – mit lauter exotischem Obst. Diese Plantage gehörte dem Herrn Seuk (石), der Vorstandmitglied der Gemeinde war und ein Mischwarengeschäft besaß. Die Verlockung des Gartens für unsere Magen war unerträglich. Nein, das war eine gemeine Provokation an uns, dass er sich vor unserer Nase solchen Luxus erlaubte. Wenn es dunkel wurde, gruben wir an einer Stelle des Zaunes die Erde so tief, dass wir alle durchkriechen konnten. Wie Max und Moritz sättigten wir unsere Mägen mit Äpfeln, Birnen, Melonen und erlebten paradiesische Momente. Danach wurde der Tunnel mit Grünem so gut zugedeckt, dass der Besitzer ihn nicht gleich entdecken konnte und für uns der Durchgang möglicherweise noch einmal verfügbar war. Eines Tages zitierte mich mein Vater zu sich und fragte, ob ich mit der Plünderung zu tun hätte. Herr Seuk hatte bald herausgefunden, dass sein Obst verschwand, und beschwerte sich bei meinem Vater, weil es bekannt war, dass ich, der Sohn des Pfarrers, der Boss der Dorfjungen war, obwohl er keinen handfesten Beweis hatte. Ich verneinte es. Mein Vater, der mehr Verständnis für einen hungrigen Jungen als für einen reichen Mann aufbrachte, fragte mich nicht weiter.

Mein etwas unrühmliches Verhalten in der Jugendzeit hatte mit der Frage zu tun – selbst wenn diese noch nicht so deutlich wie später formuliert werden konnte –, warum viele Menschen trotz harter Arbeit unter Hunger zu leiden hatten und andere – die privilegiert waren – nicht. Nach dem Schulgesetz war jedes Kind ab dem 6. Lebensjahr zum Grundschulbesuch verpflichtet. Meine Schule lag in Dae-Po (대 포), etwa 12 km entfernt. Da es die Eisenbahnlinie an der Ostküste in diesem Abschnitt noch nicht gab, musste ich – wie die anderen Schulkinder aus meiner Gegend auch – diese 12 Kilometer jeden Tag zu Fuß gehen. Der Weg zur Schule jeden Morgen kam mir nicht so schlimm vor wie der nach Nachhause-Weg. Auf dem Heimweg nämlich war der Magen leer. Es gab aber immer etwas dafür zu organisieren: in der nahe gelegenen Küstenregion wurde das ganze Jahr über gefischt; im Winter Kabeljau, im Frühling Hering und Sardinien in Massen. Überall wurden dann frische Sardinien in großen Kesseln gekocht, um Öl daraus zu gewinnen und die Reste zu Düngemittel zu verarbeiten. Die kochenden Sardinen waren für unsere hungrigen Mägen sehr begehrt. Egal, ob mit Freundlichkeit oder gegen den Widerstand der Arbeiter, es gelang uns eigentlich immer irgendwie, unsere leeren Mägen zu füllen. Das Abendessen zu Hause war damit erledigt.

Im Spätherbst begann der Kabeljaufang, wenn der kalte Meeresstrom von der Kamjakka-Halbinsel unsere Ostküste erreichte. In allen Wintermonaten beschäftigten sich Menschen auf der Ostküste hauptsächlich mit dem Kabeljau. Um große Mengen zu konservieren, wurden je 20 Stück Kabeljau mit Bambusstöcken durchgestochen und an endlosen Holzstangen am Strand aufgehängt und getrocknet. Dann wurden sie in großen Lagern gestapelt, etwa 2 x 3 Meter hoch. Dann kamen wir dran. Mit scharf geschnittenen Bambusmessern stiegen wir Plünderer auf die Stapel und stocherten alle trockenen Augenkugeln heraus, bis die Hosentaschen voll waren. Das waren unsere Ersatzkaugummis. Die Japaner machten daraus einen Gesundheitssirup, der die Vitamine A und D enthielt. Wir haben damit für uns selbst gegen möglichen Vitaminmangel gesorgt – ohne dass wir es wussten.

Warum bleiben mir diese Jugendstreiche so lebendig in Erinnerung? Will ich bewusst oder unbewusst mein schlechtes Gewissen nachträglich im Zusammenhang mit meiner Armut von damals besänftigen oder rechtfertigen?

Die Schule, die die Japaner fest in ihrer Hand hielten, um uns Koreaner japanisch zu assimilieren, zwang uns, seit 1932 unsere Muttersprache, Koreanisch, nicht mehr zu sprechen, und stattdessen Japanisch als Schulsprache zu erlernen. Wir konnten uns mit der Schule nicht anfreunden. Obwohl ich in allen Fächern beste Leistungen erbrachte, besonders in Musik und Kunst immer ausgezeichnet war, blieb die Schule mir immer fremd. In Musikstunden pflegte ich mit dem Harmonium zu begleiten. Jedes Jahr bei der Schulausstellung wurden meine Gemälde „mit Gold“ ausgezeichnet. Trotzdem kam mein „Betragen“ den Lehrern sehr bedenklich vor. Wegen meiner schlechten Beteiligung am Unterricht wurde mein Vater öfter zum Direktor vorgeladen. Ich konnte als Kind nicht genau aussprechen, warum ich mich in der Schule nicht wohl fühlte. Die Schule war nicht für uns Koreaner, sondern sie kam mir vor, wie ein Zwangslager, um uns zu japanisieren. Die japanische Schule ignorierte unsere Sprache und Kultur. Sie wollten uns zu ihrem Sklavenvolk erziehen. Mein Vater verstand mein schlechtes Benehmen in der

Schule als inneren Widerstand gegen das japanische Herrschaftssystem. Als ich in der vierten Klasse war, wurde er wieder versetzt, und zwar zu der Gemeinde in Hoe-Yang (회 양), einer abgelegenen Kreisstadt der Kangwon-Provinz (강 원도), wo man keine Elektrizität und keine Eisenbahn kannte.

2. Im Schatten des Todes

Die neue Gemeinde meines Vaters hatte die Verhältnisse unseres Haushaltes nicht geändert, obwohl sie die Gemeinde der Kreisstadt war. Die Zahl der Mitglieder der Kerngemeinde, die monatliche Beiträge zu entrichten hatten, war noch geringer als zuvor. Durch das bergige Land machte sich Vater meistens zu Fuß auf den Weg. Unsere Mutter musste keine Landwirtschaft mehr betreiben. Zwei erwachsene Kinder waren längst aus dem Elternhaus. Die neue Umgebung schien mir viel dunkler und trostloser. Statt eines offenen Ausblicks auf das Meer lag die Stadt von hohen Bergen umgeben. Die Sonne schien am Tag anderthalb Stunden weniger. Um neue Freunde zu finden, brauchte ich noch Zeit. Schließlich bestand die Lehrerschaft der Grundschule ganz aus Japanern.

Die Eltern warteten seit Tagen ungeduldig auf eine Nachricht aus Seoul, der Hauptstadt. Es sollte nämlich ihr zweiter Sohn Dong-Bin Bescheid geben, ob er das staatliche Examen zur Arztlizenz bestanden hatte oder nicht. Da kam ein Telegramm; ja, er hat's geschafft! Welche Aufregung war es für die Eltern; einerseits waren sie sehr stolz auf seine großartige Leistung – anderseits aber sehr betrübt, weil der Satz des Telegramms die Nachricht enthielt, er wäre so krank und so schwach, dass er nicht allein nach Hause zurückfahren könne. Dieses Wechselbad brachte uns durcheinander. Alle koreanischen und japanischen Tageszeitungen in der Hauptstadt meldeten in großer Aufmachung eine Sensation, ein zwanzigjähriger Junge habe das staatliches Examen zur Arztlizenz *autodidaktisch* vorbreitet und *auf Anhieb* bestanden, was es nie zuvor gegeben hatte!

Die japanische Herrschaft machte das Tor der Chancen für Koreaner besonders für Juristen und Mediziner so eng und so schwer wie möglich, weil mehr Japaner auf diesem Feld die Oberhand gewinnen sollten. Die Lizenz für Mediziner durften nur diejenigen erwerben, die das Medizinstudium an den Hochschulen absolviert hatten und mit oft mehreren Anläufen das Staatsexamen zu machen versuchten. Mein genialer und ehrgeiziger Bruder paukte 15 Fächer autodidaktisch etwa fünf Jahre in einer unbeheizten Stube während der Wintermonate, während er in einer Arztpraxis eine Assistentenstelle innehatte – und dies alles ohne die notwendige Ernährung. Vor dem Examen wusste er selber, dass seine Lungen- und Darmtuberkulose bei ihm fortgeschritten war. Trotzdem wollte er das Examen nicht verschieben. So wagte er es mit allerletzter Kraft und kam doch zum Ziel, aber auf Kosten seines Lebens. Es war ja seine Lebensmaxime, nicht unbedingt lang und schön zu leben, sondern intensiv Sinnvolles zu leisten.

Da er selber genau wusste, dass er sich mit der Tuberkulose von anderen isolieren musste, und dass er kaum noch ein halbes Jahr zu leben hatte, wurde er nach seinem Wunsch dort hingebracht, wo er bis zuletzt lebte und arbeitete. Unsere Mutter, die in Armut vier Jungen aufgezogen und die von ihrem genialen Sohn als Arzt insgeheim eine Unterstützung für den Unterhalt erhofft hatte, wurde am schlimmsten getroffen. Hinzu kam die Begleitung und Pflege in den letzten Monaten vor seinem Tod. Seine letzte Stunde kam. Vater und der ältere Bruder waren herbeigeeilt ans Sterbebett dessen, dem nur ein so kurzes Leben vergönnt war. Dong-Bin war bei vollem Bewusstsein und selbst beherrscht bis zum letzten Atemzug: „Liebe Mutter, lieber Vater! Ich bitte um Verzeihung, dass ich früher von euch weggehe, ohne die Chance gehabt zu haben, euch zu helfen und euch aus der Armut zu befreien. Ich akzeptiere mein Schicksal wie Gott es will. Bitte singt für mich das Gesangbuchlied *Der Weg zu Gott ist hell*. Gott behüte euch alle Wege! Meine Lieben, lebt wohl!“ Was für ein souveräner Tod – wie sein Leben!

Die Eltern hatten immer Respekt vor ihm – seit seiner Kindheit. Er benahm sich den Eltern gegenüber wie ein Erwachsener. Er hatte ihnen gegenüber nie eine Erwartung an etwas, was sie nicht erfüllen konnten. Er erkannte so früh die Leistungsgrenze der Eltern, dass er mit dreizehn Jahren vom Elternhaus wegging, um sich selbständig zu machen. Er besaß schon von früh an das Urteilsvermögen in Bezug auf soziale Verhältnisse. Sein Gerechtigkeitssinn war äußerst ausgeprägt. Gegenüber seinen Eltern und Lehrern scheute er sich nicht, Kritik zu äußern, wenn er sich ungerecht behandelt fühlte.

In diesem Zusammenhang gibt es eine Episode, die typisch ist für ihn: Als er gerade zu Fuß auf dem Weg vom Elternhaus in Gan-Seung (杆城) ankam – von dort aus sollte ihn der Zug weiter nach Mun-Pyoung (文坪) bei Wonsan bringen –, war es schon dunkel. Er klopfte an die Tür einer Pension. Der Besitzer öffnete und sah einen Knaben vor sich stehen. Der junge Reisende fragte, ob er ihm für eine Nacht Unterkunft gewähren könne. Der Wirt antwortete: „Ich nehme keine Kinder ohne Begleitung auf!", und schlug die Tür gleich wieder zu. Er gab ihm keine Möglichkeit, sich zu erklären. Der junge Reisende schlug daraufhin mehrmals so laut gegen die Tür, dass der Wirt wieder erschien. Er drohte ihm damit, dass er die Polizei holen würde. „Ja, das wollte ich auch", sagte der Hilflose. Da besann sich der alte Gastwirt endlich seiner Pflicht und ließ den Jungen als Gast übernachten.

Sein kurzes Leben war sehr intensiv und kreativ. Sein früher Tod, den er gelassen akzeptierte, hat mich als verspielten Bengel zum ersten Mal ernsthaft über Leben und Tod nachdenken lassen. Vielleicht hat das den Grund gelegt für meine spätere Beschäftigung mit der Theologie.

Sein Tod hat besonders unsere Mutter hart getroffen. Wir haben sie danach lange Zeit nicht mehr lachen gesehen. Sie ließ Dong-Bin dort begraben, wo er zuletzt gearbeitet hatte und wo er starb. Dann zog sie zu ihrem ältesten Sohn, der noch ledig war, nach Won-San (元山). Ich folgte bald dorthin. Denn unser Vater wurde wieder in eine andere Gemeinde in Hyop-Gok an die Ostküste versetzt.

3. Unter der japanischen Kolonialherrschaft

Die Hafenstadt Won-San (元山) erweckte in mir ein neues Lebensgefühl. Die Privatschule, an der mein Bruder Lehrer war, war ein seltenes Beispiel in jener japanischen Zeit. Sie war eine Missionsschule. Als der Pazifikkrieg zwischen Japan und den USA (1941) ausbrach, wurden alle amerikanischen Missionare evakuiert. Somit wurden Missionsschulen der japanischen Leitung unterstellt. Interessanterweise waren alle Lehrer Koreaner außer dem japanischen Rektor. Sie kamen von überall her als „gebrannte Personen“, die als Nationalisten oder Kommunisten einst im Gefängnis gesessen hatten und weiter unter polizeilicher Beobachtung standen. Sie gaben uns heimlich koreanischen Sprach- und Geschichtsunterricht. Damit wurden wir mit der Verantwortung für den Unabhängigkeitskampf betraut. Sie gaben uns in der Schule in Japanisch Unterricht, aber außerhalb der Schule sprachen wir bewusst koreanisch. Der Nationalist *Seo Jeung-Bong*, Lehrer für Literatur, machte des Öfteren Überstunden, wenn es im Unterrichtsplan z.B. um Themen ging, wie: „Vergleich der japanischen Literatur mit der koreanischen im 18. Jahrhundert“, um uns so legal an unsere eigene Sprache heranzuführen. Der Kommunist *Lee Sun Seung*, Lehrer für Mathematik, Physik und Sport, trainierte uns auch mit Überstunden, um uns jederzeit für den Einsatz fit zu machen. Besonders diesen beiden Lehrern verdanke ich es, dass in mir früh das Kindliche zurücktrat und ein Bewusstsein für die nationale Befreiung von der japanischen Kolonialherrschaft geweckt wurde.

Der japanische Imperialismus expandierte von der koreanischen Halbinsel (1909) bis zum chinesischen Kontinent(1936). Um die Koreaner zur Mitarbeit des Herrschens über das erweiterte besetzte Gebiet zu gewinnen, versuchten die Japaner mit uns Koreanern eine andere Politik. Es wurde die neue Parole verbreitet, dass Koreaner und Japaner derselben Kultur angehörten, darum hätten alle Koreaner nun japanische Namen zu tragen. Bald wurden wir Koreaner auf japanische Namen umgetauft. Dann wurde das neue Militärdienstgesetz proklamiert und damit fast eine halbe Million koreanische junge Männer eingezogen – die sich zuerst auf dem chinesischen Kontinent aufhielten; später dann mehr im pazifischen Raum, damit sie gegen die Amerikaner eingesetzt werden konnten. Gleichzeitig wurden Millionen von Männern zur Rüstungsindustrie nach Japan eingezogen und zwar zur Arbeit untertage im Bergbau.

Schließlich wurden Zigtausende von jungen Koreanerinnen zu „Trost-Frauen“ gemacht – unter dem Vorwand, sie würden in der Rüstungsindustrie eingesetzt; jedoch wurden sie überall an die Front gebracht. In den Schulen wurden wir koreanischen Kinder indoktriniert, indem wir jeden Morgen auf dem Schulhof zusammen kamen, um mit den Worten: *Wir sind das Volk des japanischen Kaisers*, zu schwören. Diese japanische Kolonialgeschichte mit unserer Generation ist einmalig und sucht in der Kolonialgeschichte der Welt seinesgleichen.

Mein Bruder hatte genug von dieser japanischen Willkür. Er gab den Schuldienst auf und wanderte aus nach Shanghai/China, wo er eine Beschäftigung bei einer Filmgesellschaft vermittelt bekam. Für ihn war das wie ein Traum. Dort avancierte er innerhalb von zwei Jahren zum Assistenten und zum Filmfotographen. Doch bald wurde aus seinem Traumjob ein Alptraum.

Denn nachdem die Japaner Shanghai eingenommen hatten, wurde die Filmgesellschaft als Propagandaapparat der japanischen Besatzungsmacht unterstellt. Mein Bruder wurde wie andere Kollegen als Filmreporter an die Front versetzt. Dabei erlebte er durch die Barbarei der Japaner viel Entsetzliches, was seine Vorstellung überstieg. Der japanische Vormarsch an allen Fronten war unaufhaltbar. Chang-Kei-Sek's Armee wurde zum Rückzug gezwungen. Seine Armee bestand zum großen Teil aus Jugendlichen, wie die Armee von Hitler in der Endphase des Zweiten Weltkrieges. Die Japaner nahmen sie gefangen. Japaner kannten aber in China keine Gefangenschaft – entgegen der Genfer Konvention. Sie liquidierten Gefangene sofort. Mein Bruder war Augenzeuge der japanischen Barbarei. Während eines Heimaturlaubs berichtete er uns von den Gräueltaten. Auf diesem Heimaturlaub heiratete er seine Frau.

Japaner ließen junge Chinesen – 15-, 16-Jährige – ihre eigenen Gräber ausgraben. Jeweils etwa 20 Gefangene mussten am Rand des Grabes im Kreis knien. Dann exekutierten sie sie nicht mit Gewehren, sondern mit japanischen Schwertern, indem sie sie buchstäblich „köpften". So barbarisch gingen die Japaner mit Chinesen um während des Krieges, so dass sie keine Lager für chinesische Kriegsgefangene brauchten. Im Gegensatz zu jenen ungeheuren Gräueltaten der Japaner schickte *Chang-Kei-Sek* nach der Kapitulation der Japaner (1945) alle japanische Gefangenen innerhalb von drei Monaten heil nach Japan zurück. Mein Bruder kam auch gleich nach der japanischen Kapitulation nach Korea zurück. Er schickte mir damals eine Zulassung zur Shanghaier Universität. Die japanische Behörde verweigerte mir aber die Ausreise nach China, weil ich Sohn eines politisch suspekten Pfarrers und außerdem wehrpflichtig war. So entschloss ich mich, eine staatliche Lizenz als Lehrer für die Grundschule zu erwerben. Nach einer etwa einjährigen Vorbereitung gelang mir dies 1942. Gleich danach wurde ich an eine doppelklassige Grundschule nach Donab/ Kangwon-Provinz (道納) geschickt, wo ich von jeder öffentlichen Verkehrsverbindung abgeschnitten war.

4. Kapitulation Japans

Donab ist das letzte Bergdorf der Bergkette Taebek an der Ostküste, das über 700 m über dem Meeresspiegel liegt und etwa dreißig Familien beherbergt. Aber es gab eine Schule, die Bezirksverwaltung und eine Polizeistation, die für mehr als hundert Dörfer in der Umgebung zuständig waren. Außerdem war es der Knotenpunkt der Verbindungsstrassen von drei Kreisstädten, Höyang (淮陽), Tongchon (通川) und Anbyon (安邊), die etwa 30 bis 35 km voneinander entfernt liegen. Man musste zu Fuß einen Tag lang einen 1.000 m hohen Pass bewältigen, um jeweils eine Kreisstadt zu erreichen. In Wintermonaten lag das Dorf unter einer dicken Schneedecke. In den Sommermonaten überzog eine helllila Farbe die ganze Landschaft wie ein Teppich, da vor allem Buckweizen angebaut wurde. Für den Reisbau ist solche Höhe zu kalt.

Die Grundschule hatte drei Doppel-Klassen und drei koreanische Lehrer. Gegen Ende 1944 kam ein japanischer Rektor. Ich hatte die erste und zweite Doppelkasse zu unterrichten, die insgesamt etwa 50 Kinder umfasste. Die Schulkinder kamen aus allen Bergsiedlungen in der Umgebung.

Als ich mit dem Schuldienst (1942) begann, befand sich Japan an allen Fronten auf dem Rückzug, sei es im Pazifik gegen die Amerikaner oder auf dem Kontinent gegen Chinesen. Die Japaner forderten alles von uns: Millionen von jungen Männern mussten an die Front, sonstige Arbeitskräfte zur Rüstungsindustrie, und junge Frauen wurden als „Trostfrauen“ an die Front eingezogen. Zuhause blieben nur Alte und Kinder zurück, die von anderen Zwangsarbeiten nicht verschont blieben. Fast die gesamte Reisproduktion ging an die Armee. Kaum 10% davon blieb übrig für den Rest der Bevölkerung. In den Gegenden, wo es keinen Reisbau gab, wurden Alte und Kinder gezwungen, große Mengen von Heu bereit zu stellen und Sirup aus Kiefern abzuzapfen, was als Ersatz von Sprit für die Rüstungsindustrie gebraucht wurde. Die Unterrichtstunden wurden deswegen oftmals für solche Zwangseinsätze verwendet.

Trotzdem kannte die Bevölkerung in diesen kargen Berggegenden keinen Hunger. Denn obwohl die Menschen hier wenig Reis hatten, gab es andererseits genug Mais, Kartoffeln und Weizen. Diese Nahrungsmittel gehörten nicht zu den Zwangsabgaben. Jede Familie verfügte über einen erheblichen Getreidebestand. Der wurde in mehreren großen Tonkrügen unter der Erde kühl gelagert, so dass Familien das ganze Jahr daraus auch Schnaps und Alkohol selbst produzieren konnten. Besonders waren die Nudelgerichte aus Buchweizen für alle Koreaner eine „Delikatesse" – serviert in kalter Fleischsuppe mit dem Vorratsfleisch von Fasanen oder Wildschwein. Im Winter wurde ich ständig von Familie zu Familie zum Nudelfest eingeladen. Man kann sagen: Die Menschen waren trotz alledem glücklich. Sie lebten, als ob sie das ganze Jahr für den Winter arbeiteten.

Es gab in meiner Zeit viele Fasanen. Schulkinder legten vor dem Unterricht Köder von Bohnen unter die Schneedecken im Schulhof, die wie beim Angeln von Fisch nur mit mehreren Haken an einer Leine gebunden waren; das andere Ende der Schnur wurde mit einem Stein befestigt. Schulkinder und Lehrer beobachteten dann die Szene gemeinsam durch das Fenster des Klassenzimmers. Es war erstaunlich, wie schnell Fasanen, die in den benachbarten Bäumen rasteten, die Köderbohnen anflogen. Manchmal konnten mit allen hingelegten Bohnen alle Fasanen geködert werden. Die Schulkinder waren so großzügig, dass sie uns Lehrern einige Fasane vom Fang zum Abendessen zur Verfügung stellten. Den Großteil der Beute nahmen sie selbst dann mit nach Hause. Ich war immer wieder beeindruckt davon, wie die Kinder dieser Bergregion so früh mit ihrer Natur und der Kunst, in ihr zu leben, vertraut waren.

Wenn der Schnee über einen Meter hoch lag, fing im Dorf immer eine ungewöhnliche Aktivität an. Es begann die Jagdsaison von Wildschweinen. Wie bei der Mobilmachung einer Reservearmee fand sich schnell eine Mannschaft zusammen, die aus einem Jäger mit Jagdflinte und einem Dutzend von Männern mit mehreren Wurfpfeilen im Rucksack und Schlitten bestand. Natürlich waren sie alle mit Skiern ausgerüstet, die genau so kurz und breit wie ein Wasserski aussahen. Ich durfte einmal mitkommen. Wir kamen nach einem stundenlangen Marsch auf einer Berghöhe an, die wie ein offener Ring war. Wortlos nahm der Jäger den Platz an der offenen Stelle ein, während die ganze Mannschaft die Höhe der Bergkette rings umzingelte. Auf ein Kommando hin schrieen alle wie verrückt los und bewarfen die Bäume mit Wurfpfeilen, so dass die unter dem Schnee ruhenden oder schlafenden Wildschweine aufgescheucht ins Tal hinunter getrieben werden konnten. Wenn die im Schlaf Überraschten nun im mehrere Meter hohen Schneekessel des Tals gefangen waren und darin zu versinken drohten, war die nächste Stufe des Angriffs gekommen. Die Mannschaft machte sich nun mit Schwertern und Wurfpfeilen bereit. Es geschah alles der Reihe nach. Einer raste im Slalom nach unten um die Bäume herum und stieß seinen Wurfpfeil in die Halsgegend eines der Wildschweine. Mit demselben Schwung wich er sofort wieder zurück nach oben, um seinen Angriff wiederholen zu können, während die anderen nacheinander genauso verfuhren. Das war wie ein Atem beraubender Sport und zugleich abstoßend.

Nach einer Wiederholung des Angriffes waren alle Wildschweine – mehr als ein Dutzend – tot und lagen blutend auf dem Schnee. Der weiße Schneetalkessel wurde innerhalb einer halben Stunde in ein Blutbad verwandelt. Das löste in mir zwei sehr gegensätzliche Reaktionen aus: Ich bewunderte einerseits die außergewöhnlich sportliche Geschicklichkeit der Bergbewohner bei der Jagd – sie hätten sich ohne weiteres einem internationalen Slalomwettkampf stellen können! Und anderseits erschreckte mich die Brutalität des Menschen dem Tier gegenüber, so dass ich mir, als ich beim ersten Mal dabei war, diese Szene nicht mit offenen Augen anschauen konnte.

Wenn dann die Männer wie Soldaten im Triumphzug heimkehrten, wurden sie unter großer Aufregung des ganzen Dorfes empfangen. Die Beute wurde familiengerecht aufgeteilt und sofort unter die Dachbalken gehängt, so dass sie vor anderen Tieren geschützt in der Kälte gut konserviert werden konnte. Der

Vorrat an Wildschwein und Fasan für die Wintermonate war so gesichert.

Als das Festmahl beendet war, fingen die zufriedenen Gastgeber an, mir eine endlose Jagdgeschichte zu erzählen. Bis 1920 gab es in diesen Gegenden so viele Rehe und Hirsche, dass man sie mit bloßen Händen fangen konnte.

Wenn der Winter es den Tieren schwer machte, Futter zu suchen, kamen sie scharenweise in die Dörfer – wegen der Haushaltsabfälle. Da sie wie der Mensch ein starkes Sehvermögen besitzen, fand ihr Dorfbesuch meistens in hellen Mondnächten statt. Flinke junge Männer lauerten ihnen dann im Schatten der Häuser auf, umklammerten die Hälse der zarten Tiere von unten mit beiden Armen, so dass sie erstickt umfielen. Manchmal sollen die Flinken dann in einer Nacht ein Dutzend Rehe und Hirsche gefangen haben

Für mich war schon dies eine unglaubliche Geschichte, die dann aber noch folgende Fortsetzung fand: Eines Abends wartete wieder einmal ein Junge wie immer auf dem Rücken liegend. Da kam ein ungewöhnlich fettes Tier. Sofort packte er es von unten und schlug mehrmals mit seinem Kopf gegen den Unterkiefer des Tiers. Es gab aber kein Zeichen von Schwäche. Stattdessen riss es sich los und rannte schnell davon. Da sah er das fliehende Tier von hinten: Es war kein Hirsch, sondern ein Tiger! Seit diesem Ereignis war für alle Abenteurer Vorsicht geboten.

Mein Leben während der etwa drei Jahre in jenem Bergland hat mir noch einmal klar gemacht, wie aggressiv Japaner die Natur und die Menschen in unserem Land in der Zeit ihrer Kolonialherrschaft (1909-1945) ausgebeutet haben. Japaner nannten die Tae-Baeg-Gebirge (太白山脈) „den Park von Rehen und Hirschen“. Dort, wo diese Bergleute solche märchenhaften Jagdgeschichten selbst erlebt haben, findet man heute kaum noch Hirsche.

Jede Nacht flogen die amerikanischen Langstreckenbomber vom Typ *B 29* ungehindert über uns. Wir alle ahnten, dass das Ende der japanischen Herrschaft auf Korea und in Asien nahte. Glücklicherweise hatten die Japaner mich in jener kritischen Zeit in dieses Bergdorf versetzt, das von der Außenwelt fast abgeschnitten war wie die Insel von Robinson Crusoe, während die meisten jungen Männer an die Front verschifft wurden und täglich mit dem Tod konfrontiert waren. Dort brauchte ich weder Hunger noch Todesangst leiden, ganz im Gegenteil, ich genoss manch' exotische Speisen und eine gewisse Freiheit ohne tägliche Kommandos. Natürlich war auch das Leben unserer Grundschule zu jener Zeit im Ausnahmezustand: um große Mengen von Heu liefern zu können, waren alle Schulkinder mit einer Sichel an Berghängen eingesetzt, und Unterrichtstunden wurden zu zwei Drittel reduziert. Außerdem hatten wir eine Zwangsabgabe von Kiefernsirup, die dringend als Ölersatz angefordert worden war. Inzwischen wurde ich als 20-Jähriger ausgemustert und in die Einheit der Luftabwehr als Flakhelfer eingegliedert. Da ich aber Schullehrer war, entschied man sich, mich vom Fronteinsatz für den Schuldienst und gleichzeitig für die Landesverteidigung zurückzustellen. Das erwies sich als großes Glück, wodurch ich den japanischen Endkampf überlebt habe.

Am Nachmittag des 15. August 1945 ließ der japanische Rektor alle Lehrer in sein Amtszimmer kommen. Er teilte uns mit, dass der Tenno, der japanische Kaiser, den Alliierten der USA und der Sowjetunion die bedingungslose Kapitulation angekündigt habe. Anschließend bat er uns Koreaner um Vergebung dafür, was die Japaner den Koreanern angetan hatten. Sehr persönlich bat er uns auch, dabei behilflich zu sein, dass er mit seiner tuberkulösen Ehefrau ungeschoren den Ort verlassen dürfe. Der andere Japaner, Polizeichef für den Distrikt, war bereits in der Nacht heimlich verschwunden. Diesen anständigen Japaner und seine Frau brachten wir am nächsten Tag mit einem Ochsenkarren bis zur Kreisstadt, wo alle Japaner interniert wurden. Er blieb für mich der letzte Japaner der Kolonialzeit.

In jener glücklichen Stunde, in der das koreanische Volk von der 36-jährigen Sklaverei der Japaner befreit wurde, fühlte ich in mir plötzlich eine starke Leere, weil ich keine konkrete Vorstellung für mein persönliches Leben und das des koreanischen Volkes nach der Befreiung hatte. Was sollte ich ab sofort tun? Was konnte ich überhaupt anfangen, wenn mir das Schicksal unseres Volkes für die Zukunft nicht klar war? Die Abgeschiedenheit, die ich während der Kriegszeit so glücklich genossen und geschätzt hatte, verwandelte sich plötzlich in Hilflosigkeit und Ohnmacht. In meiner Umgebung gab es keinen Menschen, der mir hätte weiterhelfen können im Blick auf die Gedanken, die ich mir machte über die Zukunft meines Volkes nach der Befreiung von den Japanern. Der einzige Mensch, mit dem ich darüber sprechen konnte, war mein Vater. Aber auch er vermochte zu diesem Thema nicht viel zu sagen. Er verwies lediglich auf die Patrioten, die mit ihm für die Unabhängigkeit des Landes gegen Japan gekämpft hatten – viele von ihnen waren allerdings ins Exil, ins Ausland gegangen. Er gehörte ja selbst zu den Einsamen auf dem Lande, die der Übermacht der Japaner ohnmächtig gegenüber gestanden hatten.

In meiner Nähe befand sich seit etwa einem Jahr ein Drückeberger, der die japanische Musterung verweigert hatte und von Won-San kommend in meinem abgelegenen Bergdorf untergetaucht war. Dieser kam plötzlich wieder zum Vorschein. Ja, ich erinnere mich noch an seinen Namen. Er hieß *Lee Chang-Su*. Sein Vater studierte in Japan, aber er war ein Müßiggänger unter vielen verzweifelten Intellektuellen während der Fremdherrschaft. Nachdem er wieder geheiratet hatte, zog er aus dem Elternhaus aus. Seine Hauptbeschäftigung bestand darin, Lyrik zu verfassen und Geige zu spielen. Fast einmal pro Woche besuchte er mich heimlich zu später Stunde, um mir seine neuen Gedichte vorzulesen und Geige zu spielen. Und er sagte immer, er werde seinen verehrten Geigenmeister *Ge Jung-Sik* in Seoul aufsuchen, wenn es soweit sei. Meister *Ge* studierte bis 1944 Musik in Würzburg, wo er Geiger geworden war. *C. S. Lee* war ein teurer Freund, der sich mit mir über die europäische Kunst und Literatur unterhalten konnte.

Kurz nach der Befreiung von Japan kam er triumphierend und völlig verwandelt zu mir. „Lieber, ich habe es mir überlegt, ich gehe nicht nach Seoul. Es war ja eine Illusion der Vergangenheit, die die Bourgeoisie nährte. Nun ist die Zeit gekommen, in der das Proletariat sein eigener Herr über das Land werden kann. Ich möchte daran mitarbeiten, dass unser befreites Land eine sozialistische Gesellschaft aufbaut. Ich habe bereits eine Stelle im Volkskomitee in Won-San(원 산) als Sekretär für die Propagandaabteilung. Du kommst mit. Für das neue Korea arbeiten wir nun zusammen!“ Kurz vor der japanischen Kapitulation bekam er Kontakt zu einer kommunistischen Gruppe im Untergrund. Schon vor der Kapitulation von Japan waren sowjetische Streitkräfte in der Hafenstadt Won-San gelandet. Bei unserem Abschied schrieb er ein Lied zur Befreiung und Zukunft, ich komponierte die Melodie dazu. Es hieß *Befreiungsmarsch.* Das Lied kam bald abhanden.

Um über einen neuen Anfang nachzudenken, verabschiedete ich mich vom Schuldienst und zog ins Elternhaus in Hyob-Kok zurück.

III. Sozialismus und Liebe

1. Konflikte nach der Befreiung

Als ich meinen Schuldienst in Do-Nab aufgegeben hatte und ins Elternhaus in Hyub-Kok zurückgekehrt war, war bereits die Rote Armee einmarschiert und kontrollierte die gesamte Eisenbahnlinie an der Ostküste. Die Entwaffnung der japanischen Armee war noch nicht vollzogen. Trotzdem hatte ich erwartet, dass meine Landsleute alle aus dem Häuschen wären, in einem Freudentaumel, weil wir ja nun von der japanischen Herrschaft befreit waren! Im Gegenteil, die Dorfleute waren total starr vor Angst. Wovor? Vor wem? Sie benahmen sich, als ob der alte Herrscher durch einen neuen ausgewechselt worden wäre. In der Tat hatte eine bewaffnete japanische Kompanie das Sprengstoffsdepot noch nicht an die sowjetische Kompanie übergeben. Ein schreckliches Gerücht sprach sich herum, die Japaner würden sich lieber mit dem ganzen Strengstoff in die Luft sprengen als zu kapitulieren.

Außerdem drangen die sibirischen Soldaten jede Nacht in Wohnhäuser ein und vergewaltigten Frauen. Sie benahmen sich nicht wie Befreier, sondern wie Besatzer. Die Bewohner waren gezwungen, sich mit allen Mitteln zu verteidigen. Bei jedem Vorfall reagierte das ganze Dorf laut mit Sirenen und Schlagzeugen. Frauen versteckten sich jede Nacht hinter den Wandschränken. Diese Ausschreitungen dauerten eine ganze Zeit, bis die militärische Ordnung der Roten Armee schließlich normalisiert wurde.

In jedem Ort gab es Uneinigkeit unter der Bevölkerung, wie sie jene Japaner behandeln sollten, die z.B. als Polizeichef oder als Schulrektor fungiert hatten. Einige wollten sie lynchen und erhängen, andere wollten sie an die zentralen Sammellager ausliefern, die alle Japaner nach Japan verschiffen sollten – mit Ausnahme der politisch Verdächtigen und Kriminellen. Dazu hatte mein Vater etwas zu sagen. Es war ja bekannt, dass er jedes Jahr von dem Polizeichef zur so genannten „Gesinnungsprüfung" in die Sonderabteilung mitgenommen worden war. Der Polizeichef kam zum letzten Mal, als der Gottesdienst bereits begonnen hatte. Ohne die Schuhe auszuziehen, nahm er hinten Platz und schrieb die Predigt mit. Nach dem Gottesdienst bezichtigte Vater ihn vor der Gemeinde wegen Verletzung der Religionsordnung durch einen Ordnungsschützer. Sofort entschuldigte er sich und verschwand. Kaum zwei Wochen danach holte er Vater ab. Vater wurde dann immer routinemäßig gefragt, wer der größere Gott sei, der japanische Gott, Ama–Derasu-O-Mikami (天照大神), oder der Gott von Jesus. Vater antwortete wie immer: Der japanische Gott sei der größte Gott in Japan. Der Gott von Jesus sei Gott aller Menschen. Nach seinem klaren Glaubensbekenntnis folgten verschiedene Foltermethoden: u.a. mit Wasser, bis er bewusstlos wurde. So blieb er gewöhnlich drei Monate in Untersuchungshaft. Dann wurde er entlassen. In dieser Weise haben ihn die Japaner Jahre lang gepeinigt und verfolgt. Jetzt sprach er ein Machtwort voller Autorität gegenüber seinen Landsleuten: „Unsere Gerechtigkeit soll besser sein als die japanische. Sonst wären wir ja die gleichen wie die Japaner. Lasst die Japaner in ihr Land zurückziehen und nie wieder zu uns!“

Die Kapitulation Japans brachte uns nicht gleich unsere Selbständigkeit. Selbst wenn die Alliierten in Kairo (12.11. 1943) die Souveränität und Unabhängigkeit unseres Volkes gewährt hatten, wurde in Jalta (11.2.1945) folgende Prozedur vereinbart: Treuhandverwaltungen sollten jeweils unter der sowjetischen und amerikanischen Besatzung eingeführt werden, bis eine demokratischen Regierung gebildet worden sei.

So kamen die beiden Siegermächte auf die koreanische Halbinsel und haben das Land am 38. Breitengrad geteilt. Die Japaner, die die Proklamation von Potsdam (17.07.1945) akzeptiert hatten, beauftragten zwei prominente koreanische Exilanten, *Song Jin-U* und *Yeu Un-Hyung*, die Übernahme von der Verwaltung der Japaner zu organisieren. Diese Übergangszeit hat der Historiker *Kang Man-Gil* in seinem Werk: „Die koreanische Geschichte in der Gegenwart“, 1984, folgendermaßen beschrieben: „Während das *Nationale Vorbereitungskomitee* die Polizeistationen übernahm, hielt der *japanische Generalgouverneur Koreas* plötzlich seine Abmachung(16.08.1945) nicht ein ..., weil eine Vortruppe der amerikanischen Armee den Japanern in Seoul befahl, die Verwaltung nicht den Koreanern, sondern den Amerikanern zu übergeben, und zwar so lange, bis die amerikanische Armee gelandet sei. Der amerikanische Vormarsch war am 06.09.1945 abgeschlossen und die Übergabe der Verwaltung durch den Generalgouverneur *Abe-Nobu-Yuki* an den amerikanischen Kommandanten *J.R. Hodge* fand am 09.09.1945 statt."

Zu unserer großen Enttäuschung wollten die Amerikaner mit uns Koreanern nicht kooperieren, sondern sie wollten Befehle erteilen. Im Gegensatz zu allen vorausgegangenen Abmachungen für unsere Befreiung und für eine nationale Selbständigkeit hatten die Amerikaner Anderes geplant. Sie wollten uns die Souveränität nicht zurückgeben, im Rahmen derer Korea selbst über sein politisches Schicksal hätte entscheiden können, sondern sie betrieben ihre eigene Besatzungspolitik von Anfang an. Sie gaben den Koreanern, die für die Unabhängigkeit gegen Japan gekämpft hatten und nun aus dem Exil zurückkamen, keine Chance, am Aufbau eines neuen Staates mitzuarbeiten, sondern sie beließen alle koreanischen Kollaborateure, die eigentlich vor das Nationale Gericht zur Entkolonialisierung bzw. Entjapanisierung gehört hätten, auf ihren alten Posten. Damit wurde die amerikanische Absicht überdeutlich, im Süden unter ihrer Verwaltung einen Satellitenstaat zu etablieren. Wie viele Patrioten, Nationalisten und Sozialisten wurden in drei Jahren der amerikanischen Verwaltung ermordet und liquidiert! Was für ein unverzeihlicherVerrat der Amerikaner an dem koreanischen Volk! Das amerikanische Interesse an Korea ist ja seit Ende des 20. Jahrhunderts erneut sichtbar. Die Amerikaner kamen 1945 zu uns als Befreier. Und sie sind bis heute, 2009, unsere Besatzer geblieben!

Im Norden hat es sich unter der sowjetischen Verwaltung anders entwickelt. Da wurde die Entjapanisierung zunächst konsequent durchgeführt. Die Sowjets ließen natürlich die Kommunisten die Führungsrolle übernehmen, um in allen Provinzen ein *Volkskomitee* zu konstituieren, so dass sie bereits 1949 den Koreanern die Macht der Volksrepublik übertrugen und das Land verließen. Anfangs gab es Rivalität unter drei verschiedenen Strömungen der Kommunisten: einer Gruppe der Kommintern (Internationalismus) aus Moskau, einer Gruppe aus China (Maoisten) und einer Gruppe der nationalistischen Kommunisten unter Führung von *Kim Il-Sung* aus der Mandschurei, der der erste Ministerpräsident der Volksrepublik wurde. Unter seiner Führung hat sich schließlich eine einheitliche sozialistische Partei geformt und durchgesetzt: die *Arbeiterpartei*.

Ich musste mir so schnell wie möglich einen Überblick verschaffen, in welche Richtung sich das Land entwickeln würde. Meinen früheren Lehrer, *Sun-Sung Lee*, der mir in der japanischen Zeit viele Anregungen hinsichtlich meines nationalen Selbstverständnisses gegeben hatte, wollte ich aufsuchen. Er war stellvertretender Rektor einer großen Volksschule in Bae-Wha bei Won-San, die etwa zwölfhundert Schüler und dreißig Lehrer hatte. Er war bereits während der pädagogischen Ausbildung in der japanischen Zeit Kommunist gewesen. Nach dem Absitzen einer zweijährigen Gefängnisstrafe gab es für ihn keine Chance, in den südlichen Provinzen eine Stelle zu bekommen. So kam er nach Won-San im Norden und erhielt eine Stelle an einer christlichen Privatschule, wo ich bei ihm lernte. Nach langer Wanderschaft war seine Zeit gekommen; nun war die sozialistische Volksrepublik da. Er, ein treuer Kommunist, und einer von wenigen ideologischen Genossen damals, wurde gleich Vorstandsmitglied der Partei des Kreises. Da es noch keine Schulbücher auf Koreanisch gab, musste er mit seinem Lehrerkollegium jede Woche Unterrichtsunterlagen auf Koreanisch für alle Fächer herstellen, bis die Zentralstelle die einheitlichen Schulbücher zur Verfügung stellte. Die besondere Schwierigkeit lag darin, dass alle jüngeren Lehrer und Lehrerinnen – selbst, die nur japanisch ausgebildet worden waren – keine richtige koreanische Grammatik konnten und nun koreanische Texte schreiben mussten.

In diesem Moment erschien ich bei ihm. Er hielt mich fest, ich solle sofort bei ihm mitarbeiten. Ich sei ja auch Lehrer. Eigentlich wollte ich ihn viel fragen und zuhören. Er hatte aber keine Zeit oder „keinen Luxus zur Diskussion“, wie er sagte. Ich hatte damals vor, mich entweder für Theologie oder für eine Sozialwissenschaft zu entscheiden. In Anbetracht seiner Situation gab ich ihm meine Zusage – zunächst für ein Jahr. Ich sollte an seiner Stelle eine organisatorische Aufgabe übernehmen: die Herstellung der Unterrichtsunterlagen aller Fächer, die wöchentlich herauskommen sollten. Außerdem wurde mir eine fünfte Klasse zugeteilt. Zusätzlich hatte ich noch Musikunterricht zu erteilen, und zwar fünf Stunden pro Woche. Das war viel Arbeit. Um all dem gerecht zu werden, musste ich jeden Tag fast 15 Stunden investieren.

Mein Chef arbeitete noch mehr: jeden Tag 20 Stunden; vier schlief er. Mit zwei schweren Aufgaben war er beschäftigt: mit der Schulleitung und mit der Parteiarbeit. Wenn die Schule vormittags und alle Fachsitzungen des Kollegiums nachmittags beendet waren, fuhr er mit dem Fahrrad etwa acht Kilometer zur Parteizentrale und hielt die Vorstandssitzung ab – bis nachts drei Uhr. Anschließend fuhr er nach Hause und machte seine Augen etwa vier Stunden lang zu. Zu Beginn der Schule saß er schon in seinem Rektorzimmer. Ich bewunderte, woher er solche Energie und Kraft schöpfen konnte. Ich habe mich gefragt, wie lange er einen solchen fast übermenschlichen Einsatz durchzuhalten in der Lage war. Tatsächlich bekam er an einem Novembertag die Versetzung mitgeteilt: Er wurde von der Schulleitung abgelöst und als Generalsekretär in die Parteizentrale versetzt.

Noch vor seiner Versetzung ereignete sich ein sehr ernster Vorfall, der meine positive Einstellung zum Aufbau einer sozialistischen Gesellschaft in Nordkorea grundsätzlich in Frage stellte. An einem frostigen Frühmorgen im Oktober 1945 erschienen sein alter Bekannter, der sehr geachtete Pädagoge *Jung Bong Seu* und dessen Frau vor der Haustür. *Jung Bong Seu* konnte kaum stehen. Er brach zusammen. Er war gerade aus der Untersuchungshaft durch das Fenster geflohen, während seine Peiniger außerhalb der Folterkammer eine Zigarettenpause machten. Er war so gefoltert worden, dass zwei seiner Rippen gebrochen waren. Mein Chef *Lee* und *Seu* stammten beide aus der südlichen Provinz *Kyung-Nam*. Kommunist *Lee* und Nationalist *Seu* wurden in der japanischen Zeit vom Schuldienst suspendiert. Sie kamen nach Norden und fanden Lehrerstellen an der christlichen Privatschule Kwang-Myoung in Won-San. Dort lehrte *Seu* Literatur und Geschichte, *Lee* lehrte Mathematik und Sport. Beide wurden von den Schülern respektiert und geliebt. Ich war ja auch einer davon. Sie gaben uns illegal Unterricht über Korea und die koreanische Geschichte. Nach der Kapitulation Japans blieb *Seu* weiter in der Hafenstadt, während *Lee* zum stellvertretenden Rektor der Schule in Bae-Hwa wurde. Bae-Hwa lag nur 25 Kilometer entfernt von Won-San. *Lee* und *Seu* waren also gute, alte Freunde – Patrioten und Kampfgefährten während der japanischen Unterdrückung – allerdings trennte sie die Ideologie voneinander.

Trotz der Kenntnis, dass sein alter Freund Vorstandmitglied der Partei war, kam *Seu* zu ihm und suchte Hilfe – so sehr vertraute er ihm. *Lee* sah seinen halbtoten Freund, der da lag, lange ohne Worte an. Dann machte er seinen Mund auf und sagte: „Ich bringe euch heute Abend bis zur Grenze an den 38. Breitengrad." Dann verschwand er. Am Abend fuhr er mit einem Dienstwagen vor, nahm beide mit und verschwand in der Dunkelheit nach Süden. *Lee* kehrte den nächsten Tag heil nach Hause zurück. Er war total erschöpft, aber sehr erleichtert. Er hat es geschafft! Mein Lehrer war wunderbar. Er akzeptierte die Praxis der benachbarten Volkskomitees in Won-San nicht. Um seine Vorstellung von einem menschlichen Sozialismus zu verteidigen, war er bereit, sogar sein Leben zu opfern. Er riskierte viel, um seinen Freund und dessen Frau, die beide unschuldig waren, über die Grenze zu bringen und damit zu retten. Wenn er seine Entscheidung bzw. sein tatkräftiges Handeln nicht zuerst an seinem Gewissen, sondern an der Parteidisziplin ausgerichtet hätte, hätte er es nicht gewagt. Vielleicht dachte er, seine Opferbereitschaft wäre eine Wiedergutmachung gegenüber der Unmenschlichkeit seiner Partei.

In der Übergangszeit (1945-48) von der Selbstverwaltung der Volkskomitees in den Provinzen bis zur Zentralregierung waren die Stellen mit Kommunisten und Sozialisten verschiedenster Herkunft besetzt. Die Provinz Ham-Kyung lag zu einem großen Teil in den Händen der moskautreuen Kommunisten. Sie kamen direkt aus Moskau mit der Roten Armee ins Land, die zur Befreiung von Japan aufmarschiert war, und zwar an der Nord-Ost-Küste. Wie die Parteileute mir heute bestätigen, war die Politik der Moskauer Kommunisten damals so radikal, dass Patrioten, Nationalisten, Intellektuelle und Christen vom gemeinsamen Aufbau des Landes von vornherein ausgeschlossen waren. *Kim Il-Sung* kämpfte innerparteilich dagegen an und befestigte seinen nationalen Sozialismus, den Zuzeismus (주체주의), der von Moskau und Beijing unabhängig, mit allen Patrioten zusammen arbeitete. So hatte er auch während seines Exils den langen bewaffneten Befreiungskampf durchgehalten.

Dieses Ereignis hat für mich persönlich dazu beigetragen, den Sozialismus, der gerade in Nordkorea versucht wurde, mir aber eher Negatives vermittelte, zu verlassen, und den Weg einzuschlagen, den mein Vater mir vorgelebt und als geistiges und geistliches Erbe hinterlassen hatte: nämlich die Theologie. Trotz des Respekts meinem Lehrer *Sun-Sung Lee* gegenüber und dessen Integrität zum Sozialismus, entschied ich mich, nun doch ein Theologiestudium aufzunehmen. *Lee* wollte mich weiter in die Parteizentrale mitnehmen. Herzlich dankend lehnte ich sein Angebot ab. Zwei Wochen später war ich bereits in Seoul, weil es in Nordkorea keine theologische Ausbildungsmöglichkeit mehr gab.

Von meinem Vater hatte ich ja gelernt: Wessen Herz nicht in Liebe zu den Menschen brennt, der wird verbrannt durch den Hass des Klassenkampfs. Mein Vater war ein Intellektueller, aber er hatte eine herzliche Nähe zu Armen und ein Herz für Besitzlose. Er sagte, dass der Sozialismus mit der Liebe zu armen Menschen Zukunft haben könnte, aber keine mit dem Hass gegen die Besitzenden. Von diesem theologischen Standpunkt aus beobachtete ich die Entwicklung der Lage damals. Es ist schon kritisch zu beurteilen, dass man mit dem Instrument des „Klassenkampfes“ gleich die Ideologie von „Schwarz und Weiß“ bzw. „Bösen und Guten“ verbunden hat. Die Parole von der „Diktatur des Proletariats“ war in aller Munde. Aber mit den Säuberungen oder dem Volkstribunal verschlechterte sich die Situation der Gesetzlosigkeit bis hin zum Chaos.

Mir blieben noch ein paar Fragen unbeantwortet: Wenn der Sozialismus eine Bewegung zur Humanisierung sein sollte und wenn die einst Unterdrückten nun die Diktatoren des Proletariats waren, woran konnte man seine humane Verbesserung ablesen? Wann und wie war Solidarität mit den Schwachen ohne Zwang und ohne Befehle möglich?

2. Theologisches Seminar in Seoul

Als ich in Seoul ankam, hatte das Sommer-Semester des Theologischen Seminars der Methodistenkirche bereits angefangen.

Trotzdem wurde ich freundlicherweise aufgenommen. Die Gebäude waren sehr notdürftig renoviert, obwohl die Befreiung von Japan schon acht Monate her war. Vor der Kapitulation wurde das Seminar geschlossen und für Trainingslager der japanischen Armee verwendet worden. Das Studentenheim an der nördlichen Seite war in noch trostloserem Zustand. Alle Buden hatten weder Tisch noch Stuhl. Nur mit neuen Tatami (das sind japanische Strohmatten) wurden die Böden belegt. Vier Studenten sollten in jeder Bude schlafen und arbeiten. Heizungen waren auch noch nicht installiert. Das Essen mussten die Studenten selbst organisieren. Wir waren hauptsächlich auf amerikanische Care-Pakete und Mehl angewiesen. Abgesehen von wenigen Studenten, die im Süden zuhause waren, lebten wir aus dem Norden wie Flüchtlinge ohne feste Einkünfte.

Etwa 60 Seminaristen waren registriert. 20 davon hatten nach fast einjähriger Unterbrechung durch die Besatzung der japanischen Armee das Studium wieder aufgenommen. Wir, die anderen, waren nach der japanischen Kapitulation neu zugelassenen. Fast alle Männer – abgesehen von sechs Frauen – kamen in Uniform der japanischen Armee. Sie waren zur japanisch-kaiserlichen Armee eingezogen und hatten gerade die Front in China oder im Pazifik überlebt. Ich war ja auch als Flakschütze eingezogen gewesen, aber zum Glück nicht an der Front, sondern zur Verteidigung des Landes, weil ich als Lehrer bereits im Schuldienst arbeitete. Mehr oder weniger waren wir alle dem Tod Entronnene und Überlebende des Infernos.

Der japanische Alptraum lag gerade hinter uns, als wir nun gleich wieder mit einem anderen Problem konfrontiert wurden. Im Namen der Befreiung von Japan kamen zwei neue Weltmächte, die USA und Sowjetunion, in unser Land marschiert, teilten es und blieben. Sie machten keine Anstalten, sich wieder zurückzuziehen. Die neue Konfrontation zwischen den beiden Supermächten war in unserem Land ausgebrochen: d*er Kalte Krieg*. Diese neue Ideologie hat von unserem Volk Besitz ergriffen, hat es entzweit. Millionen Menschen flüchteten nach Norden oder nach Süden.

Wir wussten nicht, woran wir waren. Wir brauchten einen klaren Überblick und eine Perspektive. Die Kirche und die Theologie hatten aber bereits ihre Position eingenommen: Pro-

Amerikanismus und Anti-Kommunismus. Die Leitung der Kirche lag – wie in der Politik – weiter in den Händen der Männer, die mit den Japanern zusammengearbeitet und die sich dem Zwang zur Anbetung des japanischen Kaisergottes gebeugt hatten. Es wäre eigentlich notwendig gewesen, dass Sie vor der Öffentlichkeit hätten Rechenschaft über ihre Vergangenheit ablegen müssen. Stattdessen übten sie die Kirchenleitung weiter aus unter der neuen Herrschaft der Amerikaner. Die Aufarbeitung der Vergangenheit der Kirche war damit unmöglich geworden. Auch das Theologische Seminar war mit Lehrkräften ähnlicher Einstellung besetzt: die Hälfte kam aus Amerika, die andere Hälfte der Theologen war in Japan ausgebildet worden.

Zu meiner großen Enttäuschung gab es vor diesem Hintergrund nichts zu lernen. Was konnte ich noch lernen, wenn Kirche und Theologie nicht bereit waren, sich mit ihrer unrühmlichen Vergangenheit auseinander zu setzen? Was für ein wichtigeres Thema in der Gegenwart konnte uns Theologie vermitteln als das des *Kalten Krieges*, der bereits im Land wirksam war? Es gab keinen profilierten Theologen, der das Problem von *Sozialismus* und *Kapitalismus* theologisch hätte behandeln wollen und können.

Ich war sehr enttäuscht von der Unfähigkeit der Methodistenkirche, der mein Vater ja bereits seit ihrer Missionszeit kritisch gegenüber stand. Ich erkannte, dass die Methodistenkirche in einer Komplizenschaft mit der Politik des Staatspräsidenten *Syngman Rhee* steckte, der als Methodist aus dem amerikanischen Exil kam und von den Amerikanern favorisiert wurde. Als er den Sonderausschuss des Abgeordnetenhauses für Entjapanisierung zunichte machte, um mit Hilfe von Kollaborateuren seine Partei zu stärken, schwieg die Kirche, als ob es ihr willkommen gewesen wäre. Als der prominente Nationalist *Ku Kim*, der Vorsitzende der Nationalen Partei, von einem Handlanger von Syngman Rhee ermordet wurde, verlor das Seminar in der Morgenandacht kein Wort über diesen politischen Mord und über das Chaos des Landes. *Kim* war der stärkste Rivale von *Rhee*. Er war aus dem chinesischen Exil zurückgekommen, hatte die *Nationale Partei* gegründet und trat für die Wiedervereinigung des Landes ein. Er kehrte gerade vor der Mordnacht aus Pyongyang zurück, wo er mit dem Staatschef *Il-Sung Kim* die nationale Wiedervereinigung vereinbart hatte. Ich war beinahe am Ende des theologischen Studiums. Ich wollte aufhören.

Da lernte ich zufällig den Theologen *Zi Dong Sik*, Professor für Neues Testament an der theologischen Fakultät einer christlichen Universität, kennen. Er war zugleich Vorsitzender der *Evangelischen Kirche in Korea*, die die kleinste Denomination im koreanischen Protestantismus darstellte, und die sich mit „evangelisch" von „evangelikal" bzw. von „fundamentalistisch" unterscheiden wollte. Vor allem zeichnete sich diese kleine Kirche durch die Unabhängigkeit von der amerikanischen Mission aus und war entsprechend motiviert.

Prof. *Zi Dong Sik* galt außerdem als Fachmann für *Karl Barth*. In seiner Bibliothek befanden sich sämtliche Bände der Dogmatik des berühmten evangelisch-reformierten Theologen sowie fast die gesamte aktuelle theologische Literatur der dialektischen Theologie auf Deutsch – mit Werken von *Eduard Thurneysen*, *Emil Brunner*, *Friedrich Gogarten* usw. und die *Theologische Existenz heute*. Durch *Prof. Zi* hatte ich die erste Begegnung mit Barths Theologie, die auf meine vielen unbeantworteten Fragen Antwort gab, selbst wenn seine Theologie zunächst im europäischen Kontext zu verstehen war. Aber seine theologische Auseinandersetzung mit *John Forster Dulles*, dem amerikanischen Außenminister und zugleich dem Leiter der ökumenischen Delegation aus den USA in Amsterdam bei der ersten Ökumenischen Vollversammlung 1947 über christliche Verantwortung im Verhältnis zwischen Ost und West, traf mich genau ins Herz. Seine *Politische Theologie* zum *Kalten Krieg* und sein theologischer Kampf gegen den NS-Staat Hitlers führten mich zu seiner Christologie und Ekklesiologie. Schließlich hat mir seine Abhandlung mit dem Titel *Evangelium und Gesetz* den Horizont zu seiner theologischen Welt eröffnet.

Außer mir gab es noch eine Studienkollegin und einen Kollegen, die sich auch für *Barth* interessierten. Um seine theologischen Bücher lesen zu können, nahmen wir extra deutschen Sprachunterricht. Wir drei haben uns die Theologie Barths zum größten Teil außerhalb des Theologischen Seminars angeeignet. Ermutigt und geistlich gestärkt, begannen wir so unseren Vikarsdienst in der Gemeinde, um die Methodistenkirche in Korea theologisch und politisch zu reformieren!

Bei meinem Besuch bei *Sun* und ihrer Familie in Taejon (대 전) lernte ich die dortige Methodistengemeinde und ihren Pastor *Tae Won SEU* kennen. Er war auch Superintendent der Stadt Taejon und gehörte zu den wenigen Theologen, die in Japan studiert hatten. Er hatte bereits Einblick in Barths Theologie und fand mich sympathisch.

Wir vereinbarten, dass ich in seiner Gemeinde den Vikardienst antreten könne, sobald ich das Studium in Seoul März 1948 abgeschlossen hätte. Später wurde *SEU* zum Professor für Praktische Theologie nach Seoul berufen. Er ist leider im Korea-Krieg verschollen.

Mir wurde die Verantwortung für die Kinder- und Jugendarbeit übertragen. In der Universitätsstadt Taejon lebten zahlreiche Studenten und Schüler. Viele von ihnen beteiligten sich in der Gemeinde aktiv. Ich wollte den jungen Leuten aufzeigen, was es heißt, als Christ in der Kirche zu leben, und zwar im Kontext einer theologisch-kritischen Reflexion.

Unser Barth-Kreis traf sich auch nach der Seminarzeit regelmäßig. Durch die Gemeindepraxis wurde das theologische Problem – besonders der Methodisten – offensichtlich und als ein Ernstes erkannt. Es bestand in ihrem „inspirativen" (spiritistischen) und „gesetzlichen" Verständnis der Bibel. Diese subjektive und sehr gefühlsbetonte Glaubenshaltung basierte auf der Tradition der Methodisten, auf der *Erweckungsbewegung*. Die biblischen Aussagen verstand man danach wörtlich, rein subjektiv, ohne sie in den geschichtlichen Kontext bzw. ohne sie in den Gesamtzusammenhang der Bibel zu stellen. Dieses monologische Bibelverständnis beschäftigt sich nur mit sich selbst. Die Methodisten nehmen die Bibel allgemein als ein moralisches bzw. gesetzliches Buch. Ihr gesetzlicher Glaube und ihr Bibelverständnis haben eine „religiöse" Begründung, nämlich dass man durch Gesetzestreue die jenseitige Erlösung und Rettung gewährleisten könne. Dabei spielt natürlich das traditionelle Denken des Konfuzianismus und des Buddhismus auch eine große Rolle. Anstelle des evangelischen Gesetzesverständnisses vertraten die Methodisten das gesetzliche Verständnis des Evangeliums.

In diesem Zusammenhang haben wir die theologische Abhandlung Karl Barths *Evangelium und Gesetz* zum ersten Mal ins Koreanische übersetzt. Ein treuer Sponsor, Vorstandsmitglied meiner Gemeinde und Inhaber einer Textilfabrik, übernahm die Druckkosten. Das war überhaupt das erste übersetzte Buch von *Karl Barth* in Korea. Damit wollten wir auch eine theologische Auseinandersetzung mit dem Amerikanismus in der koreanischen Kirche einleiten. Unsere Übersetzung wurde bei einer Druckerei abgegeben. Es war beabsichtigt, zuerst eine Auflage von zweitausend Exemplaren zu drucken. Das Setzbrett war bereits fertig gestellt. Da begann der Koreakrieg und damit flogen amerikanische Bomber über unsere Stadt. Sie bombardierten auch diese Druckerei. Alle unsere Arbeit und Mühe ging in den Flammen unter. War dies das Schicksal für uns oder eine Ironie der Geschichte? Unser erster theologischer Versuch gegen die amerikanische Theologie und Mission wurde durch die amerikanische Gegenoffensive erstickt, noch bevor er geboren war!

Das Christentum wurde durch die imperialistische Mission der Amerikaner auf koreanischem Boden gesät. Darum konnte nicht die Botschaft der Befreiung geerntet werden, sondern es entstand eine gesetzliche Religion, die Herrschaft und Unterdrückung legitimierte. Es ging hauptsächlich um „den gesetzlichen Glauben für die Seelenrettung“. Wenn man nun aber durch das Evangelium erkennt, dass das Gesetz ein Zwangsinstrument ist, den Menschen zu beherrschen und zu unterdrücken, und dass der Mensch nicht für das Gesetz da ist, sondern umgekehrt das Gesetz für den Menschen (Mk 2,27), wird man im Namen des Evangeliums das Gesetz anders behandeln, d.h. schon bei der Gesetzgebung und bei der Gesetzesverwaltung in Bezug auf den Menschen viel verantwortlicher und menschlicher vorgehen.

Als der Superintendent *SEU* nach Seoul versetzt wurde, beschloss man, die angewachsene Stadtgemeinde in zwei Gemeinden zu teilen. Daraufhin übernahm ich die neue bzw. „zweite“ Methodistengemeinde. In ihr versammelten sich überwiegend junge Menschen, mit denen ich intensiv die theologische Arbeit vorantreiben konnte.

Eines Tages wurde ich von der Sonderabteilung der Polizei um ein Gespräch gebeten. Ahnungslos erschien ich vor dem Chef und fragte nach dem Grund. Sehr höflich und freundlich erklärte er mir, dass ein Mitglied meiner Gemeinde mich bei ihm angezeigt habe wegen meiner pro-kommunistischen Predigt. Da seine Frau meiner Gemeinde angehörte und mich schätzte, mochte er diese Anzeige nicht öffentlich machen. Er wollte ein klärendes Gespräch mit mir haben. Da fiel mir sofort ein, wer mich angezeigt haben könnte. Ein aus Nordkorea geflüchteter Christ, dessen gesamter Besitz vom sozialistischen Staat eingezogen worden war. Er stand dem Staat verständlicherweise unversöhnlich und verbissen feindlich gegenüber. Mit meiner theologischen Einstellung für Versöhnung und für den politischen Dialog mit dem Norden anstelle von Eskalation der Feindseligkeit war er nicht einverstanden. Ihm und meiner Gemeinde gegenüber habe ich immer Versöhnung und Frieden zwischen den zwei koreanischen Staaten angemahnt. Ansonsten würden Hass und Feindschaft allen nur Schaden und furchtbares Unglück über unser Volk bringen. In diesem Sinne versuchte ich als Pastor meinen christlichen Friedensdienst zu erklären. Mein Kritiker verstand schnell, was ich meinte, und dass meine theologische Einstellung nicht als politische Propaganda oder Aussage bewertet oder verdächtigt werden konnte. Schließlich bedauerte er meine Vorladung und bedankte sich für unser nützliches Gespräch. Kaum ein halbes Jahr danach brach der Krieg aus, in dem das koreanische Volk sich gegenseitig ausmerzte und über vier Millionen Menschen getötet wurden.

Am 7. März 1950 heiratete ich meine Frau – etwas früher als geplant, da ich die Zulassung zur Theologischen Hochschule in Tokyo erhalten hatte. Bald erkrankte *Sun* an einer schweren Rippenfellentzündung und musste für längere Zeit im Krankenhaus stationiert behandelt werden.

4. Korea-Krieg (1950-53)

Durch meinen Schwiegervater – damals Direktor des Postamtes in Taejon – erfuhren wir am Morgen des 25.06.1950, dass kriegerische Auseinandersetzungen an der gesamten Grenze des 38. Breitengrads ausgebrochen waren. Dann meldeten alle Rundfunkstationen genau dasselbe stündlich.

Am Abend wurden zwei Offiziere, die bei meiner Schwiegerfamilie als Untermieter wohnten und die eigentlich für das Kommunikations-Bataillon hinter der Front verantwortlich waren, zur Front eingezogen. Wir merkten schon, wie ernst die Lage war. Wir kannten dies ja schon von den Tageszeitungen, die jeden Tag über partielle Zusammenstöße an der Grenze berichteten.

Am nächsten Morgen verbreitete sich das Gerücht wie ein Lauffeuer, dass Staatspräsident *SyngMan RHEE* bereits die Hauptstadt verlassen habe und nach Taejon, unserer Stadt, geflüchtet sei. Zur selben Stunde erschien einer von unseren zwei Offizieren mit einem blutigen Verband um den Kopf. Er berichtete, der andere Offizier sei in der Kampfhandlung gefallen, die gesamte Verteidigungslinie an der Grenze sei durchbrochen und befände sich auf dem Rückzug. Er wurde in ein Feldlazarett eingeliefert, das sich bald nach Seoul zurückziehen musste, aber weiter über den Fluss „Han-Gang" nach Süden ausweichen sollte. Da flüchtete er zu Fuß nach Taejon. Kaum eine Stunde, nachdem er gerade über den Fluss gelangt war, wurden alle Brücken auf Befehl des Verteidigungsministers gesprengt – trotz des Protests des Generalstabchefs. Wie katastrophal konfus die südkoreanischen und amerikanischen Streitmächte waren, kann man sich aufgrund der Beschreibung der „Katastrophe um die Brücke am Han-Gang" von *Joseph Gouldon* in seinem Buch über den *Koreakrieg* gut vorstellen:

„Den südkoreanischen Streitkräften, die vier Divisionen der nordkoreanischen Armee mit Unterstützung von Panzern gegenüber standen, gehörten knapp 10.000 Soldaten an. Sie waren aus zwei Divisionen übrig geblieben waren und gegen Mitternacht endgültig zusammengebrochen. Da kam der Rückzugsbefehl von oben bis hinter den Hang-Gang-Fluss … Die Pioniertruppe traf Vorbereitungen, an Stützpfeilern von vier Brücken Dynamit zu installieren, um sie jeder Zeit sprengen zu können. Allerdings sollten erst nach dem Rückzug aller Streitkräfte die Brücken gesprengt werden … Aber da geschah etwas Unfassbares: Der Generalstabschef *ByungDuk CHE* erfuhr, dass der Verteidigungsminister den Befehl gegeben hatte, die Brücke sofort zu sprengen, obwohl die südkoreanischen Streitkräfte von 10.000 Soldaten mitsamt der Aufrüstung noch nicht über den

Brücken zurück waren … Er protestierte heftig dagegen mit dem Argument, dass es möglich sei, sie zu retten, wenn die Brücken nur ein paar Stunden verteidigt werden könnten. Das Gegenargument war, dass mit allen Mitteln zu verhindern sei, die nordkoreanische Panzerdivision über den *Han-Gang* eindringen zu lassen, auch wenn Tausende der eigenen Armee geopfert werden müssten. Daraufhin wurde der Generalchef eingesperrt.

... Nach Sprengung der Brücke für Fußgänger und Autos lagen mehrere Hunderte von Toten und Halbtoten auf dem oberen Deck … Die anderen drei Brücken für die Eisenbahn waren auch zerstört und halb in den Fluss gesunken. Später berichtete die Untersuchungskommission der *UN* über die Zahl der durch die Sprengung Getöteten – es handelte sich um etwa 800 … Abgesehen von jener katastrophalen Fehlentscheidung des Militärs sind fast die Hälfte der südkoreanischen Streitkräfte, d.h. 40.000 Soldaten, in der ersten Woche gefallen oder gefangen genommen worden. Die Moral dieser Armee war total zerschmettert und lag am Boden."

Innerhalb von einer Woche flüchtete der Staatspräsident von Seoul nach *Taejon* und weiter nach *Pusan*. Diese Nachricht beunruhigte die Bevölkerung der Stadt *Taejon*. Ein großer Teil davon folgte ihm daraufhin nach Süden. Da ich immer für Versöhnung und friedliche Wiedervereinigung war, hatte ich keine Befürchtung vor dem Einmarsch der nordkoreanischen Volksarmee. Darum – und auch wegen der Gemeinde – wollte ich in der Stadt bleiben. Aber fast alle Gemeindefamilien waren schon fort. Auch meine Freunde, die aus Seoul zu mir geflüchtet waren, gaben mir den Rat, die Stadt zu verlassen: denn es sei unmöglich, mitten in der Schießerei miteinander zu sprechen.

Das Krankenhaus, in dem *Sun* wegen einer akuten Rippenfellentzündung lag, war leer. Alle Ärzte und Krankenschwestern hatten über Nacht das Krankenhaus verlassen, so dass es sich in ein Geisterhaus verwandelte. *Sun* lag ganz alleine da. Die Schwiegereltern drängten uns, sofort nach Süden mitzuziehen. „Morgen fährt der letzte Zug ab", sagten sie. Im selben Moment entschieden wir uns, mitzufahren. Über dreißig Wagons waren bis zu den Eingangstüren voller Flüchtlinge gepackt, so dass *Sun* auf der Trage nur einen Platz auf einem Wagondach ergattern konnte. Nach über zehn Stunden Fahrt durch die Nacht kam der überfüllte Zug ohne Zwischenfall in *Pusan* an. *Sun* hatte die Fahrt unter diesen Umständen Gott sei Dank gut überstanden. Allerdings waren durch die Kohlenrauchwolken aus der Lokomotive unsere Gesichter alle pechschwarz geworden.

Nach etwa einer Woche Notunterkunft bei einer verwandten Familie zogen wir nach *Hae-Un-Dae*, einer benachbarten Kurstadt, wo uns ein Sommerhaus zur Verfügung stand. Unerhofft wurden wir Flüchtlinge nun als Kurgäste in einem noch ruhigen Villenviertel an einem schönen Strand aufgenommen. Fast unwirklich war diese Situation – von höllischem Tumult und Durcheinander plötzlich in eine himmlische Ruhe zu kommen! Wir waren nicht imstande, dieses Wechselbad wirklich wahrzunehmen.

Kaum eine Woche später verwandelte sich die Atmosphäre urplötzlich in kriegerischen Betrieb. Ein Pionier-Bataillon der US-Armee aus Japan marschierte ein, um in der Nähe einen Militärflugplatz zu bauen.

Da wir uns als achtköpfige Familie über Wasser halten mussten – wir flüchteten ja buchstäblich ohne Hab und Gut über Nacht –, fanden meine drei Schwager und ich gleich Dolmetscher-Stellen beim amerikanischen Büro der Arbeiter, die den Flugplatz bauten. *Pusan* war inzwischen voll und dicht besetzt von Millionen von Flüchtlingen. Ihr überwiegender Teil bestand aus Nordkoreanern, die vor dem sozialistischen Staat geflüchtet waren, inzwischen im Süden ihre neue Bleibe hatten, und die nun wieder vor der heranrückenden Volksarmee die Flucht ergriffen. Außerdem gehörten dazu alle Pro-Japaner und Pro-Amerikaner, die dem politischen Apparat im Süden dienten. Die einheimische Bevölkerung des Südens rührte sich gar nicht beim Vormarsch der Volksarmee, sondern tat, als ob sie ihre Befreiungsarmee erwartete.

In der Tat war die südkoreanische Bevölkerung eher sozialistisch ausgerichtet – mehr als der Norden seit japanischer Zeit, weil ihr agrarisches Land schon früh von Japanern weggenommen worden war. Nach der Befreiung fand die Landreform nicht wie vorgesehen statt, weil sich Kollaborateure weigerten. Bis vor dem Ausbruch des Krieges ereigneten sich im Süden mehrere Bauernaufstände: z.B. in *Ryu-Su*, *Sun-Chon*, *Zezu-Do*. Militärische Massaker machten über 100.000 Bauern zu Opfern, mit denen sich Nordkorea solidarisierte. Dadurch hat sich die Volksarmee „Befreiungsarmee" genannt.

Langsam kehrte in mir eine gewisse Ruhe zurück. Allerdings brachten mich Wut, Ohnmachts- und Schamgefühle immer wieder durcheinander:

Wir hatten uns so über die Befreiung von der japanischen Herrschaft gefreut. Aus dieser Chance wollten wir das Beste machen. Nie wieder sollte eine fremde Macht unser Land beherrschen. Wir wollten aus der Vergangenheit lernen. Uns war bewusst, dass unserem Volk das kollektive Bewusstsein des nationalen Konsenses fehlte. Diese Schwäche der inneren Spaltung stellte uns nach außen bloß. Darum vermochten die neuen Kräfte von außen, unser Land – gegen unseren Willen – wieder zu teilen und uns mit fremder Ideologie gegeneinander aufzuhetzen. Unsere politischen Parteien paktierten mit ihnen und ihrem Interesse gegen unsere eigene Identität, d.h. gegen unser eigenes Volk. Das ist der Grund, warum der Koreakrieg gegen unser Volk gerichtet war! Ich schämte mich maßlos für mich und mein Volk.

- Wo bin ich gewesen, warum hatte ich keine Ahnung, als der Dialog zwischen Links und Rechts bzw. das Koalitionsgespräch gut gelaufen war, jedoch plötzlich nicht weiter ging, und die amerikanische Marionette *SyngMan RHEE* stattdessen einseitig einen Staat im Süden proklamiert hatte?
- Wo bin ich gewesen, als der politische Integrator *UnHyun YEU* ermordet wurde (19.7.1947) und die letzte politische Auseinandersetzung unter den Koreanern um die „Protektionsübergangszeit" nach der *Alliierten Konferenz* in Moskau 1944 plötzlich nach Rechts kippte?
- Wo war ich, als der Diktator *SyngMan RHEE* mit einer Minderheit den *Sonder-Untersuchungs-Ausschuss* außer Kraft setzte, den die Mehrheit des Parlaments und des Volkes eingesetzt hatte, um Kollaborateure mit den Japanern zu verurteilen?
- Was habe ich getan, als der Patriot *Ku-KIM*, der sich für die nationale Einheit einsetzte, ermordet wurde (26.6.49)?

Ich habe mich so geschämt wegen meiner politischen Unreife und meiner theologischen Unentschlossenheit! Und schließlich schäme ich mich noch zutiefst über meine Mitarbeit als Dolmetscher bei dem *Pionier Bataillon* der US-Armee, das alle Flugplätze im Süden und auch in *Pyongyang* gebaut hatte, wovon viele Bomber und Kampfjäger abflogen, die so viele unserer Landsleute töteten und viele Städte und Kirchen – auch die Kirche meines Vaters – zerstörten. Heute noch trage ich diese Schuld tief in mir, die für mein Volk unverzeihlich ist.

Dreißig Jahre danach, 1981, besuchte ich mit *Sun* zum ersten Mal *Hyob-Gog*, wo meine Eltern die Kriegszeit überlebt hatten und nun begraben sind. Wo früher die Kirche und das Pfarrhaus standen, hatten die amerikanische Jäger Brandbomben gezündet, sagte unser Begleiter – einer der damaligen Überlebenden. Nun wuchs dort ein Maisfeld.

Der Koreakrieg hat uns Koreaner alle mitschuldig gemacht. Er ist das geschichtliche Ergebnis der Unfähigkeit, des Mangels an kollektivem Bewusstseins und der Abhängigkeit von der amerikanischen Ideologie. Der dreijährige Krieg hat das Land verwüstet und etwa vier Millionen Menschen unter der Zivilbevölkerung getötet. An diesem so genannten „Stellvertreter-Krieg des Kalten Krieges“ beteiligten sich außer den süd- und nordkoreanischen Streitkräften auch die UN-Kontingente von neun Staaten und eine Million Soldaten der Volksarmee aus China.

Der Koreakrieg hat mich sehr durcheinander gebracht. Ich empfand Schuld, eigene Unfähigkeit und Perspektivlosigkeit. Ich hatte keinen Mut, nach dem Waffenstillstand (1953) zu meiner verlassenen Gemeinde zurückzukehren. Ich musste entweder die Theologie neu anfangen oder ganz aufgeben.

Eines Tages begegnete ich zufällig meinem unvergessenen Lehrer *JungBong SEU* in der Stadt *Pusan*, der nach der Befreiung von Japan in *Won-San*/Nordkorea wegen seiner nationalistischen Identität von Kommunisten verfolgt worden war, aber mit der Hilfe seines treuen sozialistischen Kollegen über die Grenze nach Süden kommen konnte. Damals hatte ich gefürchtet, dass er nicht mehr am Leben sei. Nein, er lebte noch! Er war gesund! Er war Rektor einer privaten Mittelschule für Jungen in *Pusan*, seit er in seine Heimatstadt zurückgekommen war. Unser Widersehen hat mir ein Stückweit das Überleben ermöglicht. In der Kriegszeit haben wir zwei Jungen zur Welt gebracht – und zwar auf der Flucht. Herr *SEU* bot mir eine Lehrerstelle an. Zuvor hatte er Lebenshilfe von seinem Freund gebraucht. Nun gab er mir eine Lebenschance. Meine vierköpfige Familie wurde in der Not gerettet.

5. Zum Studium nach Deutschland

Gott war noch einmal gnädig mit mir! Er gab mir und meiner Familie eine neue Perspektive – und damit die Hoffnung zurück.

Eines Morgens las ich in der Tageszeitung eine besondere Stellenanzeige: Einige deutsch sprechende Dolmetscher wurden für das Krankenhaus des *Deutschen Roten Kreuzes* gesucht. Das weckte meine Neugier. Ich war ja mit meinem autodidaktischen Deutsch sehr unzufrieden und wollte mich bei Gelegenheit gerne verbessern. Diese Chance bot sich nun. Ich konnte damals theologische Literatur in Deutsch lesen, aber natürlich nicht sprechen. Mein Mut packte mich, mich zu bewerben. Ein Vorgespräch verlief gut. Ich wurde angenommen unter vielen Bewerbern! Was für ein Glück! *Sun* war damit einverstanden, dass ich trotz geringeren Einkommens von der Lehrer- auf Dolmetschertätigkeit umstieg.

Als *Konrad Adenauer* 1951 Washington besuchte, sagte er zu, dem UN-Kontingent im Koreakrieg statt der Streitkräfte ein Feldlazarett zur Verfügung zu stellen. Als es in Korea ankam, kam gerade das Waffenstillstandsabkommen zustande. Bonn wollte jedoch das Feldlazarett nicht zurückziehen, sondern es der Bevölkerung, die im Krieg gelittenen hatte, zur Verfügung stellen. So wurde es *Deutsches Rotes Kreuz Hospital* genannt und zog in ein Mädchen-Gymnasium in *Pusan* ein. Dem deutschen medizinischen Team gehörten etwa 10 Ärzte, 20 Krankenschwestern und 20 Techniker bzw. Verwaltungsleute an. Es gab Fachärzte für Innere Medizin, Orthopädie, Gynäkologie und Zahnmedizin. Ihre medizinische Ausstattung war gut.

Die Kapazität der Aufnahme von Patienten lag bei täglich ungefähr 100 Patienten in der Ambulanz und insgesamt 200 Betten auf Station. Jeden Morgen mussten wir schon vor dem

Tor des Krankenhauses etwa 100 Patienten – entsprechend der Schwere ihrer Erkrankung – aus mehreren Hunderten von Hilfesuchenden auswählen. Der Einsatz des deutschen Teams war beispielhaft. Bald waren Anerkennung und Lob für die Deutschen landesweit zu hören. Sie kamen für vier Jahre zum Einsatz nach Korea. Da sich die koreanische Regierung in großer Not befand, bat Seoul Bonn um Verlängerung des deutschen Einsatzes. So haben sie sich in insgesamt acht Jahren große Verdienste für unsere Landsleute erworben und tief ergreifende Mitmenschlichkeit geleistet. Nach meiner Einschätzung sind fast eine Million koreanischer Patienten der medizinischen Hilfe der Deutschen zu Dank verpflichtet.

Wir drei Dolmetscher waren hauptsächlich bei den Ambulanzen eingesetzt. Außer uns arbeiteten noch fünf koreanische Assistenzärzte mit. Unsere Hauptaufgabe war es, Fragen der Ärzte und Antworten der Patienten zu übersetzen. Da sich diese Prozedur in bestimmtem Rahmen immer wiederholte, konnte ich die anfängliche Sprachschwierigkeit – zumal in der medizinischen Begrifflichkeit – bald überwinden.

Die zwei anderen Kollegen waren viel besser dran. Einer war Absolvent der politischen Fakultät der Nationalen Universität und besaß schon ausreichend deutsche Sprachkenntnisse für ein mögliches Studium in Deutschland. Der andere war ein Germanistikstudent. Er sprach fließend und vorzüglich Deutsch. Er wollte auch nach Deutschland, um dort allerdings ein ganz anderes Studienfach zu studieren. Statt mit „Germanistik“ wollte er sich mit „Forstwissenschaft“ beschäftigen. Mit seinem gewonnenen Fachwissen hatte er vor, die brutal abgeholzte Landschaft Koreas wieder zu begrünen. Die beiden hatten bereits feste Pläne für Deutschland. Mir war es unmöglich, überhaupt davon zu träumen. Ich konnte meine Erwartung nur darauf richten, durch diese Praxis meine Deutschkenntnisse zu erweitern, um theologische Literatur besser verstehen zu können.

Eines Tages lud *Dr. med. König*, Chefarzt der chirurgischen Abteilung, uns Dolmetscher und alle koreanischen Ärzte zu seiner Geburtstagsfeier ein. Als Gratulation zu seinem Geburtstag habe ich ihm das Lied „Ich liebe dich“ von *Beethoven* vorgesungen, und zwar auf Deutsch. Mein Geschenk hat ihn besonders gefreut. Am nächsten Tag wollte er mir als Dank einen Gefallen tun und fragte mich, was er mir als Kleinigkeit schenken könne. Daraufhin fragte ich ihn, ob er mir ein gebrauchtes theologisches Buch, die *Kirchliche Dogmatik, Bd I/1* von *Karl Barth*, aus Deutschland besorgen könne. Etwa drei Wochen später überreichte *Dr. König* mir einen Brief aus Deutschland. Tatsächlich war er an mich von einem Unbekannten adressiert. Der Absender lautete *Pfarrer Kessler*, Dekan in Aschaffenburg, zu dessen Dekanat *Dr. König* gehörte. In seinem Brief brachte er zunächst seine Freude darüber zum Ausdruck, dass er mich durch *Dr. König* kennen lerne. Direkt zu meinem Interesse an der *Dogmatik I/1* von *K. Barth* sagte er, das Buch sei als gebrauchtes nicht zu finden, weil kein Besitzer dieses Buches wieder abgäbe. Es wäre aber möglich, jeder Zeit ein neues zu bestellen. Er wollte mich nun fragen, ob ich mir vorstellen könne, das Buch in Deutschland zu lesen: d.h. ob ich daran interessiert wäre, nach Deutschland zu kommen, um Theologie zu studieren. Gegebenenfalls stünde mir ein Stipendium zur Verfügung! Es war Wahnsinn! Es war unglaublich! Davon hatte ich immer mal geträumt, es aber nicht zu Ende gedacht. Weiter veranlasste er mich, darüber nachzudenken, dass mein Besuch in Deutschland für die Kirche in Deutschland ein wichtiger Beitrag sein könne. Die deutsche Christenheit sei sehr daran interessiert, über die gegenwärtige Lage in Korea informiert zu werden, um sich irgendwie mit der koreanischen Christenheit zu solidarisieren. Deutschland sei beunruhigt über die koreanische Entwicklung, weil die Eskalation des *Kalten Krieges* auch Deutschland erfassen könne.

Das war für mich wirklich eine Verheißung Gottes, aus der heraus sich mit einmal eine konkrete Perspektive eröffnete. Die nun möglich gewordene Realisierung meines Traums, Theologie in Deutschland zu studieren, konnte ich nur als Geschenk Gottes dankbar annehmen.

Eine Frage stand allerdings im Raum, die ich nicht selbst entscheiden konnte. Gleich nach dem Krieg lebten wir ja von der Hand in den Mund. Ich hatte ein bescheidenes Gehalt für eine vierköpfige Familie. Dazu schien es keine Alternative zu geben. *Sun* machte sich mehr Gedanken darüber, wie man diese einmalige Chance wahrnehmen könne, und kam zu dem Entschluss, mithilfe ihrer Eltern für unsere zwei Kinder zu sorgen und das eigene Theologiestudium abzubrechen. Auch meine Schwiegereltern brachten für mein Auslandsstudium viel Verständnis auf. Sie gaben mir die Zusage, meine Familie während meiner Abwesenheit in Obhut zu nehmen. Meine Hoffnung kam der Verwirklichung des einmaligen Angebots ein Stück näher. Die letzte Hürde betraf die Frage der Flugkosten, die für uns als Flüchtlinge nicht einfach aus der Tasche gezaubert werden konnten. Das Problem hat dann unser theologischer Kreis zusammen gelöst. Ohne viele Worte wurde mir das Flugticket überreicht. Meine theologischen Freunde, die Amerika in einer gewissen Distanz gegenüber standen, waren froh und stolz über mein Studium in Deutschland. Mit viel Liebe und theologischen Überzeugungen vor allem von meiner Frau, von meinen Schwiegereltern und schließlich von meinen Freunden war es mir überhaupt möglich, die Grenze von der Perspektivlosigkeit zum Horizont, die Grenze von der Schwarz-Weiß-Theologie der amerikanischen Mission zur Koexistenz-Theologie von Ost und West, die Gott mir gezeigt hat, zu überschreiten.

Ohne die gemeinsame Erwartung, dass mein Studium und die damit verbundene praktische Erfahrung in Theologie und Kirche in Deutschland einen Beitrag zur Versöhnung und für das Zusammenleben unseres Volkes leisten könnte, hätte ich das Wagnis niemals auf mich genommen.

Mein bisher größtes Abenteuer begann an einem Spätherbsttag, den 22. Oktober 1955. An Bord einer SAS-Flugmaschine mit vier Propellern flog ich vom *Yo-I-Do*-Flughafen in Seoul ab und kam drei Tage und zwei Nächte später in *Frankfurt am Main* an. In der Maschine flogen auch die zwei Freunde mit, die mit mir zusammen als Dolmetscher im deutschen Krankenhaus in *Pusan* gearbeitet hatten.

IV. Neue Heimat – Deutschland

Mit der Absicht, etwa vier Jahre lang zu studieren, kam ich nach Deutschland (bzw. BRD), aber daraus entstand etwas Anderes: Im Oktober dieses Jahres werde ich ein Dauergast von 55 Jahren in diesem Land gewesen sein, das mir inzwischen zur neuen Heimat geworden ist. Hier bin ich ein Mitbürger geworden, und meine mittlerweile große Familie mit vier Kindern und sechs Enkelkindern gehört dazu, obwohl die Verheißung Gottes an Abraham mir nicht mitgeteilt worden war: „Ziehe aus deinem Vatersland und gehe hin zu dem Land, das ich dir zeigen werde" (1. Mose 12,1ff).

Als ich dem Bischof meiner Methodisten Kirche mitteilte, dass ich zum weiteren theologischen Studium nach Deutschland gehen würde, fragte er mich sehr überrascht zurück: „Warum nicht in die USA, sondern nach Deutschland?"

1. Theologie und Kirche in Deutschland

a) nach Erlangen (1955-56)

Das Studium in Erlangen war nicht meine Entscheidung, sondern wurde vom Förderprogramm des *Martin Luther Bundes* in Erlangen so bestimmt. Als wir zum ersten Mal deutschen Boden im Frankfurter Flughafen betraten, war die Herbstfarbe hier viel dunkler und das Tageslicht am Nachmittag noch dunkler als zuhause. Ich hatte gleich das Gefühl, Deutschland sei doch ein nördlicheres Land als Korea. Am Hauptbahnhof Frankfurt war trotz des Krieges das Portal ganz geblieben, aber die Türen und viele Fester waren einfach mit Holzbrettern vernagelt. Die Kaiserstraße vor dem Bahnhof war sauber geräumt, so dass die Straßenbahn bereits verkehren konnte, aber alle Häuser beiderseits der Straße waren halb oder total zerbombt. Fast hätte ich mich getäuscht; es sah aus, als ob der *Zweite Weltkrieg* in Deutschland wie bei uns erst vor zwei Jahren zu Ende gegangen wäre. Mit einem Wort, die Stadt machte den Eindruck, tief verwundet zu sein. Da kam in mir plötzlich der Gedanke auf, wie eine Kirche in diesem Land, die selbst noch unter vielen Entbehrungen nach dem Kriege litt, sich ein Stipendium für mich leisten könne; eine Kirche, die gelitten hatte, solidarisiert sich mit einer Kirche, die leidet. Unmittelbar vor Ort des gelittenen Volkes, das durch Leid gegangen war, wurde mir erst bewusst, wie dankbar und glücklich ich mich schätzen konnte, diese Einladung zum Studium in Deutschland bekommen zu haben.

Da der Dekan *Kessler,* der mir das Stipendium vermittelt hatte, in Aschaffenburg lebte und mich bat, gleich zu ihm zu kommen, besuchte ich ihn und übernachtete dort. Der freundliche Amtskollege hat mich mit einem Anzug und einem Wintermantel für den deutschen Winter ausgerüstet.

Mit großer Neugier stand ich vor dem *Martin-Luther-Haus* Fahrstraße 13, einem dreistöckigen Backsteinhaus, und klingelte. Da machte eine freundliche grauhaarige Frau die Tür auf und sagte: „Sie sind doch Herr Lie aus Korea?! Ihr Bett wartet schon seit einem halben Jahr auf Sie. Herzlich Willkommen!" Sie war die würdige Hausmutter. Für meine verspätete Ausreise entschuldigte ich mich und erklärte sie mit einem komplizierten Amtsweg in Korea. Sie führte mich sofort in ein Dachzimmer, das bereits für mich reserviert war. Das schräge Zimmer von etwa 16 Quadratmeter war mit zwei Betten, zwei Schreibtischen und zwei Kleiderschränken einfach ausgestattet. Mein Nachbar war Italiener.

Am Dinnertisch wurde ich allen Heimbewohner vorgestellt. In diesem kleinen Theologenheim wohnten etwa 20 deutsche Studenten und acht Theologen aus aller Welt: ein Ukrainer, zwei Jugoslawen, ein Spanier, ein Italiener, ein US-Amerikaner, ein Japaner und ich. Abgesehen von dem Italiener und dem Koreaner waren alle Länder vertreten, in denen die lutherische Kirche bereits existierte. An diesem Abend wurde mir sofort klar, dass das Stipendium des *Martin Luther Bundes* dem Italiener und mir als Koreaner mit der Aussicht bzw. Absicht zur Verfügung gestellt worden war, jeweils in Italien und Korea eine *lutherische* Kirche neu zu gründen. Das hatte ich vorher nicht gewusst, bzw. der *Martin Luther Bund* hatte mir vorher keine Bedingung für ein Stipendium gestellt.

Ich musste mich nun mit der bescheidenen Lebensführung im Haus recht umstellen. Die Betten, die uns zur Verfügung standen, waren aus den Beständen der Feldlazarette und hatten jeweils drei Matratzen, die sehr abgenutzt waren. Die Bettdecken waren auch alte Federdecken, die nicht mehr leicht waren, sondern ein gewisses Gewicht hatten. Jede Nacht mussten wir eine unvermeidliche Auseinandersetzung mit dem Bett durchmachen. Zuerst trug die lose Stahlfederung des Bettes den Körper nicht mehr richtig, so dass der Körper wie in einer Hängematte versank. Die alte und schwere Federdecke ließ uns außerdem nicht ruhig schlafen. Bei jeder kleinen Körperbewegung rutschte die Federmasse der Decke an die Ränder, so dass die Mitte der Decke ohne Federn für keine Wärme mehr sorgen konnte. Dann mussten wir ständig mit beiden Händen die Federmassen von den Rändern zur Mitte der Decke hinaufbefördern. Diese Prozedur wiederholte sich in einer Nacht unzählige Male. Meinem italienischen Nachbarn erging es noch viel schlimmer. Denn sein Körper hatte das Volumen einer schwangeren Frau im sechsten Monat. Die Rutschbewegung der Federmasse in der Decke fand in dem Moment statt, in dem die gefüllte Decke auf ihm lag. Es war für ihn mehr als eine kleine Katastrophe. (Da dieser *Nachtkampf* alle Bewohner betraf, wurden die Decken im nächsten Semester erneuert.) Es war für uns unmöglich, dies bei der Hausmutter oder bei der Verwaltung zu beanstanden. Denn wir sahen ja, wie viel Mangel es in Deutschland nach dem Krieg noch gab. Wir wollten nicht undankbar wirken.

Im zweiten Semester zog der japanische Pfarrer aus dem Heim in ein allgemeines Studentenheim, wo man selbst kochen durfte. Er hatte im Heim nicht mit dem Bett, sondern mit der Verpflegung und mit dem Bad Probleme. Er litt besonders unter der deutschen Küche, in der es sehr selten Reis gab. Glücklicherweise hatte ich damit keine Schwierigkeiten.

Wie fast alle alten Universitätsstädte in Deutschland war auch Erlangen – mit seinen 20.000 Einwohnern – keine große Stadt. Man sagte, vor dem Krieg sei Erlangen noch kleiner gewesen und praktisch nur als Uni-Stadt bekannt.

Nach dem Krieg kam die Forschungsanlage von *SIEMENS* aus Ost-Deutschland nach Erlangen. Dadurch veränderte sich der Charakter der Stadt. Erlangen war nunmehr nicht nur Uni-Stadt, sondern auch *SIEMENS*-Stadt. Als ich dorthin kam, gab es vor Ort nur zwei Asiaten: einen Chinesen und einen Koreaner. Wir waren sozusagen Exoten, die wegen der schwarzen

Haare besonders von Frauen bewundert wurden – auf der Straße oder auch in den Stadtbussen. In den ersten Tagen wagte ich kaum auf die Straße zu gehen wegen der vielen neugierigen Blicke. Ich spürte zum ersten Mal in meinem Leben, was es bedeutet, wenn sich zwei Kulturen unmittelbar berühren. Das ging mir unter die Haut. Natürlich war ich von meiner Seite auch auf die Menschen und auf die Natur neugierig. Fremd und zugleich interessant kam mir alles vor.

Eines frühen Abends – in den Wintermonaten war es hier schon um vier Uhr dunkel – trat ich vom Seminar aus den Heimweg an. Ein ungewöhnlicher Durst trieb mich in ein nahe gelegenes Gasthaus. In der einen Ecke saßen einige ehrwürdige Bürger an einem runden Tisch und tranken Bier aus großen Litergläsern. Als ich in der anderen Ecke Platz nehmen wollte, winkte mich einer von ihnen an ihren Tisch und lud mich ein, mit ihm und den anderen ein Glas Bier zu trinken. Da ich mich schnell integrieren wollte, folgte ich seiner Einladung zum gemeinsamen Tisch. Alle waren irgendwie sehr neugierig und gespannt wegen meiner seltenen asiatischen Erscheinung in dieser oberfränkischen Stadt. Sofort wurde mir auch ein Bier im dicken Literkrug bestellt. Der aktive Gastgeber fragte mich, ob ich Deutsch sprechen könne. Ich nickte zögernd. „Glauben Sie nicht, dass wir den letzten Krieg gewonnen hätten, wenn Italien uns, Japan und Deutschland, nicht so früh verraten hätte?" Dann schlug er mit seiner dicken Hand auf meine Schulter, um meine Zustimmung werbend. Es war ja ein Donnerwetter. Ich war total überrascht von solch einer Frage. Instinktiv merkte ich, dass seine Stammtischleute treue Nazideutsche waren, die der Kapitulation Nazi-Deutschlands noch nachtrauerten. Ich war ja sprachlich noch nicht in der Lage, mich auf eine solche Diskussion einzulassen. So trat ich den Rückzug an: „Es tut mir leid. Ich bin kein Japaner, sondern ein Koreaner. Leider teile ich nicht Ihre Meinung." Er war sprachlos und völlig enttäuscht, weil ich ihm die Zustimmung verweigerte, die er von mir erwartet hatte. Ich bedankte mich für seine Einladung, stand auf und verließ das Gasthaus, in dem die Luft schwer war von Biergeruch und Zigarrenrauch.

Das war meine erste Erfahrung mit dem „Stammtisch-Bürger", dem ich immer wieder und überall in Deutschland begegnete. Sie verkörperte im Grunde ein Stückweit die politische Einstellung in Nachkriegsdeutschland und war für mich wichtig, um die konservative Theologie und das eher konservative Selbstverständnis der christlichen Gemeinden hier zu Lande kennen zu lernen.

Obwohl ich bereits zu Hause wusste, dass die so genannte „Erlanger Schule der Theologie" das Zentrum der konservativen Theologie des Luthertums ist, war mir nicht klar, welche Professoren nach dem Krieg dort lehrten. Als ich in Erlangen zu studieren begann, lehrten für das Neue Testament *Prof. H. Stratmann* – er war gerade emeritiert worden und genoss einen guten wissenschaftlichen Ruf – sowie *Prof. G. Friedrich*, Herausgeber des Kittel-Kommentars zum Neuen Testament und Bultmann-Schüler. Beide zählten nicht zur konservativen Theologenfraktion der Universität. Und noch einen Sonderling gab es: *Prof. W. Loewenich.* Er lehrte Kirchengeschichte und kam aus der liberalen Schule. Die drei Hochschullehrer, mit denen ich es hauptsächlich zu tun hatte, waren: *Prof. Paul Althaus* (Systematische Theologie), *Prof. Walter Künneth* (Confessio Augustana) und schließlich *Prof. Wilhelm Maurer* (Dogmengeschichte), der auch der Vorsitzende des *Martin Luther Bundes* war und darum sich sehr persönlich um mich kümmerte. Er lud mich bald zu einem Vortrag bei einer Missionsversammlung in der Lorenz-Kirche in Nürnberg ein. Das Thema lautete „Evangelium in Korea".

Prof. Künneth beschäftigte sich hauptsächlich mit den Bekenntnisschriften der protestantischen Kirche, z.B. mit dem *Augsburger Bekenntnis*, das von *Philipp Melanchthon*, dem Mitstreiter *Martin Luthers*, verfasst worden war, um 1530 auf dem Reichstag zu Augsburg *Kaiser Karl V.* überreicht zu werden. Darin wurden die Gemeinsamkeiten im *Augsburger Religionsfrieden*, das Bekenntnis und damit das Luthertum reichsrechtlich anerkannt. Nach jenem Burgfrieden zwischen den beiden Kirchen galt das Glaubensbekenntnis des Landesherrn für seine Untertanen: also der Grundsatz „Cuius regio, eius religio". Ich fand sehr interessant, dass *Künneth* sich mit der *Confessio Augustana* beschäftigte, um Pfarrer für die ev.-lutherische Landeskirche auszubilden. Aber seine regressive Konfessions-Theologie war sehr provinziell und sagte mir gar nichts, der ich mit einer kontextualen Theologie des Kalten Krieges beschäftigt war.

Prof. Paul Althaus war mir schon in Korea bekannt als Theologe, der mit seiner eigenartigen Theologie von der „Ur-Offenbarung" die „Deutschen Christen" (DC), die das nationalsozialistische Regime unterstützen, legitimiert hatte. Im Wintersemester hörte ich bei ihm ein Seminar über Martin Luther und Rudolf Bultmann – erhielt dadurch aber keinen theologischen Anstoß. Es fiel mir auf: Er war ein freundlicher Theologe, aber ein „unnahbarer" Mensch.

Ansonsten habe ich in meiner Erlanger Zeit viel von der Musik *J. S. Bachs* kennen gelernt und auch die Kunst von *Lucas Cranach*, Maler in der Reformationszeit, oder von *Albrecht Dürer* schätzen gelernt. Wenn ich mich in einer gotischen Kirche einschloss, die mit Werken beider Künstler geschmückt war, und Orgelmusik von Bach gespielt wurde, fühlte ich mich wie in einer „Oase der lutherischen Theologie", die ihre eigene Existenzberechtigung hatte – für die allerdings alle Fragen der Außenwelt, z.B. hinsichtlich der so genannten „Dritten Welt" oder im Blick auf die deutsch-deutsche Grenze keine Bedeutung zu haben schienen. Das war für mich die Welt und die Theologie in Erlangen. Alle Professoren benahmen sich so, als hätten wir aus der Ökumene hier in Erlangen nur eine richtige reformatorische Theologie zu lernen. Sie hatten nur Antworten, aber keine Fragen. Was für ein Kontrast zwischen *Karl Barth* oder *Hans Joachim Iwand* einerseits und den Erlangern *Paul Althaus* und *Walter Künneth* andererseits. Als ich *Barth* und *Iwand* zum ersten Mal besuchte, fragte *Barth* mich, wie ich als Asiat die Revolution Maos einschätze. Und *Iwand* sagte: „Lasst uns für den Frieden der Welt zusammen arbeiten, Sie in Asien und ich in Europa."

Die Fragen, die ich aus Korea mitgebracht hatte, nämlich wie Frieden zwischen Ost und West oder Nord und Süd möglich sei, wollten die Erlanger nicht als theologische Frage behandeln. Sie beharrten auf dem Unterschied zwischen Glauben und Politik als „zwei Reiche Gottes". Wie die systematische Theologie seit dem Mittelalter Religion und Politik auseinander zu halten versucht, argumentieren die Gelehrten noch heute in Bezug auf das Verhältnis zwischen Gesetz und Evangelium –

besonders mithilfe der Theologie Luthers. Es wird gesagt, das Gesetz sei die Aufgabe der Politik und das Evangelium die Aufgabe der Kirche.

Ihr Argument zur Relation von Gesetz und Evangelium besteht einfach in der Kategorie von Ordnung und Funktion. Danach gehört das Gesetz dem Bereich des sündigen Menschen an. Gott lässt den Menschen Gesetze schaffen, um den sündigen Menschen in der Ordnung zu halten. Das Evangelium ist die Rettung des sündigen Menschen. Es vergibt ihm seine Sünden und stellt ihn in den Stand der Gnade Gottes. Die Kirche hat das Evangelium, die Botschaft Gottes, den sündigen Menschen zu verkündigen. Das war mir zu schematisch, zu statisch. Ich vermisste die dynamische Korrelation zwischen beiden.

Denn wie sieht der Mensch, der begnadigt und dem vergeben wurde, das Gesetz, und wie wendet er es an? Das Gesetz ist für den, der an den vergebenden Gott glaubt, zu einem Angebot geworden. Gesetz ist nicht mehr zur Erkenntnis der Sünden da, sondern als Aufgabe und Verantwortung vor Gott und für die Mitmenschen. Der im Evangelium erfasste Mensch ist immer verantwortlich mit dabei in Gesetzgebung und Gesetzesverwaltung, und zwar in allen Lebensbereichen: d.h. in politischer Hinsicht wie in sozialer. *Sola fide*, das reformatorische Wort, richtet sich nicht gegen das Gesetz als solches, sondern gegen den Menschen, der sich durch Tun des Gesetzes vor Gott und Menschen rechtfertigen will.

Der größte Sündenfall des Protestantismus ist das Verständnis, dass der Mensch *sola fide* – allein durch den Glauben, aber ohne das Handeln des Gesetzes gerecht werde könne (Röm. 3,28); wobei das verantwortliche Tun des Gesetzes ignoriert und schließlich zu "einem Heilsegoismus" ausgenutzt wird – was sowohl in dem alten reformatorischen Land Deutschland als auch im Protestantismus der USA geschehen ist. Seit Konstantin hat sich dieser verhängnisvolle Dualismus von Kirche und Staat im abendländischen Christentum eingenistet. Und dieser christliche Dualismus erleichterte die Expansion und den Kolonialismus des Abendlandes. *Die Kolumbus-Theologie*, die mit dem Kreuz und der Botschaft von der Sündenvergebung fünf Kontinente und Ozeane eroberte und missionierte, ist bis heute mit einem guten Gewissen ausgerüstet: d.h. der christliche

Dualismus des Abendlandes von Kirche und Staat bzw. von Glaube und Politik bzw. von Gesetz und Evangelium gilt noch immer.

Endlich war ich dem Rätsel und Geheimnis des abendländischen Christentums auf die Spur gekommen. Ich verstand, weshalb in Europa – ja, im Land der Reformation – die Verbindung von Kolonialismus und Bibel so gut möglich war. Diese Verbindung hatte mein Großvater entschieden abgelehnt und auch mein Vater auseinander gehalten. Vor diesem Hintergrund wollte ich hier nicht länger Theologie studieren. Wenn in Deutschland keine andere Theologie gelehrt würde, wollte ich sofort nach Hause zurückkehren.

In dieser scheinbar lutherischen Oase machte ich eines Tages eine entsetzliche Entdeckung – was bis dahin verborgen geblieben war. Zufällig fand ich in einem der oberen Regale in meinem Theologenheim ein Dokument über die *Konzentrationslager* in Pamphletform, das eine Besatzungsbehörde der Alliierten 1947 heraus gegeben hatte. Nach meiner Erinnerung lautete der Untertitel des Dokuments „Ein Zwischenbericht über die Vernichtungslager der Juden durch die Nazi-Deutschen". Es war für mich ein Hammer! Nie zuvor hatte ich das Wort KZ gehört. Allein die Bilder der Aufnahmen in den KZs und die Zahl von mehreren Millionen Juden, die dort umgekommen waren, machten mich sprachlos. Die verschiedenen barbarischen Behandlungen von Menschen überstiegen mein Vorstellungsvermögen und führten bei mir zu Entsetzen und Abscheu vor den dämonischen Handlungen der Nazis. Mehrere Tage nahm mich dieser Alptraum gefangen, so dass ich nicht mehr essen konnte. Von nun an beschäftigte ich mich mit diesem Thema und stellte die Frage, wie viele junge deutsche Studenten wohl von diesen Schandtaten ihrer Väter wussten, ob und wie sie damit umgingen und vor allem, warum Kirche und Theologie dazu schwiegen. Dieses absolute Schweigen und die Abstinenz der Theologie in Erlangen zu ihrer jüngsten Geschichte erstickten mich, so dass ich nach nur zwei Semestern diese dunkle und stille Stadt verlassen musste.

Bevor ich nun den Bericht über die erste Station meines Aufenthalts in Deutschland beende, möchte ich doch noch von einer erfreulichen Erfahrung berichten. In der relativ engen

Welt Erlangens konnte ich einen kleinen Lichtblick hinsichtlich der Ökumene gewinnen, und zwar durch *Frau Ilse Müller,* die den ökumenischen Kreis für Jugend in Nürnberg leitete. Sie war eine besondere Frau, die mit Leidenschaft versuchte, die provinziellen Christen in Franken mit der weiteren Welt der Ökumene zu verbinden. So kam sie bis nach Erlangen, um Studenten zur Mitarbeit für ihre Aktivitäten zu gewinnen. Zu ihren ständigen Gästen gehörten: *Johan Potgieter* aus Südafrika und ich aus Korea. Wir beide brachten ja sehr aktuelle ökumenische Fragen und Probleme aus unserer Heimat mit, denen wir selbstkritisch gegenüberstanden. *Potgieter* war ein weißer Südafrikaner. Er gehörte der konservativen reformierten Kirche an, stand aber der *Apartheid-Politik* der Weißen, die der Mehrheit der gesamten Bevölkerung ihre menschlichen Grundrechte absprach und trotz der Intervention der UN die Rassenpolitik praktizierte, kritisch gegenüber. Das machte ihn mir sympathisch. Durch ihn verstand ich zum ersten Mal, was es mit der Apartheid in Südafrika auf sich hatte. Unter anderem erzählte er mir, wie die Kirche der Weißen die Apartheid theologisch zu rechtfertigen und zu begründen versuchte: Nach der Schöpfungsgeschichte der Bibel seien die ersten Menschen, Adam und Eva, Weiße. Die Schwarzen seien die zweite Schöpfung Gottes, die den Weißen unterliege. Was zur Folge habe, dass die Schwarzen den Weißen schöpfungstheologisch untergeordnet seien. Für *Potgieter* war diese Interpretation der Bibel eine theologische Fabel der Weißen, um die Landnahme Südafrikas und die Herrschaft über schwarze Afrikaner legitimieren zu können.

Daraufhin erzählte ich ihm mit einem Lächeln auf den Lippen eine „asiatische“ Schöpfungsgeschichte, die ich ihm empfahl, an seine weißen Landsleuten weiter zu geben: Gott habe aus Erde den ersten Menschen nach seinem Bilde modelliert und gebrannt. Dieser wurde aber zu stark gebrannt, so dass ein schwarzer Mensch entstand. Beim zweiten Mal versuchte Gott die gleiche Prozedur. Diesmal wurde er aber zu wenig gebrannt, so dass ein weißer Mensch entstand. Gott versuchte es zum dritten Mal. Diesmal war es perfekt: der richtig Gebrannte, mit dem Gott zufrieden war, war der Gelbe.

Wir haben uns sehr gut verstanden. Wir wurden Freunde. Wir haben bei allen ökumenischen Veranstaltungen immer kritische Beiträge geleistet – er, indem er im Zusammenhang mit seinem Land auf die verschiedenen Formen weißer Herrschaft aus Europa hinwies, während ich im Zusammenhang mit dem Koreakrieg die amerikanische Vorherrschaft in Korea kritisierte, die uns zuvor die Christianisierung geschickt hatte (1884). *Potgieter* war Musikstudent für Kirchenmusik aus Kapstadt. Mit ihm habe ich zwei Semester im Akademischen Chor gesungen unter der Leitung von *Prof. Wolfgang Kempf*, dem jüngeren Bruder von *Wilhelm Kempf*, dem international bekannten Pianisten. Beim Abschied lud *Potgieter* mich nach Südafrika ein. Seine Einladung nahm ich dankend an und sagte: „Ich komme zu Dir, wenn die Apartheid bei Euch abgeschafft ist." Diese vage Zusage und unser Wiedersehen ist nach 50 Jahren Wirklichkeit geworden! (Darüber habe ich im „Nachwort" dieses Buches geschrieben.).

b) Kirchliche Hochschule in Bethel (1956-57)

Es war für mich ein Glücksfall, nach dem enttäuschenden Aufenthalt in Erlangen eine ganz andere Dimension der theologischen Wirklichkeit Deutschlands in Bethel zu erleben. Dieses besondere Städtchen mit etwa 10.000 Einwohnern grenzt unmittelbar an Bielefeld, einer Industriestadt inmitten des schönen Teutoburger Waldes in Ostwestfalen. Bethel hat eine eigene Währung! Alles begann im Jahre 1872 mit einem Heim für an Epilepsie erkrankten Kindern. Daraus ist im Laufe der Jahre ein Städtchen geworden, wo etwa 7.000 Epileptiker und geistig Behinderte dauerhaft wohnen; außerdem gehören etwa 3.000 Menschen – Pflegepersonal, Ärzte, Krankenschwestern, Verwalter und Pfarrer – dazu. Am Rande der Stadt steht die *Kirchliche Hochschule*.

Der Gründer dieser Anstalt heißt *Pastor Friedrich von Bodelschwingh* (1831-1910). Vor dem *Ersten Weltkrieg* arbeitete der aus einer adligen Familie stammende Seelsorger mit deutschen Emigranten in Paris, die meistens in Slums hausten. Danach, in der Zeit der wirtschaftlichen Inflation, kam er nach Berlin, um diakonische Hilfe für Arbeitslose zu organisieren. Sein theologisches Bekenntnis lautete: „Wir sind nicht Bauer des Reiches

Gottes, sondern Wegbereiter für den wiederkommenden Herrn. Wir bleiben nicht dabei, in Armut und Krankheit deklassierten Menschen zu helfen, sondern wir ermutigen sie, miteinander ihr eigenes Leben selbständig zu gestalten." Das ist das Geheimnis von Bethel: „Wenn Gott uns die unglücklichen Menschen anvertraut, heißt das, dass wir die Gelegenheit haben, mit ihnen die Hingabe der Liebe zu praktizieren. Die Kranken sind die besten Lehrer für gesunde Menschen."

Inmitten dieser besonderen Stadt, wo Kranke und Gesunde einander helfen, wurde 1905 die *Kirchliche Hochschule Bethel* gegründet. So ist auch der Grundgeist der Kirchlichen Hochschule: zu lernen, mit benachteiligen und behinderten Menschen zusammen zu leben. Früher pflegten Theologiestudenten jeden Tag einige Stunden neben dem theologischen Studium für Kranke zu arbeiten. Ich arbeitete im Sommer-Semester 1956 im Haus „Patmos", in dem besonders schwer erkrankte, epileptische Kinder untergebracht waren. Da war ich mit einer besonderen Aufgabe betraut, nämlich über Korea und Asien zu erzählen. Denn sie waren an fremder Kultur sehr interessiert.

In Bethel gibt es verschiedene Werkstätten: Zimmerei, Weberei, Stickerei, Autoreparatur, Druckerei usw. Die Bewohner in Bethel finanzieren damit nicht nur den Großteil des eigenen Haushalts, sondern sie betreiben auch noch eine Mission in Afrika. Ich bekam für meinen Dienst während des Sommer-Semesters ein Taschengeld. In dieser Zeit habe ich die Wahrheit darüber gelernt, dass Kranke und Behinderte für Gesunde keine Last oder das Objekt des Dienstes, sondern Lehrer sind. Auf dem Grabstein von Friedrich von Bodelschwingh fand ich das Wort des Apostels Paulus: „Darum, weil wir dieses Amt haben nach der Barmherzigkeit, die uns widerfahren ist, werden wir nicht müde. 2. Kor. 4,1."

Der jüngste Sohn hieß auch *Friedrich von Bodelschwingh* (1877-1946) – nach seinem Vater. Er übernahm das väterliche Erbe und erweiterte das Werk seines Vaters – mit Mut und Fähigkeit angesichts großer Herausforderungen. Das Naziregime forderte von Bethel die Herausgabe von etwa 2.000 geistig Behinderten aufgrund des Euthanasiegesetzes. *Bodelschwingh jun.* verweigerte dies. Schließlich wurden alle gerettet. Bodelschwingh starb ein Jahr nach Ende des Zweiten Weltkrieges.

Im Gegensatz zu Erlangen zeigte Bethel mir eine ermutigende Seite der Kirche in Deutschland. Hier habe ich die Nachfolge Christi gefunden, die sich gegen die Mächtigen an die Seite der Schwachen stellte – im Gegensatz zu den Theologen und der Kirche, die mit dem Staat unkritisch kooperierten (falsches Verständnis von Röm. 13,1). Hier haben Christen Widerstand gegen das Euthanasie-Gesetz des Nazi-Regimes geleistet, während sie es dort akzeptierten und begrüßten. Eigentlich hatte ich aus Enttäuschung über meine Zeit in Erlangen nach Hause zurückgehen wollen. Aber Bethel öffnete mir die Augen für den Geist der Reformation hierzulande.

In der Kirchlichen Hochschule lehrte *Prof. Wolfgang Schweizer,* der auch Herausgeber der Zeitschrift *Theologische Ethik* war, die sich besonders gegen die Mitgliedschaft der BRD in der NATO und gegen die atomare Aufrüstung des Kalten Krieges einsetzte. Mitarbeiter der Zeitschrift waren u.a. *K. Barth, H .J. Iwand* und *H. Gollwitzer*, die alle aus der Bekennenden Kirche kamen. Ihre theologische Intension war die Auseinandersetzung mit der *Schwarz-Weiß-Ideologie* bzw. der *Antikommunismus-Ideologie* und gleichzeitig die Intensivierung des Dialogs zwischen Christentum und Sozialismus, um Zusammenarbeit statt Konfrontation, um Frieden statt Krieg zu fördern. *Prof. W. Schweizer* war für mich der erste richtige Wegweiser auf der theologischen Landkarte in Deutschland und Europa. Ausdrücklich empfahl er mir *Prof. Hans Joachim Iwand* in Bonn. Ihn und seine theologischen Werke kannte ich noch nicht. So nahm ich mir vor, nach zwei Semestern Bethel zu verlassen und nach Bonn zu wechseln. Nun kam ein unerwartetes Zwischenspiel.

In den Sommer-Semesterferien 1957 arbeitete ich bei der Firma *MIELE* in Bielefeld, um teure theologische Bücher anschaffen zu können. Da kam eines Tages ein hoch gewachsener Gentleman zu mir. Er stellte sich mir vor mit Namen *Prof. Hans Heinrich Wolf,* Direktor des *Ökumenischen Instituts in Genf* in der Schweiz. Zuvor hatte er in Bethel systematische Theologie gelehrt. Er wollte mich für das Winter-Semester 1957/58 an die Ökumenische Hochschule seines Instituts einladen. Dorthin kamen jedes Jahr im Wintersemester junge Pfarrer aus allen Kirchen der Welt, um die ökumenische Bewegung kennen zu lernen. Es wäre sein Wunsch, sagte er, endlich einen Theologen aus Korea dabei zu haben – ich wäre der erste Koreaner. Da ich aber damals ein starkes Ressentiment gegenüber der ökumenischen Bewegung hatte, weil sie mir von der US-amerikanischen Ideologie beeinflusst schien, sagte ich ihm, ich würde es mir überlegen und ihm bald Bescheid geben.

Gleich danach habe ich *Prof. Schweizer* konsultiert. Er war sehr dafür, ein so seltenes Angebot aus *Bossey*, wo das Ökumenische Institut seinen Sitz hatte, anzunehmen. Er zerstreute meine Zweifel damit, dass es nun an der Zeit sei, zur *christlichen Friedenskonferenz in Prag* einen Beobachter zu entsenden. Die CF in Prag war auf Initiative von *Prof. J.L. Hromadka* in Prag und *Prof. H.J. Iwand* in Bonn entstanden, um aus der ideologischen Auseinandersetzung während des Kalten Krieges eine geistig-geistliche Verständigung der beider Fronten zu entwickeln. Bald wurde die Konferenz zu einer zentralen Aufgabe der Ökumene. Nebenbei empfahl mir *Prof. Schweizer*, auf meinem Weg nach Bossey unbedingt *Prof. Iwand* in Bonn aufzusuchen, und gab mir ein Empfehlungsschreiben an ihn mit. So entschied ich mich, der Einladung nach Bossey zu folgen.

c) Erster Besuch bei Prof. Iwand in Bonn

Von Kommilitonen, die bereits bei *Prof. Iwand* studiert hatten, erfuhr ich, dass er ein strenger Lehrer sei. Ich besuchte ihn unangemeldet und mit einer eher skeptischen Grundhaltung in seiner Wohnung – war aber ja im Besitz des Empfehlungsschreibens von *Prof. Schweitzer*. Seine Sekretärin, *Frau Walther*, sagte mir, er sei sehr beschäftigt mit der Vorbereitung zu einem Vortrag und nehme keinen unangemeldeten Besuch an. Da ich aber ein seltener Gast aus Korea sei, mache sie eine Ausnahme und arrangiere ein Zusammentreffen mit ihm. So wurde ich in seinen Salon geführt. *Prof. Iwand* empfing mich sehr freundlich – als ob ich ein ihm bekannter Freund wäre. Er war so groß wie ich, aber sein Körper, auf dem unmittelbar sein großer Kopf saß, wie bei einem Schneemann, war viel rundlicher geformt. Seine elektrisierende Ausstrahlung kam aus seiner hohen Nase, aus tief sitzenden und durchschauenden Augen und einer warmen Stimme: „Herzlich willkommen! Ich freue mich sehr, dass

Sie mich extra aus Korea besuchen. Sie sind für mich der zweite Koreaner. Der erste war aus Nordkorea, den ich 1954 gleich nach dem Waffenstillstand des Korea-Krieges bei einer internationalen Friedenskonferenz in Schweden kennen gelernt habe. Ich bin auch sehr betroffen darüber, welch schreckliches Leiden der Koreakrieg Ihrem Volk zugefügt hat."

Im Gegensatz zu den Theologieprofessoren in Erlangen war er ein ganz anderer Typ. Er stellte sofort Nähe her. Er wollte mir als Bruder und als Mitchrist nahe kommen. Ich habe mit meinem Anfängerdeutsch versucht, mich vorzustellen und ihm zu sagen, warum ich nach Deutschland gekommen war und warum ich ihn besuchte. Ich würde gerne die Theologie in Deutschland kennen lernen, die den Dialog zwischen West und Ost im Kalten Krieg ermöglicht und praktiziert, und auch eine Kirche, die das Volk im geteilten Land nicht auseinander reißt, sondern zusammen bringt. Das nämlich fehle bei unserer Theologie und bei den Christen in Korea. Trotz meines mangelhaften Deutsch hat er mich sofort verstanden: „Also arbeiten wir ja heute an der gleichen Theologie. Sie in Korea und ich in Deutschland. Sie lernen bei uns, ich lerne bei Ihnen. Wenn Sie in Bossey fertig sind, kommen Sie zu uns. Dann arbeiten wir zusammen."

Welch eine Überraschung, welch eine Ermutigung! Das hatte ich nicht erwartet. Er war ein großartiger Mensch, bei dem ich sofort ein Zuhause fand. Ja, er war der Theologe, den ich in Deutschland bis dahin vergeblich gesucht hatte. Aus seiner Zusage, mir eine Viertelstunde zur Verfügung zu stellen, wurde ein Gespräch von über einer Stunde. Schließlich gab er mir ein Schreiben mit an *Prof. Karl Barth* in Basel, den ich besuchen wollte. „Bitte grüßen Sie Herrn Prof. Barth ganz herzlich von mir! Wir sind gute Freunde und eingespielte Mitstreiter!"

Während der gesamten Zugfahrt von Bonn nach Basel beschäftigte mich das Gespräch mit *Prof. Iwand* noch so sehr, dass ich fast vergaß, in Basel auszusteigen.

d) Besuch bei Prof. Karl Barth in Basel

Kaum war meine Aufregung nach dem Besuch von *Prof. Iwand* abgeklungen, stieg sie vor dem Haus von *Prof. Karl Barth* wieder in mir hoch! Seine Sekretärin, *Frau Kirschbaum*, nahm mir das Schreiben von *Iwand* ab, dann kam er aus seinem Arbeitszimmer und empfing mich so freundlich, als ob er *Iwand* persönlich empfinge. Er fragte mich sofort in großer Sorge und mit warmem Mitgefühl nach der Situation in Korea nach dem Krieg. Er ließ mir keine Chance, mich ihm kurz vorzustellen. Sein Interesse an Asien sprang nun nach China. Seine zweite Frage war, wie ich als Asiat *Maos Revolution* einschätze, und welchen Beitrag sein Volk konkret leiste. In dem Augenblick meinte ich, er sei ein Professor für Politologie. Dabei war er doch jener wunderbare Theologe, der das Evangelium von Jesus immer im Kontext des kommenden Reiches Gottes zu verstehen suchte und der sich umgekehrt mit der Geschichte der Menschheit, Gesellschaft und Politik im Licht des Evangeliums auseinandersetzte. Da dachte ich an seinen berühmten Satz, jeder Christ müsse jeden Morgen die Bibel und die Tageszeitung lesen.

Prof. K. Barth schrieb gerade an seiner *Kirchlichen Dogmatik IV/2* (Die Lehre der Versöhnung). Ihm nahe stehende Freunde sagten mir, dass er in dieser Zeit besonders mit dem Thema vom prophetischen Auftrag der Kirche befasst war.

Als Hitler an die Macht kam, ahnte Barth, dass eine große Katastrophe Deutschland und ganz Europa heimsuchen würde. Leidenschaftlich bekämpfte er mit einer theologischen Minderheit den Nationalsozialismus und seine Mitläufer, die *Deutschen Christen* (DC). Es formierte sich *Die Bekennende Kirche* in Barmen (1935). Da wurde er vom nationalsozialistischen Deutschland in die Schweiz ausgewiesen. Nach dem Ende des Zweiten Weltkrieges kam die neue Weltmacht, USA, hoch, die auch die Welt-Christenheit (Ökumene) beherrschen wollte mit der säkularen Ideologie von Schwarz und Weiß gegenüber dem Kalten Krieg. Da begegnete Barth dem Außenminister der USA, der zugleich Laienprediger war, *John Foster Dulles,* bei der E*rsten ökumenischen Vollversammlung* in Amsterdam 1948. Dulles predigte die billige Ideologie von Bösen und Guten und kündigte einen neuen Kreuzzug gegen den „bösen" Sozialismus an. Barth versuchte, die Verteufelung des Sozialismus durch den Kapitalismus zu korrigieren und die beiden Sozialsysteme, die beide kein Evangelium seien, auf eine Stufe zu stellen.

Anschließend bot sich mir die Chance, ihm etwas von mir selbst zu berichten. Kurz vor Ausbruch des Koreakrieges habe ich mit zwei Kollegen seine zwei theologischen Werke *Evangelium und Gesetz* und *Credo* ins Koreanische übersetzt, um die Botschaft des Evangeliums von der christlichen Ideologie, die in Korea durch die Mission der USA so prägend war, trennen zu können. Barths Theologie hat entscheidend dazu beigetragen, uns von der amerikanischen Christianisierung zu befreien und die Auseinandersetzung des Kalten Krieges nicht nur ideologisch zu verstehen. Zum Abschied gab er mir eine Abschrift seiner Predigt mit, die er in der Woche zuvor im Gefängnis in Basel gehalten hatte. Er begrüßte unsere weitere Verbindung.

Obwohl meine Besuche bei *Iwand* und *Barth* kurz waren, bestärkte mich die Übereinstimmung der beiden großen Theologen mit meiner Ansicht unbeschreiblich und machte mich glücklich. Es eröffnete sich für mich dadurch eine neue theologische Perspektive in Deutschland und Europa. So ermutigt kam ich in Bossey an.

e) Ökumenische Hochschule in Bossey

An der dritten Bahnstation vor Genf stieg ich aus und ging etwa eine Viertelstunde zu Fuß. Da stand ein kleines hübsches Schlösschen vor mir. Es wurde mir gesagt, dass der *Ökumenische Rat der Kirchen* das Haus außerhalb von Genf angeschafft hatte, um zunehmend nachgefragte Konferenzen und Seminare der Ökumene nach dem Zweiten Weltkrieg abhalten zu können. In diesem Zusammenhang war auch das Ökumenische Institut eingerichtet worden, wo während der relativ ruhigen Wintermonate jüngere Theologen aus aller Welt und aller Konfessionen eingeladen und etwa für fünf Monate in *Ökumenischer Theologie* aus- bzw. fortgebildet wurden. In jenem Winter-Semester 1956/57 wurden von 25 jungen Theologen drei Sprachen, nämlich Englisch, Deutsch, Französisch, als offizielle Sprachen gesprochen, die jeweils „simultan" übersetzt wurden, wozu sehr viele Dolmetscherinnen zur Verfügung standen.

Das Ökumenische Institut wurde von einem Dreierdirektorium geleitet: Direktor war *Prof. H. H. Wolf,* der mich persönlich eingeladen hatte; des Weiteren gab es zwei Vize-Direktoren aus England und aus den USA. Jedes Jahr standen zwei Hauptthemen zur Wahl. In meinem Semester ging es um *Kindertaufe* und *Theologie und Politik.* Dem jeweiligen Thema wurde ein entsprechender Theologe aus der Ökumene zugeordnet. Da das Thema der *Kindertaufe* von *Karl Barth* bereits kritisch zur Diskussion gestellt worden war, wurde er nicht zu uns eingeladen. Stattdessen besuchten wir ihn in Basel, um einen ganzen Tag mit ihm darüber zu diskutieren. Für das zweite Thema *Theologie und Politik* stand *Prof. Helmut Thielicke* aus Hamburg zur Verfügung, der bereits als konservativer Vertreter in dieser Frage einen Namen hatte.

Da in Korea damals noch überwiegend die Erwachsenen-Taufe praktiziert wurde, war für mich persönlich die Frage nach der Kinder-Taufe nicht aktuell. Die protestantischen Kirchen in Europa aber, die meistens als Staatskirchen bzw. Volkskirchen existierten, praktizierten die Kindertaufe als institutionellen Akt, wobei der Aspekt der bewussten Entscheidung des Täuflings für den Glauben verloren geht. Das war ja der theologische Einwand von Karl Barth. Die jüngeren Theologen aus den europäischen Ländern verteidigten ohne Ausnahme die traditionelle Praxis der Kindertaufe mit dem Argument, dass dem getauften Kind ja ein nachträglicher Religions- bzw. Konfirmandenunterricht ermöglicht würde. Barth allerdings wäre es lieber gewesen, Kindern zuerst Religionsunterricht zu erteilen und ihnen dann die Freiheit zu geben, sich taufen zu lassen.

Das zweite Hauptthema von *Theologie und Politik* erschien mir wichtiger. Ich hatte bereits eine Vorstellung von *Prof. Helmut Thielicke*. Er vertrat den theologischen Ansatz Martin Luthers, der in dieser Frage die *Zwei Reiche-Lehre* zu Grunde legte. Gott regiere die Menschen einerseits durch das Gesetz (Ordnung und Gewalt) und anderseits durch das Evangelium (Gnade und Liebe). Die weltliche Obrigkeit vertrete das Gesetz und die Kirche das Evangelium. Danach begünstigt und legitimiert die Zwei-Reiche-Lehre eine strickte Unterscheidung der zwei Ämter Gottes, Staat und Kirche. Entsprechend vertrat der konservative Lutheraner die strenge Trennung zwischen Staat und Kirche (bzw. Politik und Glaube), während für progressive Lutheraner – wie z.B. *Iwand* – mehr die Korrelation der beiden im Vordergrund stand und die Intention, Gnade und Liebe Gottes im politischen Bereich wirken zu lassen, d.h. der politischen Wirklichkeit ständig kritisch gegenüber zu treten. Das nennt man „das prophetische Amt" der Kirche. Diese zwei verschiedenen Haltungen in der Theologie haben im Dritten Reich Hitlers zu unterschiedlichen Konsequenzen geführt.

Zusammenfassend kann ich meinen fünf Monate dauernden Studienaufenthalt bei der Ökumenischen Hochschule in Bossey in der Schweiz so beschreiben, dass die junge theologische Generation aller Konfessionen aus Europa und den USA ihren eigenen Traditionen ohne Ausnahme unkritisch gegenüber stand: die Holländer, Schweizer und Franzosen gegenüber der reformierten Tradition, die Engländer gegenüber der anglikanischen, die Amerikaner gegenüber der methodistischen wie auch die Deutschen und die Schweden gegenüber der lutherischen Tradition. Aus der Dritten Welt waren ich als Methodist, ein Taiwanese als Presbyterianer und ein Äthiopier als koptisch Orthodoxer vertreten. Wir waren unserer eigenen Tradition noch stärker verhaftet als die anderen.

Nach dem Zweiten Weltkrieg hatten alle Kirchen keine Ruhe, sich mit ihrer theologischen Erneuerung zu beschäftigen. Stattdessen waren sie von einer neuen ideologischen Auseinandersetzung herausgefordert, nämlich dem Kalten Krieg. Die Kirchen – sowohl in den USA wie in Europa – waren nicht imstande, die sozialistische Herausforderung theologisch anzunehmen. Sie hatten in dieser sozialistischen Herausforderung allerdings einen gemeinsamen Feind gefunden und zogen zu Felde gegen den Kommunismus mit ihrer Ideologie von der bürgerlichen Freiheit und von privatem Besitz – was sie „Freiheit" und „Demokratie" nannten. Die bürgerlichen Kirchen marschierten – wie in einem Kreuzzug – gemeinsam gegen den Atheismus. Bei der jungen theologischen Generation aus dem Westen konnte ich kaum eine Reflektion über ihre Vergangenheit und Gegenwart erkennen, so dass das Problem der *Dritten Welt* für sie noch ein Fremdwort war. Dankbar erkannte ich, dass mir meine Zwischenstation in Bossey einen Überblick über den Standort der Ökumene ermöglicht hatte.

f) Erste Reise nach Paris

Kurz vor dem Abschluss meines Studiums an der Ökumenischen Hochschule bekam ich zu meiner großen Überraschung eine Einladung der Protestantischen Studentenschaft an die Universität Sorbonne in Paris zu einem Vortrag anlässlich des 200. Jubiläums im April 1958. Ich sollte als Asiat zum Thema „Die gesellschaftliche Stellung und das Bewusstsein der Studenten in Asien“ referieren. Ich war total überrascht von solch einer Einladung aus Paris: Wer war in Paris, der mich kannte, und mir solch ein schweres Thema anvertraute? Diese Einladung brachte mir der Direktor des Ökumenischen Instituts *Prof. H. H. Wolf* höchst persönlich, der mich ja in Bethel besucht und nach Bossey eingeladen hatte. Er freute sich dabei so sehr, als ob diese Angelegenheit seine eigene wäre. Da merkte ich sofort, dass er mich nach Paris empfohlen hatte, als Paris ihn um Vermittlung gebeten hatte. In jener kurzen Zeit waren wir gute Freunde geworden. Er akzeptierte mich als einen kritischen Theologen aus der Dritten Welt. Ihn habe ich als einen ehrlichen ökumenischen Vermittler geschätzt. Das gestellte Thema war ziemlich anspruchsvoll. Für mich bedeutete dies die erste Herausforderung von Europa aus. Ich musste deswegen den Vortrag sorgfältig vorbereiten und habe mir dabei mehr Mühe als bei der Abschlussprüfung der Ökumenischen Hochschule gegeben.

Die Familie in Paris, die mich für etwa zehn Tage aufnahm, war die des Bankdirektors der Commerzbank in Paris. Leider kann ich mich heute an den Namen meines Gastgebers nicht mehr erinnern. Er wohnte in einem Penthouse, das etwa zehn Minuten Fußweg vom *Triumphbogen* entfernt lag. Der Hausherr machte mir vom ersten Blick an einen stark distanzierten Eindruck. Seine breite Stirn trug eine tiefe Narbe von einem deutschen Granatsplitter.

Beim ersten Frühstückstisch fragte er mich: „Wieso sprechen Sie Deutsch statt Englisch? Ich dachte, Sie wären aus der nordamerikanischen Kultursphäre!“ Welche brillante und intellektuelle Vermutung! Ich konnte dahinter gleich seine starke Abneigung gegen die Deutschen ablesen. Und gleichzeitig drückte er sich mit dem Begriff „Kultursphäre“ eindeutig als Franzose aus.

Franzosen wie Engländer beherrschten noch nach dem 2. Weltkrieg einige Kolonien.

Seine Familie gehörte der protestantischen Minderheit an, jedoch zur Elite Frankreichs. Sie besaß mehrere Landhäuser in der Provence. Seine Frau verwaltete sie alle, so dass sie kaum ein halbes Jahr in Paris war. Er und ich hatten nur eine einzige Gemeinsamkeit: Protestanten zu sein. Besonders gefiel ihm mein Antiamerikanismus. In den ganzen zehn Tagen haben wir uns nur ein paar Mal zum gemeinsamen Dinner gesehen. Jeden Morgen kam durch den Hausdiener das Frühstück auf einem Wagen ans Bett.

Als ich zum Vortrag den großen Saal betrat, befanden sich dort über 200 Gäste und protestantische Studenten. Das Jubiläum wurde mit einem musikalischen Beitrag vom Studentenchor aus *Madagaskar* eingerahmt. Mein Vortrag hatte drei Schwerpunkte: *1) Asien nach dem Zweiten Weltkrieg: Entkolonialisierung. 2) Die Option von Studenten: Befreiung von fremder Herrschaft und Aufbau der nationalen Gesellschaft bzw. deren Staaten. 3) Der dritte Weg gegenüber dem Kalten Krieg: Bündnis der blockfreien Staaten.* Ich habe in meinem Vortrag vor allem die Kolonialgeschichte in Asien vorangestellt. Beim Befreiungskampf in Asien wurde die kommunistische Revolution in China als Beispiel erwähnt. Zum dritten Weg von Asiaten gegenüber dem Kalten Krieg habe ich auf die *Bandung-Konferenz* hingewiesen. Schließlich betonte ich, dass Studenten in Asien generell revolutionärer und progressiver seien als europäische Studenten.

Zum Schluss appellierte ich als Christ aus Asien dringend an die französischen christlichen Studenten, dass sie als Jubilare die Verantwortung zu tragen hätten, möglichst bald die Kolonialherrschaft über Indochina zu beenden. Das sei *Kairos*, die Stunde Gottes, für Christen in Frankreich. Wenn sie die Gegenwart Gottes ignorierten, würde eine große Katastrophe über ihr Land hereinbrechen.

Während meines Vortrages kam es einige Male zu Unterbrechungen: Da meine Übersetzerin, eine Professorin für Germanistik, den Inhalt meiner Aussagen zum Teil nicht richtig übersetzte, beanstandeten dies einige Zuhörer aus dem Elsass, die in beiden Sprachen, Französisch und Deutsch, zuhause waren. Wie erwartet, erntete mein Vortrag einen bescheidenen Applaus. Besonders schockte meine harte These, jeglicher Kolonialismus sei nicht mit dem christlichen Glauben zu vereinbaren, die Zuhörer gewaltig, während die Studenten aus Madagaskar mir begeisterten Zuspruch zollten. Ihr Studentenpfarrer bedankte sich bei mir für meine Solidarisierung mit den unterdrückten Völkern von ganzem Herzen und lud mich gleich zu seinem engsten Kreis am nächsten Tag ein. Am nächsten Morgen holte er mich in sein Studentenheim, das seiner Heimat entsprechend eingerichtet war. Dort warteten etwa 20 seiner Studenten. Er hob meinen mutigen Appell an die Franzosen zur Entkolonialisierung mit dem Wort *Missionar für die Entkolonialisierung* hervor. Er führte mich ein in die Geschichte des Insellandes Madagaskar, das seit über 200 Jahren unter französischer Herrschaft stand. Sie hätten bis heute kein Wort der Befreiung vom Kolonialismus aus dem Munde der französischen Christen gehört. Obwohl mein Vortrag bzw. Appell speziell für *Indochina* gedacht war, traf er in gleichem Maße auf Madagaskar zu.

Die Erfahrungen von Paris machten mir klar, wie entfremdet die christlichen Kirchen im Abendland von der christlichen Botschaft waren. Da fragte ich mich, was ich von solch entfremdeten Kirchen und ihrer Theologie lernen könnte.

Zwei Jahre danach, am 26. Juni 1960, als ich von der Unabhängigkeit Madagaskars erfuhr, freute ich mich für das madagassische Volk wie für mein eigenes!

g) Studium bei Prof. Iwand in Bonn

Im April 1958 kam ich von Paris nach Bonn, um bei *Prof. Hans Joachim Iwand* zu studieren. Er nahm mich so freundlich auf, wie bei meinem ersten Besuch auf dem Weg nach Bossey. Sofort schrieb ich mich bei ihm ein, um zwei Vorlesungen zu hören: Die *Theologie Luthers* und *Die Geschichtsphilosophie Hegels.*

Die Universität Bonn, die der *Kurfürst Clemens August* 1818 erbaut hat, und die durch den letzten Krieg zerstört war und restauriert worden ist, gehört wesentlich zur Stadt Bonn dazu. Der großzügig angelegte Hofgarten direkt am Rhein und die Hauptgebäude der Uni im Barockstil strahlen Eleganz und eine besondere Atmosphäre aus. Bonn war schon in erster Linie Universitätsstadt!

Anfangs tat ich mich mit ihr als Hauptstadt der Bundesrepublik Deutschland schwer. Obwohl der Bundestag, die Bundesregierung und die Residenz des Bundespräsidenten neu eingerichtet waren, war der provisorische Charakter Bonns als Hauptstadt nicht zu übersehen.

Damals zählte man etwa 8.000 Studierende, unter ihnen etwa 300 Theologiestudenten. Die *Evangelisch-Theologische Fakultät* ist besonders mit *Prof. Karl Barth* verbunden. Bonn war die letzte Station seiner Lehrtätigkeit in Deutschland – nach Münster und Göttingen. Wegen seines unerbittlichen theologischen Kampfes gegen die Nazis wurde er 1934 aus Deutschland ausgewiesen. Er war die zentrale Figur der *Bekennenden Kirche*, die sich in der *Barmer Theologischen Erklärung* gegen die *Deutschen Christen* (DC), die den Nationalsozialismus mitmachten, formierte. Nach dem Ende des Krieges kehrte er nach Bonn zurück und war noch zwei Jahre als Hochschullehrer tätig.

Als ich nach Bonn kam, lehrten dort u.a. sieben Professoren, die mit Karl Barth entlassen worden waren: *Helmut Gollwitzer, Walther Kreck, Martin Noth, Günther Dehn, Dinkler, Vielhauer, Schneemelcher* und schließlich *Hans Joachim Iwand.* Da spürte ich etwas in der Luft. Nach dem Ende des Zweiten Weltkrieges tagte der Reichsbruderrat der Bekennenden Kirche weiter als Bruderrat der EKD. Seine Mitglieder stellten sich den neuen Herausforderung der Nachkriegszeit und nahmen Stellung: z.B. gegen die Eskalation des Kalten Krieges, gegen die Wiederbewaffnung der Bundeswehr, gegen den Beitritt der Bundeswehr in die NATO *(Organisation des Nordatlantikvertrags).* Trotz des Entnazifizierungsgesetzes hatten viele alte Nazis ihre Posten in Politik, Justiz, Bundeswehr, Hochschulen, Diplomatie und Kirchen behalten. Angesichts des Kalten Krieges nahmen die amerikanischen Besatzer viele Wissenschaftler und Techniker aus Deutschland nach Amerika mit, um neue Waffen zu entwickeln. Sie verwalteten als Besatzer auch viele der Nazi-Archive, so dass die deutsche Öffentlichkeit keinen Zugang dazu hatte.

Genauso praktizierten es die Amerikaner nach dem Krieg in Korea. Sie setzten alle Koreaner, die für die japanische Kolonialherrschaft mitgearbeitet hatten, gleich in ihre Militärverwaltung ein. Die Kollaborateure der Japaner wurden die Kollaborateure der Amerikaner. Ganz ähnlich setzte man in Deutschland die alten Nazis, die einst gegen Juden vorgegangen waren, nun gegen Kommunisten ein. Das nennt man „unbewältigte Vergangenheit".

Der Bruderrat kündigte am 08.08.1947 in Darmstadt das so genannte *Darmstädter Wort* an, das in neun Thesen formuliert war. Vor allem wurde die Restauration des konservativen Protestantismus kritisch analysiert, der einst mit dem nationalsozialistischen Regime zusammengearbeitet hatte, und sich nun unter der Fahne des Antikommunismus sammelte. In diesem Zusammenhang fällt das Wort „Selbstkritik", wonach die Kirche bisher den Marxismus falsch behandelt habe.

Die theologische Atmosphäre in Bonn war für mich sehr anregend. *Prof. Iwand* spielte nach *Karl Barth* im theologischen und politischen Kontext immer mehr die führende Rolle. Er las die Vorlesung über Luthers Theologie, die im Kontext von Geist und Gesellschaft seiner Zeit verstanden werden sollte, und er verband die zentrale Aussage Luthers mit der Verkündigung des Evangeliums in der Gegenwart. Seine Theologie blieb nicht in der Theologie stecken, sondern ging konsequent weiter bis hin zur Praxis. Mein theologischer Standpunkt „Evangelium und Gesetz", d.h. Glaube und Politik, wurde von ihm akzeptiert. Er fragte mich, ob ich bereit wäre, die Relation von Gesetz und Evangelium im Galaterkommentar Luthers (1519) aus asiatischer Sicht zu behandeln. Er wusste, dass ich die theologische Arbeit im Kontext der asiatischen Kultur und der anglosächsischen Mission (bzw. Christianisierung) einzubeziehen hätte.

Außerdem übertrug er mir die praktische Aufgabe, als Studentenpfarrer Studenten aus Asien zu betreuen und in diesem Zusammenhang den Dialog zwischen Christentum und Religionen in Asien zu befördern. Leider wurde dieser Versuch nach zwei Semestern eingestellt, weil das Interesse der asiatischen Studenten an einem solchen Dialog gering war. Meine theologische Vorarbeit über Luther gefiel Prof. Iwand, so dass er mich ermutigte, sie erweitert als Dissertation vorzulegen. Er lud mich bald darauf zu einem Mittagessen in seine Familie ein. Dabei fragte er mich, ob ich mir vorstellen könne, in seiner Familie mitzuwohnen, damit meine Dissertation einen möglichst schnellen Abschluss finden könne, um dann die Leitung des entstehenden Ökumenischen Instituts an der Uni zu übernehmen. Ich war in diesem Augenblick sprachlos. Wie konnte er mir so viel anvertrauen! Er wollte mich damit ermutigen und fördern. Ich war glücklich, einem mir so zugewandten freundlichen und gütigen Professor begegnet zu sein! Dieser Tag richtete meine Zukunftsperspektive völlig neu aus.

Zwei Wochen später zog ich in seine Wohnung in der Wegeler Str. 2. Seine kleine Bibliothek stand mir zur Verfügung. Seine Frau war vor acht Jahren an Krebs gestorben. Die beiden ältesten Kinder waren bereits aus dem Elternhaus: *Anemone*, Medizinerin an der Universitätsklinik Heidelberg, und *Thomas,* Professor für Nationalökonomie in den USA. Drei Kinder waren noch beim Vater: *Peter und Malve*, beide studierten Jura, und *Veronika*, die noch zum Gymnasium ging. Der Haushalt lag in den Händen von zwei Frauen: seiner Sekretärin Frau *Walter* und einer jungen Haushälterin.

Durch mein Mitwohnen in der Familie *Iwand* durfte ich seine Person und seine Theologie näher kennen lernen. Außer seiner Lehrtätigkeit, zwei Vorlesungen und zwei Seminaren pro Woche, war er ständig unterwegs zu Vorträgen und Konferenzen im In- und Ausland. Er lehrte nicht nur Theologie, sondern praktizierte auch den Dialog und die Diskussion mit Christen und Politikern in Osteuropa, um dem Frieden statt der Eskalation des Kalten Krieges zu dienen. Dass seine Familie die Mahlzeiten zusammen mit dem Hausherrn einnahm, war ein immer seltener werdendes Glück. Er kam oft sehr spät nach Hause.

Nachdem *Karl Barth* Deutschland verlassen hatte, wurde er die zentrale Figur der Theologie und Friedensstrategie in der BRD. Viele Mitstreiter suchten bei ihm Rat und Tat. Es war mir aufgefallen, dass *Martin Niemöller* öfters *Iwand* aufsuchte. *Niemöller* war Kirchenpräsident der Evangelischen Kirche in Hessen und Nassau. Von den Nazis war er als „persönlicher Gefangener Hitlers“ im Konzentrationslager Dachau interniert worden, weil er als Pastor unmittelbar gegen Hitler sprach. Im letzten Moment wurde er durch die Amerikaner aus dem Lager befreit. Niemöller wollte nun nach der Kapitulation „ein ganz anderes Deutschland". Die Gegenkräfte innerhalb der protestantischen Kirchen zur Restauration des Luthertums waren aber so stark, dass er resignierte und mit dem Gedanken spielte, zur katholischen Kirche zu konvertieren. Für ihn hatte *Iwand* den theologischen Exkurs geschrieben: „Glaubensgerechtigkeit nach Luthers Lehre", als Niemöller im KZ gefangen war.

Noch einen anderen prominenten Ratsuchenden gab es: *Gustav Heinemann*. Nach dem Krieg trat er in die CDU ein mit der Absicht, christliche Kräfte gegen den Kalten Krieg zu mobilisieren. Er wurde Innenminister im Kabinett Adenauer. Der Bundeskanzler aber hatte Washington bereits das Wort gegeben, der NATO beizutreten – ohne vorherigen Beschluss des Kabinetts. Der Alleingang Adenauers traf Heinemann in seiner Maxime: *Nie wieder Krieg aus Deutschland*. Mit einer öffentlichen Erklärung trat er von seinem Ministeramt zurück und gründete mit anderen Gleichgesinnten die *Gesamtdeutsche Volkspartei* (GVP), die auf die Neutralität Deutschlands im Kalten Krieg zielte. Da aber die Partei mangels ausreichender Wählerstimmen nicht in den Bundestag kam, trat er in die SPD ein. Während der Nazizeit war er Rechtsanwalt gewesen und hatte sich an der *Bekennenden Kirche* aktiv beteiligt. Auch in der SPD stärkte er die Fraktion gegen die Wiederbewaffnung der BRD. Er resignierte öfters auch innerhalb der Kirche, weil viele Christen zur Bundeswehr hintendierten. Er fungierte einmal als Präsident des Rates der Evangelischen Kirche in Deutschland. Später wurde er zum Bundespräsidenten gewählt (1969-74).

Je mehr die Spannungen des Kalten Krieges eskalierten, desto stärker wuchs das Verantwortungsbewusstsein der Christen gegenüber der Gefahr eines möglichen Atomkrieges in Ost und West. *Iwand* ging nach Prag zu *Prof. J. I. Hromadka* und initiierte mit ihm gemeinsam 1958 die *Christliche Friedenskonferenz* (CFK), bei der anfangs der *Ökumenische Rat* nur als Beobachter teilnahm.

Danach kamen viele Gäste aus Osteuropa zu ihm. Einer von ihnen war der polnische Außenminister *A. Rapacki*, der mit seinem Vorschlag, *Rapacki-Plan* genannt, bekannt wurde: Angesichts der Konfrontation zwischen den beiden Weltmächten sollte Mitteleuropa – bestehend aus Polen, Deutschland, Tschechoslowakei, Ungarn, Österreich und Jugoslawien – als neutrale Zone die Lage entspannen. *Iwand* war von dem Gedanken sehr angetan. Darum schickte *Rapacki* seinen Privatsekretär öfter zu ihm, um die Diskussion darüber in der BRD aktiv zu entfalten. Jedes Mal wurde dann seine Wohnung auf der Wegeler Strasse von Beamten des Verfassungsschutzes(BVS) umzingelt und beobachtet.

Natürlich häuften sich Besuche von Theologen und Bischöfen aus dem Osten: u.a. waren zu Gast der Theologieprofessor *L. Pakozdy* aus Ungarn, *Prof. Lochmann* aus Prag und der Bischof der Lutherischen Kirche in Litauen. Seitdem *Iwand* als Mitglied der Delegation der EKD den Bischof der Orthodoxen Kirche in Moskau besucht hatte, war bei ihm noch eine ungewöhnliche Familie mehr zu Gast: der stellvertretende sowjetische Botschafter in Bonn mit seiner Frau. Zum Heiligenabend 1958 wurden sie von der Familie *Iwand* eingeladen. Zu meinem Glück konnte ich dabei sein. Nicht nur in koreanischen, sondern auch in westdeutschen Verhältnissen war es damals undenkbar, einen so hohen sowjetischen Diplomaten als Privatgast bei sich zu haben. *Iwand* ging es darum, Begegnungen der Menschen zwischen Ost und West zu ermöglichen und den Zusammenhang von Theorie und Praxis herzustellen. Oft wurde dabei über sehr persönliche Dinge gesprochen. Neugierig fragte ich z.B. die Gäste aus Moskau: „Entschuldigen Sie bitte, falls meine Beobachtung nicht stimmen sollte. Warum ist das Werk von Tolstoi bei Ihnen beliebter als das von Dostojewskij?“

Als ob sie darauf gewartet hätte, nahm die sehr temperamentvolle und liebenswürdige Frau des Diplomaten sofort meine Frage auf: „Natürlich mögen wir auch Dostojewskij. Er war nicht nur ein großartiger Literat, sondern auch ein scharfer Geist und Analytiker, der die herrschende Klasse im Russland seiner Zeit analysierte und kritisierte. Tolstoi ist aber selbst Adeliger und Großgrundbesitzer gewesen. Nachdem er die Bergpredigt Jesu gehört hatte und glaubte, gab er seinen Besitz den Armen. Wie Jesus wurde er ein Freund der Armen. Da er die besitzlosen Menschen liebte und ihr Freund wurde, lieben wir ihn. Daran liegt es, warum die Menschen bei uns mehr von Tolstoi lesen.“ Ihre Antwort war so klar und deutlich, dass man nichts mehr zu fragen hatte. Ihr Ton überzeugte mich. Dabei fand ich keinen Schimmer einer Propagandistin bei ihr.

Das war zum ersten Mal in meinem Leben, dass ich Menschen aus der Sowjetunion begegnete und solche Worte hörte. Dieser Abend hat mich sehr beeindruckt. Neidlos sah ich, dass uns die Europäer hinsichtlich der Dialogfähigkeit von Marxisten und Christen weit voraus waren. Es viel mir auch auf, dass die Partner im Dialog gegenseitig Respekt voreinander hatten.

Eines Morgens brachte mir *Iwand*, ohne vorher etwas gesagt zu haben, ein Flugticket für *Sun* und sagte, ich solle nun meine Frau hierher holen. Es sei nicht gut, dass meine Frau und ich so lange getrennt seien. Es war unglaublich, dass *Iwand* bereit war, sich nicht nur um mein Studium, um meine berufliche Zukunft zu kümmern, sondern auch noch um meine Ehe! Was für ein großartiger Zeitgenosse! Er beschäftigte sich ständig mit lauter großen Themen und hatte dabei noch das Herz, mit dem Innenleben eines kleinen Mitmenschen von nebenan mitzufühlen. Er hatte bereits ausgerechnet, dass ich für die Dissertation und die Leitung des Instituts noch mehrere Jahre in Deutschland zu bleiben hätte. Meine Begegnungen mit *Prof. Iwand* waren oft von großzügiger Menschlichkeit geprägt.

Diese wunderbare Neuigkeit teilte ich sofort meiner Frau mit. Ich wusste, dass sie sich darüber sehr freuen würde. Genauso wusste ich aber auch, dass die Umsetzung wegen unserer zwei Kinder kaum möglich war. Die Großzügigkeit meiner Schwiegereltern bestand ja bereits darin, während meines Studiums in Deutschland die Familie bei sich aufgenommen zu haben. Es schien aber undenkbar, dass sie unsere zwei Kinder ohne Mutter in ihre Obhut nehmen würden. Sie selbst hatten so viele Schwierigkeiten, sich im Chaos der Nachkriegszeit mit fünf Kindern durchzuschlagen, so dass sie aus der Evakuierung wieder nach Seoul zurückkamen. Trotzdem gaben sie *Sun* grünes Licht, zu mir nach Deutschland zu ziehen. Sie waren bereit, unsere beiden Kinder noch zwei Jahre lang zu versorgen.

Mit einem zerrissenen Herzen kam *Sun* im April 1959 nach Deutschland zu mir. Einerseits waren wir glücklich, nach der vierjährigen Trennung wieder zusammen zu finden, andererseits war sie traurig, zwei Kinder bei ihren Eltern abgegeben zu haben. Sie konnte erfreulicherweise ihr wegen des Krieges abgebrochenes Theologiestudium in Deutschland wieder aufnehmen, aber litt sehr unter der Trennung von den Kindern, so dass sie oft krank war.

Das Drama unseres Lebens, das uns in den letzten Jahren mit lauter freudigen Anlässen überrascht hatte, nahm nun plötzlich eine andere Wendung. Mein Protektor, *Prof. Iwand*, war urplötzlich tot! Er erlag einer Gehirnblutung. Mein heiterer Himmel stürzte über uns zusammen. Vor seiner Reise nach Prag zur *Christlichen Friedens Konferenz* hatte er mit mir besprochen, dass er meine Arbeit durchsehen würde, wenn er aus Prag zurückkäme. Etwa drei Wochen waren bereits vergangen. Und es lag noch kein Bescheid von ihm vor. Erst in der Fakultät erfuhr ich, dass er wegen einer Gehirnblutung in eine Klinik eingeliefert worden sei. Sein Sohn Peter bestätigte es und fügte hinzu, dass sein Vater schon 20 Stunden lang bewusstlos sei. Wenn dieser Zustand länger als 28 Stunden andauere, werde eine ernste Behinderung eintreten.

Er war aus Prag sehr erschöpft nach Hause gekommen. Daraufhin fuhr er nach Paris, um ein paar Tage zu entspannen. Am ersten Abend nach seiner Rückkehr passierte es. Er stand ja bereits wegen seiner Zuckerkrankheit ständig unter ärztlicher Kontrolle. Vor allem hatte er vor seiner Abreise nach Prag eine schwere Auseinandersetzung mit dem *Verband der deutschen Heimatvertriebenen aus dem Osten* gehabt. Da der Verband verstärkt auf seinem Recht hinsichtlich Land und Besitz in Schlesien, Ostpreußen und Böhmen bestand, obwohl Deutschland im Ostvertrag auf alle deutschen Ansprüche verzichtet hatte, eskalierte die Spannung des Kalten Krieges immer mehr. In dieser Situation schrieb *Iwand* einen Leserbrief in der konservativen Zeitung *Die Welt* am 18.09.1959 zum „Recht auf Heimat“. Er rief den Verband der Heimatvertriebenen zum Frieden auf, anstatt Gebietsansprüche zu erheben und erinnerte an die Vergangenheit der deutschen Herrschaft dort. Daraufhin wurde er mit Hunderten von Protestbriefen, die ins Haus kamen, „bombardiert“. Er war ja auf den Gegenwind und die Reaktion der Unverbesserlichen gefasst: *Iwand* sei ein Freund von *Iwan*. Er sei ein Verräter der Nation und so weiter! *Iwand* ließ diese Kritik nicht auf sich beruhen. Er setzte sich an den Schreibtisch und schrieb Wochen lang viele Briefe an einzelne junge Menschen, die nicht genau wussten, worum es hier eigentlich ging. Er antwortete auf jede Frage, auf jeden Einwand und erwies sich darin als großartiger Pädagoge! In seiner letzten Lebenszeit wurde er sehr heftig theologisch und politisch herausgefordert.

Sein plötzlicher Tod schockte seine Mitstreiter im Westen wie im Osten so sehr! Er war zu der Zeit ja der führende Kopf, der viele mobilisiert hatte, die Grenze zwischen Ost und West in Europa zu überschreiten. Mit *Prof. Hromadka* hatte er die *Christliche Friedenskonferenz (*CFK) in Prag gegründet, die nicht nur die Ökumene aus der Reserve lockte, sondern auch die politischen Kräfte im Westen und Osten zum Ausgleich inspirierte. Die Ostpolitik *Willy Brandts*, die mit Moskau, Warschau und der DDR den Weg zur Entspannung Schritt für Schritt ermöglichte, wäre undenkbar gewesen ohne die Friedensarbeit *Iwands*.

Zu seiner Beerdigung in *Beienrode* waren fast alle prominenten Theologen aus West- und Osteuropa gekommen. *Beienrode* ist ein kleiner unbekannter Ortsteil von *Königslutter* im Landkreis Helmstedt in Niedersachsen. Gleich nach dem Ende des Krieges hatte *Iwand* dort eine Unterkunft in einem verfallenen Bauernhof an der Zonengrenze für die Flüchtlinge aus Ostpreußen und Schlesien organisiert. Aus diesem Flüchtlingslager wurden später ein Altenheim und zugleich eine Begegnungsstätte für Christen und Theologen aus Ost und West. Hier war auch die Geschäftsstelle des *Beienroder Konvents* beheimatet. Der Konvent setzte sich aus Theologen zusammen, die *Iwand* ausgebildet hatte. In *Beienrode* fand jedes Jahr eine Begegnung zwischen Christen und Marxisten aus Ost und West statt. Das waren die ersten „Grenzgänger“ in Deutschland. *Beienrode* wurde allmählich das Zentrum der theologisch-politischen Antibewegung gegen den Kalten Krieg in Europa.

Mein Gesamteindruck von der Beerdigung war, als sei ein General, der gerade an der Front befehligt hatte und dabei gefallen war, von seinen Soldaten zu Grabe getragen worden.

Sein plötzlicher Tod brachte meine (und seine) Pläne durcheinander. Meine Dissertationsarbeit, der *Iwand* nicht zum Abschluss verhelfen konnte, wollte *Prof. Helmut Gollwitzer* übernehmen, der auch bei der Beerdigung war. „Seine theologischen Nachlässe habe ich nun zu verwalten. Wenn Sie Ihre Doktorarbeit, die bei ihm nicht abgeschlossen werden kann, bei mir weiter machen wollen, bin ich gerne bereit. Allerdings müssen Sie zu mir nach Berlin kommen“, gab er mir mit auf den Weg.

Gollwitzer war mir gegenüber sehr zuvorkommend. Natürlich war er der Beste nach *Iwand*. Seine systematische Theologie konzentrierte sich auch auf den christlich-marxistischen Dialog. Wegen meiner Finanzlage konnte ich seinem Angebot nicht Folge leisten. Für mich kam als nächster *Prof. Walter Kreck* in Frage, der als Koreferent vorgesehen war. Er lehnte aber meine Anfrage höflich ab mit der Begründung, dass er als Reformierter meine Doktorarbeit über Luther nicht übernehmen könne. Ich war gezwungen, meine Arbeit vorläufig einzustellen. Mein Schicksal, dass ich ohne *Iwand* auszukommen hatte, traf mich hart. Ohne ihn und ohne Doktorarbeit besaß ich keine Chance, die Leitung des Ökumenischen Instituts in Bonn zu übernehmen.

Im August 1960 zog ich mit *Sun* nach Stuttgart, wo die *Arbeitsgemeinschaft der Evangelischen Jugend Deutschlands* (AE JD) mir die Stelle eines ökumenischen Mitarbeiters anbot.

Was ich von *Iwand* menschlich und theologisch erfahren und gelernt habe, kann ich kurz so zusammenfassen: Erstens strahlte von ihm menschliche Wärme aus, wie alle anderen bestätigen. Die Liebe zu Menschen trieb ihn zur Theologie und unter Einsatz seines Lebens zu politischem Handeln in der Nazi-Zeit und im Kalten Krieg. Zweitens war die Tiefe seiner Theologie beeindruckend. Da er von der Liebe Gottes, die in seinem *eingeborenen Sohn* offenbar wird (Joh. 3,16), ergriffen war, ist die Mitte seiner Theologie die *Christologie*. Und drittens muss ich die Weite seines Menschseins erwähnen. Er liebte die Welt von Europa. Er atmete die Kultur und Geschichte von Europa. Er respektierte natürlich auch andere Kulturen. Aber das europäische Erbe war ihm besonders nahe und vertraut. Kunst, Wissenschaft, Technik, Gesellschaft und Geschichte – all das gehörte für ihn dazu, war wie sein Eigenes. Er genoss dieses Erbe nicht nur, sondern er setzte sich damit auseinander, um es noch menschlicher zu kultivieren. Mit all dem hatte seine Theologie zu tun. Ohne die Kenntnis der Reformation und des europäischen Humanismus ist seine Theologie nicht zu begreifen. *Die Freiheit des Menschen zu bewahren*, bei dieser Maxime blieb er nicht stehen. Er ging weiter, indem er die Freiheit des Einzelnen im Verhältnis mit dem Anderen zu verstehen und zu gestalten versuchte. Das waren seine Theologie und sein Leben.

Zum Schluss muss ich seine Haltung zum *Kalten Krieg* erwähnen. Er betrachtete diese Auseinandersetzung nicht nur als politisch hegemonialen Konflikt zwischen den USA und der Sowjetunion. Er verstand sie vielmehr als interne Auseinandersetzung mit dem europäischen Humanismus. Das heißt wohl als einen Konflikt zwischen dem Kapitalismus und dem Sozialismus. Dieser Streit stand für einen Prozess im Humanismus, in dem der Begriff der *Freiheit vom Besitz zum Teilen* entwickelt werden sollte. *Iwand* akzeptierte die ideologische Auseinandersetzung zwischen Ost und West nicht, die sich gegenseitig mit einem absolutistischen Anspruch verteufelte. Deswegen hielt er eine gewalttätige Auseinandersetzung für höchst unakzeptabel und mahnte unermüdlich beide Seiten vor kriegerischer Eskalation. Er baute die Brücke des Dialogs zwischen den Fronten, indem er Moskau, Warschau, Prag und Budapest aufsuchte. Er war wirklich ein Gottesmann und ein wahrer Europäer. Mit seinem theologischen Werk hat er an der friedlichen Errichtung des gemeinsamen Hauses Europa wesentlich mitgewirkt.

2. Ökumenischer Mitarbeiter in Stuttgart

Die *Arbeitsgemeinschaft der Evangelischen Jugend Deutschlands* (AEJD) ist eine protestantisch-ökumenische Gemeinschaft für Jugendarbeit in der BRD, an der die Lutheraner, die Reformierten, die Methodisten und die Freikirchen beteiligt sind. Da alle Kirchen in Deutschland inmitten des Kalten Krieges sehr mit der Entspannung zwischen Ost und West beschäftigt waren, war die AEJD an meinem Beitrag als dem eines koreanischen Theologen, der persönlich den *Koreakrieg* durchgemacht und darunter gelitten hatte, sehr interessiert. Gleich nach dem Studium in *Bossey* erreichte mich eine Anfrage von der AEJD, ob ich nicht bereit wäre, für zwei Jahre als ökumenischer Referent mitzuarbeiten. Dazu gab ich meine grundsätzliche Zusage unter der Bedingung, erst nach Abschluss meines Studiums bei *Iwand* beginnen zu dürfen. Dieser fand auch gut, dass meine Erfahrung bei der AEJD für die für mich später vorgesehene Aufgabe beim Ökumenischen Institut in Bonn sehr nützlich sein könnte. Durch Iwands plötzlichen Tod wurde mein Antritt in Stuttgart auf Ende 1960 vorgezogen.

Meine Aufgabe bestand darin, der Evangelischen Jugend in Deutschland die sich rasch verändernde Situation in Asien zu vermitteln, die Lage im geteilten Korea mit dem ebenfalls geteilten Deutschland zu vergleichen und eine neue ökumenische Reflektion über die Zusammenarbeit zwischen Europa und Asien voranzutreiben.

In diesem Rahmen der Vermittlung hatte ich hauptsächlich Vorträge, Seminare und Predigten zu halten, zu denen ich von den sechs Landeskirchen eingeladen wurde. So musste ich jedes Jahr fast 150 Vorträge halten. Durch die dreijährige Praxis gewann ich einen unschätzbaren Einblick in die Wirklichkeit der verschiedenen Landeskirchen und lernte das Leben der Christen vor Ort kennen, was mir das Studium in den Fakultäten nicht hatte vermitteln können.

Meine Erfahrung und Erkenntnis in dieser Zeit kann auf folgende Weise zusammengefasst werden:

- Die geschichtliche Entwicklung der Evangelischen Kirche nach der Reformation war im Rahmen der verschiedenen Landesfürstentümer eine Entwicklung zur *Volkskirche* hin, die unter der Autorität der Landesherren stand, die gleichzeitig politische Regenten und kirchliche Oberhäupter waren. Sie fand ihre Fortsetzung bis zur Republik in einem *Konstantinischen Verhältnis* zwischen Staat und Kirche in Personalunion. Darum ist die Kirche als Institution sehr autoritär und hierarchisch.
- Der Begriff *Pfarrkirche* – im Munde der evangelischen Gemeinde genauso wie bei den katholischen Christen – enthält zwei Deutungen: Kirche wird als hierarchisch und als vom Pfarrer betreut verstanden – und viel weniger als eine Gemeinschaft von mündigen Christen in der Nachfolge Jesu.
- Das theologische Verständnis von Kirche (ekklesia) wird sehr statisch und dogmatisch verstanden. Begriffe, wie vom *Kommen des Reiches Gottes* und von der *Nachfolge Jesu*, sind kaum zu hören. Darum versteht man christliche Ethik vorwiegend als christlichen *Anstand.*
- Die große Mehrheit der evangelischen Christen in der BRD ist

antikommunistisch, da sie den Begriff *Freiheit* mehr auf den Besitz bezogen sieht als auf das Teilen. Dieses Verständnis bleibt in bürgerlichen Vorstellungen befangen.

• Das Missionsverständnis in den europäischen Kirchen ist nicht viel anders als zu Zeiten des Kolumbus. Es ist mir aufgefallen, dass die Kirchen und Missionen noch heute keine Selbstkritik üben angesichts der Tatsache, dass ein Großteil der Missionstätigkeit im Zusammenhang mit der imperialen Expansionspolitik Europas geschehen ist. Das Problem des Rassismus in Europa ist auch damit zu erklären, dass die christliche Mission nie frei von rassistischen Überlegenheitsvorstellungen war. Europäer täuschen sich hinsichtlich des Begriffsunterschieds, der zwischen *Kultur* und *Zivilisation* besteht. Sie leiten aus ihrer relativen zivilisatorischen Überlegenheit ihre rassische Überlegenheitsideologie ab.

• Die Deutschen in der BRD neigen dazu, die Problematik der Teilung Koreas immer unter dem Aspekt der Wirklichkeit des geteilten Deutschland zu betrachten.

a) Evangelischer Kirchentag

Gleich beim Antritt meines Dienstes bei der AEJD im Jahr 1961 erlebte ich zwei große Veranstaltungen nacheinander mit: den *Evangelischen Kirchentag* in München und das *Festival der Kommunistischen Jugend International* in Wien.

Nach dem Zusammenbruch von Nazi-Deutschland begründeten kritische Protestanten, die sich von der traditionellen autoritären Volkskirche, die das NS-Regime unterstützt hatte, enttäuscht sahen, eine Laienbewegung – gleichsam als Neuanfang der evangelischen Christenheit in Deutschland. In diesem Rahmen organisieren sie alle zwei Jahre einen Kirchentag abwechselnd in einer großen Stadt, wobei aktuelle Fragen an Kirche und Gesellschaft bzw. Staat diskutiert werden. Zahlreiche Jugendliche und auch kritische Theologen und Pfarrer sind daran beteiligt. Die Zahl der Teilnehmer wird durchschnittlich auf etwa eine halbe Million geschätzt.

Die zweite Bedeutung des Kirchentages liegt darin begründet, dass Christen aus West und Ost zusammenkommen, zusammentreffen. Es werden verschiedene Lebenswirklichkeiten ausgetauscht und intensiv nach Wegen der Koexistenz von West und Ost gesucht – wobei die Existenzberechtigung der Kirche in einer kommunistischen Gesellschaft nicht bestritten wird.

Der Kirchentag war und ist keine alleinige Angelegenheit der evangelischen Christenheit in Deutschland. Denn es werden immer viele Gäste aus der Ökumene eingeladen, so dass deutlich wird, dass er sich als Teil der Ökumene versteht und seiner ökumenischen Verantwortung gerecht zu werden versucht.

Beim Evangelischen Kirchentag im Juni 1960 in München wurde ich zur Mitarbeit des Vorbereitungskreises für Ökumene eingeladen, dem etwa zehn Fachleute angehörten. Darunter war der bekannte Journalist *Klaus Mehnert*, der durch und durch Antikommunist war. Er brachte den unmöglichen Vorschlag, das Christentum solle die Initiative ergreifen, eine *Allianz der Pan-Religionen* gegen die kommunistische Expansion zu formieren – zusammen mit Islam, Hinduismus und Buddhismus im Nahen Osten, Indien, Pakistan, Indochina und Indonesien, was ich natürlich nicht akzeptieren konnte. So war die allgemeine Situation damals. Auf dem Kirchentag 1972, an dem ich auch teilnahm, rückten Themen wie *die Koexistenz zwischen West und Ost* und *die Entwicklungspolitik für die Dritte Welt* in den Vordergrund. Der Kirchentag war und ist das Barometer des jeweiligen Zeitgeistes von Kirche und Gesellschaft.

b) Festival der Kommunistischen Jugend International in Wien

Während die ältere Generation es schwer hatte, von der Eskalation des Konflikts zwischen Ost und West frei zu kommen, suchten die jungen Generationen auf beiden Seiten eine friedliche Koexistenz. Das *Festival der kommunistischen Jugend International*, das jedes zweite Jahr in einem der sozialistischen Ländern stattfand, wurde im Juli 1960 zum ersten Mal im Westen – und zwar in Wien – veranstaltet, um über Entspannung und friedliche Koexistenz zwischen Ost und West zu diskutieren. Dazu wurden alle westlichen Jugend-Organisationen eingeladen. An der ehrlichen Absicht wurde anfangs bei vielen im Westen gezweifelt. Viele sagten, es wäre eine Taktik, den

Westen zu spalten. Es gab aber doch Einige, die statt Konfrontation für Koexistenz plädierten. Die AEJD, die bereits die Arbeit der *Christlichen Friedens-Konferenz* in Prag unterstützte, beschloss, als Beobachter (Observer) am Festival in Wien teilzunehmen.

So wurde ich als Delegierte der AEJD nominiert. Anderseits war mir bekannt, dass auch eine nordkoreanische Delegation teilnehmen sollte. Dies wäre ja für mich die erste Begegnung mit meinen Landsleuten aus Nordkorea nach dem Koreakrieg gewesen! Meine doppelte Aufregung konnte ich kaum bremsen. Obwohl Südkoreanern nach dem Anti-Kommunismus-Gesetz strikt verboten war, informellen oder persönlichen Kontakt mit dem Norden zu unterhalten, erlaubte ich mir als ökumenischer Mitarbeit der AEJD diese Begegnung zu wagen und dazu noch zwei südkoreanische Studenten mitzunehmen.

Zu diesem seltenen Festival im Westen kamen über 10.000 Teilnehmer aus Ost und West. Die große Veranstaltung fand in einer Messehalle an der Donau statt, während für alle Gruppenveranstaltungen ganz unterschiedliche Gebäude bis hin zum Theater in der Stadt zur Verfügung standen. Neben der größten Delegation aus der Sowjetunion präsentierte sich die chinesische Delegation mit 500 Personen, die auf dem Schiff-Hotel an der Donau untergebracht waren. Dieses sonderbare Auftreten der Chinesen rief nach außen den Eindruck hervor, dass die Chinesen sich nicht nur vor der westlichen Öffentlichkeit, sondern auch vor ihren sozialistischen Rivalen, den Sowjets, abzugrenzen versuchten. Die Spannung zwischen Stalin und Mao war ja in der ganzen Welt bekannt. Es sollte demonstriert werden, dass Peking eben einen anderen Sozialismus als Moskau propagiere. In der Tat gehörte der chinesischen Delegation eine Gruppe von christlichen Jungmännern (CVYM) an.

Pyongyang hatte eine Delegation von 200 Leuten entsandt. Es war nicht schwer, unsere Landsleute aus dem Norden ausfindig zu machen. Sie waren sehr vorsichtig und fragten sich, ob wir nicht mit dem CIA aus Seoul etwas zu tun hätten. Wien ist ja doch westlich geprägt, obwohl Österreich ein neutrales Land ist. Gegenseitiges Misstrauen überwog in unseren Begegnungen sieben Jahre nach dem Koreakrieg. Schließlich akzeptierten unsere Landsleute aus Nordkorea, dass ich kein Mitarbeiter vom südkoreanischen Geheimdienst war, sondern als Mitglied der Delegation von AEJD nach Wien gekommen war. Meine Hauptaufgabe war es, mich am Dialog zwischen Sozialisten und Christen im Rahmen dieses Festivals aktiv zu beteiligen. In diesem Zusammenhang machte ich ihnen klar, dass wir Entspannung brauchen und Südkorea auch in diesem Geiste voranbringen möchten. Unsere Landsleute aus dem Norden hielten an der Behauptung fest, dass die Kollaborateure mit der japanischen Besatzung in der Vergangenheit und die Proamerikaner in der Gegenwart im Süden entmachtet werden müssten, um auf der koreanischen Halbinsel einen unabhängigen und souveränen Staat zu etablieren.

Ein Abend in Wien hat mich stark beeindruckt, als der CVJM (Christlicher Verein Junger Männer) der chinesischen Delegation in einem kleinen Theater über „die Aufgabe der Christen in einem sozialistischen Staat" berichtete. Dazu kamen fast 500 westliche Zuschauer. Der Referent hieß Mr. Ro, Generalsekretär des CVJM in Schanghai, der etwa 7.000 Mitglieder zählte. Er berichtete u.a.: „Der Protestantismus in China ist meistens in der mittleren Klasse angesiedelt. Durch den Sozialismus ist uns Christen erst klar geworden, dass Jesus Freund der Armen war, und dass sein Gott der Gott für die Armen ist.... Wir, der CVJM, haben eine eigene *christliche Genossenschaft für Landwirtschaft* neben der staatlichen. Unsere Genossenschaft produziert viel mehr als die staatliche, weil wir freiwillig aus der Liebe heraus arbeiten. Darum respektieren Partei und Staat unseren Glauben und unsere Leistung."

Die westlichen, überwiegend christlichen Zuhörer, die Zuhause nur von negativen Meldungen der Medien über die sozialistische Praxis gegen Religion und Christentum gehört hatten – auch in China –, machten verdutzte Gesichter und waren überrascht, von einer anderen Wirklichkeit in einem kommunistischen Staat zu erfahren! Diese kleine christliche Minderheit, die im Westen unbekannt war, trug eine Botschaft vor, die einen Weg aus der ideologischen Sackgasse heraus aufzeigte und die uns eine schöpferisch neue Dimension der christlichen Liebe vor Augen stellte.

Die Überzeugung und Praxis dieser christlichen Minderheit, wonach das Verhältnis zwischen Christen und Sozialisten nicht feindlich, sondern geschwisterlich sein und sich damit gegenseitig bereichern könne, hat für die Geschichte vom sozialistischen China heute keinen geringen Beitrag geleistet. Es ist also kein Zufall, dass das kommunistische China von Anfang an den Protestantismus zugelassen, den Katholizismus aber erst viel später erlaubt hat.

In der letzten Nacht haben die Jugendlichen aus Ost und West am „Wiener Abend“ ausgiebig miteinander getanzt und gefeiert. In der Tat hat das *Festival der Kommunistischen Jugend International in Wien* die beiden Jugendverbände viel näher zueinander gebracht. Ich durfte auch eine unvergessliche Botschaft nach Hause mitnehmen, die später meinen Grenzgang zwischen Nord und Süd, zwischen den beiden Seiten meines Vaterlandes, sehr inspiriert hat.

c) Frage nach der „Mission“

Der Jugendpfarrer der westfälischen Landeskirche hatte mich zum Einsatz in seiner Landeskirche gebeten, wo ich für zwei Monate herumreiste. Allgemein war die Jugend an der anderen Welt sehr interessiert und offen, alles aufzunehmen, während die ältere Generation oftmals in alten Vorurteilen befangen blieb. Von Korea hatte man eine Vorstellung, die vom ehemaligen Bündnis mit Japan geprägt war. Die Problematik der Teilung Koreas wollte man meistens aus der deutschen Perspektive verstehen.

In Dortmund fand eine große Missionsversammlung statt. Dort habe ich zum ersten Mal den traditionellen Missionstag kennen gelernt. Auf dem Altar stand eine „Negerpuppe“, die als Sammelbüchse diente. Jedes Mal, wenn ein Groschen eingeworfen wurde, nickte das „Negerlein“ als Dank. Diesen Vorgang konnte ich kaum ertragen. Ich fühlte mich zutiefst beleidigt, obwohl ich kein Afrikaner bin. Aber wir Asiaten wurden auch von Europäern missioniert. In meiner anschließenden Predigt brachte ich meine schonungslose Kritik an dem Missionsbewusstsein und der Praxis der europäischen Mission zum Ausdruck: „Ich habe heute zum ersten Mal kennen gelernt, wie europäische Christen ihre missionierten Kirchen in der Dritten Welt behandeln. Europäische Kirchen haben die Mission in Afrika, Asien und Lateinamerika immer mit einer doppelten Karte betrieben: nämlich durch Kolonisation und Wohltätigkeit (Almosen). Es gibt kein Beispiel der christlichen Mission ohne Kolonialismus. Seit *Christoph Kolumbus* (1446-1506) segelten die Kolonialmächte Europas mit Kanonenschiffen zu drei Kontinenten durch vier Ozeane und eroberten die Länder von schwachen Völkern, beuteten ihre Reichtümer aus und machten sie zu ihrer Kolonie und ihren Sklaven. Dann kamen die Missionare und machten die Sklaven mit *Bibel und Almosen* zu gehorsamen Untertanen.

Die Mission aus dem christlichen Abendland gibt dabei in ihren Predigten immer ihren Beweggrund mit der Aussendung der Jünger durch Jesus an: „Gehet hin in alle Welt und predigt das Evangelium aller Kreatur. Wer da glaubt und getauft wird, der wird selig werden; wer aber nicht glaubt, der wird verdammt werden“ (Markus 16,15f).

Wir Missionierte fragen die Kirchen im christlichen Abendland im Ernst, erstens, ob die Expansion der europäischen Koloniemächte *wirklich* „in alle Welt gegangen war“, um „das Evangelium Jesu“ zu predigen, und zweitens, ob ihre Kolonisation *wirklich* damit zu tun hatte, „alle Völker zu Jüngern Jesu zu machen“ (Mathäus 28, 19)? Wir haben niemals und nirgendwo gehört, dass die europäische Mission diesen antichristlichen Vorgang selbst kritisch reflektiert.

Die missionierten Kirchen in den Kolonien sind nach der gleichen Struktur bzw. nach den Konfessionen der Expansionsländer geformt: entsprechend der römisch-katholischen, der anglikanischen, der lutherischen, der reformierten, der methodistischen Kirche, entsprechend der russischen Orthodoxie usw. Wir, die Kolonisierten und Missionierten, sind nicht Jünger Jesu, sondern Sklaven bzw. Jünger der Kolonialländer. Wir, die Missionierten, fragen euch, die Missionskirchen im christlichen Abendland, ob ihr das Evangelium für die Armen und Schwachen als Befreiung jeglicher Sklaverei verstanden habt? Dann hättet ihr eure Mission zuerst in euren eigenen Ländern aktivieren und der Kolonisation gegenüber einen deutlich kritischeren Abstand halten müssen. Erst so wäre durch eure Mission das Evangelium als wirkliche Befreiung von aller Knechtschaft zu uns gekommen. Aber eure Missionsgeschichte ist anders verlaufen. Eure Mission war und ist keine Evangelisation, sondern Christianisierung. Europa hat das Evangelium vom Christentum so entfremdet, dass das Christentum die Überlegenheit und Herrschaft der weißen über die farbige Rasse theologisch sanktionierte.

Ich finde auch hier, wo das *nickende Negerkind* auf eurem Missionstag noch so eine Rolle spielt, dass der Grundzug europäischer Mission als Gehilfe europäischer Herrschaft der alte geblieben ist.

Gott sei Dank, wir falsch Missionierten sind inzwischen durch das Evangelium Jesu mündig geworden und imstande, die europäische Missionsgeschichte seit Kolumbus kritisch analysieren zu können. Wir wollen euch gegenüber nicht mehr *die Missionskirchen* oder *junge Kirchen* sein. Wir sind jetzt in einer *ökumenischen Gemeinschaft*. Unsere und eure Kirchen befinden sich in einer *ökumenischen Partnerschaft*, wo gegenseitige Unterstützung angesagt ist, aber keine Almosen mehr.

Ich werde ab sofort am Missionstag nicht mehr teilnehmen, wo diese nickenden Negerkinder aufgestellt werden."

Meine schonungslos kritische Predigt musste auf die Anwesenden in der Missionsversammlung wie eine Bombe gewirkt haben! Ich nehme an, dass sie nie eine so harte Stimme über die europäische Mission von einem auswärtigen Gast gehört hatten. Seitdem wurde ich in der Tat nie mehr zu einer Missionsversammlung eingeladen. Glücklicherweise ist diese bedenkliche Sitte mit den nickenden Negerkindern bald aus der Szene verschwunden. Zu meiner Überraschung begegnete ich der Evangelischen Jugend in Bayern, die sich bereits ökumenisch und weniger missionarisch ausgerichtet hatte. Wie in anderen Landeskirchen auch wurde mein Besuchsdienst für einige Wochen in der bayerischen Landeskirche vom Landesjugendpfarrer organisiert.

Zum Abschluss meines Einsatzes kam ein unerwarteter Vorschlag aus der Jugend, nämlich eine Aktion für den *medizinischen Dienst von christlichen Medizinstudenten in Seoul* für ein Jahr durchführen zu wollen. Ich hatte über dieses Arbeitsfeld während meines Aufenthaltes berichtet. Nach dem Koreakrieg wollten sich christliche Studenten freiwillig für den Aufbau des Landes einsetzen. Die medizinische Versorgung war vor allem auf dem Lande verheerend. Da organisierte besonders der christliche Medizinstudentenkreis in der Hauptstadt jedes Wochenende einen freiwilligen Dienst auf dem Land. Dieser freiwillige Einsatz der Medizinstudenten erntete große Anerkennung, nicht nur bei der ländlichen Bevölkerung. Das Vorbild bewirkte weitere zahlreiche andere *Freiwilligen Aktionen*. Ein theologischer Berater dieses Kreises, der mir gelegentlich von den Aktivitäten berichtete, schrieb mir einmal, dass der angewachsene Kreis seinen Dienst noch erweitern könnte, wenn er mit Fahrzeugen ausgestattet würde.

Also sammelte die Evangelische Jugend in Bayern ein Jahr lang Spenden zur Anschaffung eines VW-Busses, der mit einer vollständigen Ambulanz ausgestattet war. Im Sommer 1962 verschiffte die Evangelische Jugend in Bayern das kostbare Geschenk mit einer Kiste von Medikamenten nach Seoul. Ein halbes Jahr später empfing der Volontärkreis der Medizinstudenten diese dankbare Unterstützung und Solidarität. Damit wurde sein ländlicher Dienst enorm erweitert. Diese hervorragende ökumenische Zusammenarbeit kam unzählig vielen Menschen der armen Landbevölkerung in Korea zugute. Regelmäßig schickten die Medizinstudenten Berichte nach Bayern, um Einblick zu geben in ihre Arbeit – in die erweiterten Einsätze und in die zusätzlichen mobilen Möglichkeiten hinsichtlich der Gesundheitsversorgung auf dem Land. Diese Rückmeldungen erfreuten die Geber und bestärkten ihre ökumenische Sensibilität. Im Vergleich mit der traditionellen Missionspraxis, in der die Geberkirchen die missionierten Kirchen durch Almosen weiter in unmündigen und abhängigen Verhältnissen beließen, war das ökumenische Verhältnis zwischen den Missionskirchen und den Missionierten der richtige Weg, mündige und partnerschaftliche Beziehung aufzubauen – wobei wichtig blieb, alle Hilfe in Selbsthilfe umzumünzen.

Im Rückblick bin ich froh, dass mein Einsatz als ökumenischer Mitarbeiter in den Evangelischen Landeskirchen in Deutschland dazu beigetragen hat, den Wandel von einem traditionellen Missionsverständnis hin zu einem ökumenischen Bewusstsein zu befördern.

d) Operation unseres ältesten Sohns

Sun hatte eine schwierige Zeit in Stuttgart. Der schwäbische Dialekt und die schwäbische Mentalität hatten ihr das Einleben nicht leicht gemacht. Da ich ständig unterwegs war – im Jahr waren durchschnittlich etwa 150 Vorträge zu halten –, musste sie allein in der Fremde zurechtkommen. Als sie zu mir nach Deutschland kam, hatte sie vorgehabt, ihr wegen des Koreakrieges abgebrochenes Theologiestudium hier fortzusetzen. In Tübingen hatte sie sich eingeschrieben und fuhr jeden Tag mit der Bahn zu Vorlesungen. Außerdem hatte sie Lust, ihre gestalterische Begabung auf die Probe zu stellen. Bei dem Wettbewerb einer Amateurmodenschau mit eigener Schneiderei gewann sie den dritten Preis im Regionalwettbewerb und den gleichen Preis in der Bundeswahl in Baden-Baden. Besonders ihre Sorge um unsere zwei Kinder, die ohne Eltern bei meinen Schwiegereltern zurückgelassen waren, begleitete sie Tag und Nacht, selbst wenn wir nun monatlich einen bestimmten Betrag nach Korea überweisen konnten.

Eines Tages kam eine ernste Mitteilung von meinen Schwiegereltern in unser Haus. Der Gesundheitszustand von Tschi, unserem ältesten Sohn, der in seinem zweiten Lebensjahr an einer Kinderlähmung am rechten Unterschenkel gelitten hatte, wurde sehr ernst. Beim Wachstum des 12-jährigen Jungen entwickelte sich der erkrankte Unterschenkel nicht. Das Fußgelenk war gelähmt, so dass der Fuß nicht mehr gestreckt werden konnte; infolgedessen lag seine rechte Hüfte höher, es bestand also die Gefahr, dass schließlich die Wirbelsäule geschädigt würde.

Vor diesem Hintergrund haben wir bei der Orthopädischen Klinik in Tübingen vorgesprochen. Der Chefarzt war der Meinung, dass eine maximale Korrektur bei unserem Sohn bis zum 13. Lebensjahr möglich sei. Im Frühling 1962 holten wir ihn nach Tübingen. Wir vertrauten dem angesehenen Spezialisten die Operation an. Er ersetzte die gelähmte Achillesferse des rechten Fußes durch ökologisches Material, damit die Stellung des Fußes auf dem Boden gerade wurde. Dadurch wurde die schiefe Hüftstellung horizontal. Nach vier Wochen konnte er entlassen werden. Wir waren alle glücklich, dass für Tschis Gesundheit das Maximale rechtzeitig getan worden war. Er kann heute normal laufen und auch Fußball spielen.

Im Herbst 1962 beendete ich meinen Dienst in Stuttgart. Anschließend wollten wir nach Korea zurückgehen. Wir haben uns mit dem Bischof der Methodisten Kirche in Korea in Verbindung gesetzt. Er antwortete, er sei nicht imstande, mir eine Gemeinde oder Stelle zur Verfügung zu stellen, aber der Heilige Geist würde mir den Weg zeigen. Ich musste nun einsehen, dass sich während meines langen Studienaufenthalts in Deutschland das Verhältnis zwischen meiner Mutterkirche und mir sehr entfremdet hatte.

Da mein Rückkehrplan in eine ungewisse Zeit geraten war, habe ich mich mit *Prof. Ernst Wolf* in Göttingen in Verbindung gesetzt, ob er bereit wäre, meine theologische Dissertation, die bei Prof. Iwand durch seinen Tod nicht abgeschlossen werden konnte, anzunehmen. Er kam mir sofort entgegen mit aller Freundlichkeit und seiner bekannten wissenschaftlichen Detailarbeit, indem er sagte, dass er verpflichtet sei, alle Schüler von Iwand als seinem engsten Kollegen aufzunehmen. Er hatte dem Kirchenkampf gegen das Hitlerregime zusammen mit Karl Barth, Hans Joachim Iwand und Helmut Gollwitzer angehört und profilierte sich als Kirchengeschichtler in der Nachkriegszeit Deutschlands. Allerdings machte er mir den Vorschlag, das erste Kapitel meiner Dissertation „Gesetz und Evangelium nach dem Galaterbrief Luthers 1519“ mit den folgenden Fragestellungen zu ergänzen: Verständnis von Gesetz und Evangelium bei *John Wesley* – und das gleiche bei *N.J. Zinzendorf* als Übergang von Wesley zu *Luther*. Seine unerwartete Ermutigung führte uns zu ihm nach Göttingen. Bereits in unserer Stuttgarter Zeit hatte ich ja schon versucht, *Prof. Hermann Diem* in Tübingen nach seinem Rat über meine theologische Arbeit zu fragen. Denn auch er hatte zu der theologischen Diskussion über Luther sehr viel geschrieben und zwar Kritisches hinsichtlich des orthodoxen Luthertums.

Als ich ihn in Tübingen aufsuchte, war er sehr sympathisch und offen. Er fragte mich: „Warum sind Sie in unseren deutschen Irrgarten hineingekommen? Ein Lutheraner sagt: *Das ist Luther*, und ein anderer behauptet: *Das ist Luther*. Ich habe mich mit Luther lebenslang beschäftigt. Nun habe ich keine

Lust mehr, so weiter zu machen. Ich stehe Ihnen, Herr Lie, nicht zur Verfügung, wenn Sie bei mir über Luther schreiben wollen. Aber ich lasse mich gerne darauf ein, wenn Sie mit mir zu-sammen über „das prophetische Amt der Kirche" arbeiten wol-len."

Als wir uns in einer Baracke des Flüchtlingslagers in Friedland bei Göttingen niederließen, bekamen wir im April 1963 unsere Tochter *Susanne*, die zu früh geboren kaum ein Kilogramm wog. Es kostete uns viel Zeit und Mühe, das kleine Kind gesund zu versorgen. Möhren und Spinat mussten wir im Garten produzieren, um besonders Eisen- und Vitaminwerte zu erhöhen. Trotzdem setzte Sun – ihre Mutter – ihr Studium in Göttingen fort, indem sie jeden Tag mit der Bahn zwischen Friedland und Göttingen pendelte. Tschi musste auch jeden Tag zum Gymnasium nach Göttingen fahren. Am 3. November 1964 wurde ein gesunder Junge, *Johannes*, geboren.

Wir hatten plötzlich eine große Familie mit fünf Personen. Unsere kleinen Ersparnisse reichten nicht mehr aus. Der Abschluss meiner Arbeit verzögerte sich immer mehr. Unerwartet kam eine Anfrage aus der Rheinischen Landeskirche, ob ich bereit wäre, Landsleute von mir, die als Krankenschwestern und als Bergleute seit 1965 in großer Zahl in Nordrhein-Westfalen eingesetzt waren, seelsorgerlich zu betreuen. Da ich keine andere Alternative hatte, nahm ich das Angebot an. Im Herbst 1965 zogen wir nach Duisburg, wo eine Dienstwohnung zur Verfügung stand. So musste ich leider endgültig den Versuch aufgeben, meine Dissertation abzuschließen.

3. Studentenpfarrer in München

Die Zeit als Studentenpfarrer in München hat dazu beigetragen, dass ich eine weitere Grenze zur so genannten „Dritten Welt", besonders zu Afrika, überschreiten konnte. Da habe ich die Gelegenheit gehabt zu erkennen, dass die Frage der Dritten Welt einer ganz anderen Dimension angehört als die kulturelle von Okzident und Orient oder die ideologische von Ost und West. Hier handelte es sich um die Frage des zivilisatorischen bzw. materiellen Entwicklungsunterschieds der Menschheit, wobei die entwickelten Länder bzw. Industrieländer als „Erste Welt" die Entwicklungsländer als „Dritte Welt“ beherrschen und ausbeuten.

Das Verhältnis von Herrschaft und Abhängigkeit musste ich theologisch intensiv reflektieren.

In München, der Hauptstadt Bayerns, gab es die Universität, die Technische Universität, die Pädagogische Hochschule, die Kunst-, die Musik- und Landwirtschafts-Hochschule sowie verschiedene Fachschulen – mit insgesamt über 6.000 ausländischen Studenten, wovon die Hälfte aus der Dritten Welt kam. Drei Kontinente, Lateinamerika, Asien und Afrika, wurden in dieser Stadt von jeweils ca. 1.000 jungen Menschen studentisch vertreten. Da die Studenten aus Lateinamerika ausschließlich katholisch waren, wurden sie von der *Katholischen Hochschul-Gemeinde* (KHG) betreut, während die *Evangelische Studenten-Gemeinde* (ESG) hauptsächlich die Studierenden aus Afrika und Asien zu betreuen hatte. Ich war also als Studentenpfarrer für diese beiden letzteren Gruppen zuständig.

Der Oberkirchenrat der Evangelisch-Lutherischen Landeskirche in Bayern hatte bei meiner Berufung eine bestimmte Erwartung. Angesichts der politischen Grundströmung der ESG hoffte die Kirchenleitung, dass ich mich als älterer Pfarrer mehr seelsorgerlichen und theologischen Aufgaben widmen würde. Gewiss war ich mir dieser doppelten Aufgaben völlig bewusst. Aber ich wollte vor allem meine Verantwortung als Anwalt der Studenten aus der Dritten Welt wahrnehmen, statt Seelsorger und Betreuer der Kirche der Industrieländer zu sein. Diese theologische Grundeinstellung meinem Amt gegenüber, die ich nicht im Namen der Landeskirche, sondern des Evangeliums vereidigte, versuchte ich in der Predigt des Einführungsgottesdienstes deutlich zu machen. „Was heißt das für uns heute, wenn mein Predigttext (Kolosser 1,13-14) sagt: Er hat uns errettet von der Macht der Finsternis und hat uns versetzt in das Reich seines lieben Sohnes, in dem wir die Befreiung haben, nämlich die Umkehr der Vergangenheit? Wenn die Mehrheit der Menschheit noch unter der Hungersnot leidet, wo können wir noch außerhalb der Auseinandersetzung zwischen Kapitalismus und Sozialismus einen Ausweg finden? Der indische Wirtschaftswissenschaftler *Palmer* fragte bei der vierten Vollversammlung der Ökumene in Uppsala/Schweden 1968, wie wir den Weg zur Entwicklung der gerechten Weltwirtschaft finden, wenn die politische Struktur eines einzelnen Staates nicht auf einer sozialen Gleichheit und gerechten Wirtschaft basiert?“ Der Oberkirchenrat, der bei meiner Amtseinführung anwesend war und meine Predigt hörte, war sehr enttäuscht und sagte später ironisch: „Wir dachten, wir hätten einen christlichen Pfarrer berufen, aber es kam ein Partisan von der roten Armee Maos.“ So begann meine neue Aufgabe von Anfang an spannungsreich.

a) Zimmervermittlung

Ich musste meine seelsorgerische Aufgabe ganz von unten anfangen. Als ich zum ersten Mal ins Büro der ESG eintrat, war das Zimmer nur mit afrikanischen Studierenden gefüllt. Ihr einziges Anliegen war Zimmervermittlung. Sie hatten alles versucht, um ein Zimmer zu finden und waren alle gescheitert. Sie baten uns, ihnen dabei zu helfen. Ich konnte mir das zuerst nicht vorstellen. Denn bei asiatischen Studenten gab es nicht diese Schwierigkeiten. Sie erzählten mir immer die gleichen Geschichten: „Sobald und so früh wie möglich klingelten wir aufgrund von Zeitungsanzeigen an der Haustür der Vermieter, aber wurden immer wieder mit dem gleichen Wort abgelehnt: „Es tut uns leid. Das Zimmer ist bereits vergeben!“ Aufgrund der Berichte von betroffenen Afrikanern und der Anzeigen aller vier oder fünf Tageszeitungen in München konnte ich die schwierige Situation der Studenten aus Afrika bald einschätzen.

Die Anzeigen enthielten immer den gleichen Satz: *Zimmer auch für ausländische Studenten, aber keine für schwarze.* Daraufhin haben wir im Namen der ESG an alle Gemeinden geschrieben, sie möchten dringend bei der Zimmersuche helfen. Verbale Unterstützung von Gemeinden bekamen wir, aber praktisch geschah nichts. Allgemein sagte man, die Bevölkerung in München habe ein gewisses kulturelles Niveau. Sie schätze die asiatische Kultur, aber habe das Vorurteil, Afrikaner hätten keine Kultur. Angesichts dieser Lage musste ich einen Versuch machen. Die ESG wendete sich mit ihrem Namen offensiv an alle Zeitungen und warb ausdrücklich um Zimmer für afrikanische Studenten.

Das Ergebnis war sehr mager. Wir haben an die internationale Kulturoffenheit der Stadt appelliert. Schließlich haben wir die Münchner Bevölkerung auf die neue Verantwortung hingewiesen, dass Deutschland beim Entkolonialisierungsprozeß der Dritten Welt ein besonderes Ansehen genießen würde. Viele der afrikanischen Studenten aus den einst englisch-französischen Kolonieländern waren in dem Bewusstsein nach Deutschland gekommen, sich von der kulturellen bzw. sprachlichen Abhängigkeit ihrer eigenen kolonialen Vergangenheit gegenüber zu lösen. Sie hätten in Frankreich oder England das Studium viel leichter bewältigen können. Um ihrer totalen Befreiung willen wollte die junge afrikanische Generation in Deutschland studieren, wo sie glaubte, keiner Belastung ausgesetzt zu sein. Es wäre für Deutschland ein großes Vertrauensdefizit und eine große Verantwortungslosigkeit gegenüber dieser jungen Generation aus Afrika, wenn diese einmalige Chance als gutes Gastgeberland verspielt würde. Alle Versuche, durch Medien und Kirche, an die Bevölkerung in München und Umgebung zu appellieren und ihr die Verantwortung den afrikanischen Gästen gegenüber zu vermitteln, scheiterten allerdings.

Die Provinzialität und Introvertiertheit der Münchner hatten mich durch und durch „überzeugt“.

Als letzten Versuch probierte ich eine Aktion mit etwa dreißig deutschen und afrikanischen Studenten. Um unmittelbaren Kontakt zu den Bürgern herzustellen, hatten wir einen Kaffeestand mitten in der Stadt, auf dem Stachus, mit einem Transparent aufgestellt, worauf der Satz stand: „Sie mögen doch schwarzen Kaffee gern! Wie stehen Sie zu schwarzen Studenten?“. Während der drei Tage dauernden Aktion haben wir etwa tausend Passanten mit Kaffee bedient, um ins Gespräch zu kommen. Unsere Gesprächspartner waren einmütig nicht gegen Afrikaner. Sie wären aber abhängig von ihren Familien und Nachbarn, die nicht bereit wären, Afrikaner als Untermieter aufzunehmen. Am letzten Tag beteiligte sich der Oberbürgermeister in München, Hans-Jochen Vogel, höchst persönlich an unserer Kundgebung wie auch der *Bayerische Rundfunk* und das *Bayerische Fernsehen* und appellierten an alle Bürger, Gastfreundschaft zu üben. Diese Aktion brachte einen sehr bescheidenen Erfolg: Nur sieben Familien meldeten sich, die bereit waren, an afrikanische Studenten Zimmer zu vermieten. Ich musste mich nun mit der Wirklichkeit der Bevölkerung von München abfinden, nachdem ich ein Jahr lang viele Versuche unternommen hatte.

Da ich nun mit meinem Latein am Ende war, ermutigte ich die afrikanischen Gäste zu eigenen Initiativen. Sie selbst sollten die Initiative ergreifen, um das Verhältnis zwischen Münchnern und Afrikanern zu ändern. Als meinen Beitrag dazu formulierte ich *10 Gebote* und überreichte sie jedem Studenten aus Afrika. Das 7. Gebot z.B. lautete: *Es wäre gut, wenn Sie den Geburtstag ihres Vermieters notieren, ihn nicht vergessen und einen Strauß Blumen überreichen würden. Ihr Vermieter wird sich darüber freuen und Sie zuerst als einen netten Mitmenschen empfinden. So wird eine Veränderung eintreten.* Das 10. Gebot lautete: *Bitte laden Sie Ihren Vermieter öfter zu Ihren Kulturveranstaltungen ein! Dann wird er Sie besser verstehen und sich Ihnen langsam öffnen.* Ich weiß nicht, inwieweit mein Katechismus den Studenten geholfen hat, aktiv und initiativ zu werden bei der gegenseitigen Verständigung und Öffnung zwischen schwarzen Studenten und alpenländischen Münchnern. Ich bin sehr neugierig und wüsste gerne, wie weit das Verhältnis beider Seiten heute entwickelt ist.

b) Studentengottesdienst

Es war sehr eigenartig in München, dass man den Gottesdienst *Universitätsgottesdienst* nannte, wenn die Theologieprofessoren predigten, während er *Studentengottesdienst* hieß, wenn Studentenpfarrer ihn mit Studenten gestalteten.

Angesichts der Wirklichkeit von Rassismus in München waren der Beschluss und die Konsequenz der 4. Vollversammlung des Ökumenischen Rates der Kirchen in Uppsala, Schweden, für mich das große Anliegen. In Uppsala wurde im Juli 1968 u. a. besonders das Problem des Rassismus behandelt und beschlossen, den Anti-Rassismus als wichtigste Aufgabe der Ökumene wahrzunehmen und als einen konkreten Schritt, den *Sonderfonds für das Anti-Rassismus-Programm* einzurichten. Der Fonds sollte von allen Kirchen und Institutionen aufgestockt werden und zur Befreiung der Schwarzen von der Herrschaft der Weißen in Afrika beitragen.. Die EKD erklärte sich aber aus folgenden Gründen offiziell dagegen: erstens, weil der Befreiungskampf mit Gewalt aus christlicher Sicht nicht zu unterstützen sei, und zweitens, weil die bestehende Ordnung unter der weißen Herrschaft mit göttlicher Legitimität ausgestattet sei. Diese bedenkliche theologische Begründung pflegte sie besonders mit einem Text aus dem Römerbrief, nämlich mit Römer 13,1-7, zu belegen.

Um diese theologisch bzw. exegetisch falsche Auslegung zu attackieren, bereitete ich einen Studentengottesdienst mit einem Kreis von Studenten zu Römer 13 vor. „Jedermann sei untertan der Obrigkeit, die Gewalt über ihn hat. Denn es ist keine Obrigkeit außer von Gott; wo aber Obrigkeit ist, die ist von Gott angeordnet“(13,1).

Unser Gottesdienst stellte folgende Fragen:
• Mit Gewalt haben die Weißen den schwarzen Kontinent besetzt, kolonisiert und die Schwarzen zu Untertanen gemacht. Ist diese Gewalt von Gott angeordnet?
• Wenn die Schwarzen sich von der weißen Knechtschaft mit Gewalt befreien wollen, ist das Gewalt gegen Gott?
• Die Mehrheit der Deutschen Christen gehorchte der Naziherrschaft als Anordnung Gottes, während eine kleine Minderheit von Christen den Gehorsam gegenüber jenem Gewaltregime verweigerte und zum Teil mit Gewalt gegen die Obrigkeit gekämpft hat. Was ist unser theologisches Urteil dazu heute? War die Verweigerung des Gehorsams gegen die „böse“ Obrigkeit damals die Widersetzung gegen Gott, die aber heute als „Lob Gottes“ (V.3) verstanden wird?
• Was ist das „Gewissen“ (V.5), das „böse“ und „gute“ Obrigkeit zu unterscheiden vermag?
• Wir müssen heute in einer demokratischen Gesellschaft die Begriffe von „Befehl und Gehorsam“ nicht mehr gelten lassen, sondern stattdessen „Recht und Pflicht“. Denn die demokratische Gesellschaft ist konstruiert nicht durch das senkrechte Verhältnis von „oben und unten“, sondern durch das horizontale Verhältnis von „nebeneinander und miteinander“.
• Unser Gottesdienst versuchte schließlich, das Verhältnis von „Glaube und Politik“ nicht als Instrument einer Entziehung von

politischer Verantwortung des Christen aufzuzeigen. Gläubige Christen sollten sich nicht in eine innere und private Sphäre zurückziehen und die gesellschaftliche Entscheidung den Mächtigen überlassen.

Die Fürbitte, die der Studentenkreis formulierte, lautete: „Herr, wir bitten Dich für unsere Kirchenleitung um den Mut, für den Befreiungskampf der Schwarzen von der weißen Herrschaft in Afrika mit Eindeutigkeit einzutreten – trotz der Gefahr eines Massenaustritts der Kirchensteuerzahler aus der Kirche!".

Am nächsten Tag wurde ich zum Oberkirchenrat zitiert. Der Oberkirchenrat, der unserem Gottesdienst beigewohnt hatte, sagte mir telefonisch: „Es war für mich kein Gottesdienst, in dem wir alle gemeinsam beten konnten. Es war für mich eine Gerichtsverhandlung, die die Kirchenleitung moralisch aburteilte. Da Sie für den Gottesdienst verantwortlich sind, erwarten wir Ihre Erklärung." Da ich mit solch einer autoritären Haltung des Oberkirchenrates nicht einverstanden war, legte ich diese Angelegenheit vor der Sitzung dem Kollegium von Studentenpfarrern vor und fragte nach ihren Meinungen, indem ich meine Standpunkte bzw. meine theologischen Prinzipien klar machte; dazu gehörte, dass ich als ordinierter Pfarrer dem Oberkirchrat wegen einer Predigt keine Rechenschaft schuldig war, sondern allein dem Evangelium gegenüber. Alle Ansichtsunterschiede zwischen den Besuchern und dem Pfarrer sollten in einer Form von Diskussion oder Dialog ausgetauscht werden, und zwar im Gemeinderaum. So eine Diskussion sollte in der Gemeinde öffentlich stattfinden. Selbst wenn alle Kollegen meine Standpunkte teilten, empfahlen sie mir, die Zitierung nicht als „Bestellung" zu verstehen, sondern als Einladung zum Gespräch.

Das empfahlen sie als Pfarrer dieser hierarchisch geprägten Landeskirche, denen solch autoritärer Umgang nicht fremd war. Schließlich schlugen sie mir einen Kompromiss vor, nämlich zum „Gespräch" einen studentischen Vertreter als Begleiter mitzunehmen.

Nach jenem Vorfall blieb ich bis auf weiteres von solch schlechter Sitte verschont. Aber ich machte mich mit dem Gedanken vertraut, München möglichst bald zu verlassen.

c) Vietnamkrieg

Nach dem ersten Semester musste der ausländische Studentenkreis einsehen, dass die Probleme in Asien und Afrika sehr verschieden waren, so dass von nun an zwei Studentenarbeitskreise, AK Afrika und AK Asien, getrennt aufgestellt wurden.

Afrikaner beschäftigten sich hauptsächlich mit der Frage der „Befreiung von kolonialistischer Abhängigkeit" – sei es politisch oder wirtschaftlich, während asiatische Studenten, die das koloniale Verhältnis längst hinter sich hatten, am Aufbau eines nationalen Staates, der Bekämpfung der Diktatur und an einer Alternative zwischen Sozialismus und Kapitalismus interessiert waren.

Vor allem beschäftigte sich unser Studentenkreis aus Asien – dazu gehörten Vertreter aus Indien, Indonesien, Thailand, Philippinen, Vietnam, Taiwan, Südkorea und Japan – mit dem Vietnamkrieg. Sie fühlten sich mitschuldig, weil ihre Länder den imperialistischen Krieg der USA gegen Vietnam auf verschiedene Weise unterstützte: *Japan* produzierte die „barbarischen" Napalmbomben für die Amerikaner, die das internationale Gewissen als Abscheulichkeit anprangerte, und beförderte damit den zweiten Wirtschaftsboom Japans – ähnlich wie beim Koreakrieg. Südkorea entsandte vier Divisionen seiner Armee nach Vietnam, die bei den Vietnamesen als brutalste und am meisten gefürchteten Feinde fungierten, um amerikanische Devisen zu erlangen. Und Thailand, die Philippinen und Indonesien stellten den Amerikanern Flughäfen für Jagdbomber und militärische Depots zur Verfügung.

Für den asiatischen Studentenkreis war es sehr beschämend, dass diese Länder ihre kulturelle Identität und die asiatische Solidarität preisgaben und den barbarischen amerikanischen Soldaten ihre jungen Mädchen als Trostfrauen verkauften, um amerikanische Devisen zu verdienen.

Der „Buddhistische Vietnam-Studentenbund" vermittelte uns immer wichtige Informationen und Erkenntnisse, die der westlichen Propaganda entgegenstanden: Die absolute Mehrheit von Vietnamesen sowohl aus dem Norden wie aus dem Süden, seien es Sozialisten oder Buddhisten, sei gegen den amerikanischen Imperialismus. Die „Vietkong", die die Amerikaner am meisten fürchteten, seien keine rein kommunistischen Guerillakämpfer, die aus dem Norden nach Süden eingeschleust würden, wie es uns im Westen immer gesagt werde, sondern eine selbständige „Resistance" in Südvietnam gegen die amerikanische Aggression. Sie beständen aus Buddhisten, Sozialisten und anderen patriotischen Gruppen.

Eines Tages rief bei mir eine schreckliche Nachricht des Vietnam-Studentenbundes sehr große persönliche Betroffenheit hervor. Danach machten die koreanischen Soldaten bei der vietnamesischen Bevölkerung eine Horrorfigur, sie seien brutaler als die Amerikaner, so dass weinende Kinder sofort aufhörten, wenn man ihnen sagte: „Da ist ein Koreaner!" Eine koreanische Division heiße entsprechend „Wilder Tiger". Nicht nur der Name, sondern die Taten von Koreanern hinterließen in Vietnam eine grausame Narbe zurück – vergleichbar mit dem, was die Japaner in Korea bei der ersten Invasion (2. Hälfte des 15. Jahrhunderts) anrichteten, als sie tausende Ohren und Busen der Frauen als Trophäen nach Hause mitnahmen, die bis heute in einem Denkmalsgrab (Mimizuka,耳稼) in Kyoto aufbewahrt sind.

Der Vietnamkrieg, den die USA ohne Kriegserklärung angezettelt hatten, dauerte schon fast zehn Jahre und hatte über zwei Millionen Menschen der Zivilbevölkerung in Vietnam das Leben gekostet. Gegen diesen „schmutzigen Krieg" erhoben sich jeden Tag immer heftigere Stimmen in der ganzen Welt – und selbst in den USA.

Im Mai 1972 fand eine große Kundgebung gegen den Vietnamkrieg vor dem Amerikahaus in München statt. Neben vielen Rednern stand ich als Vertreter der Evangelischen Studentengemeinde im Namen des „ausländischen Studentenkreises" auf dem Podium.

Innerhalb der nächsten Tage bekam ich ein Schreiben vom Innenministerium von Bayern, wonach ich und meine ganze Familie innerhalb eines Monats die Bundesrepublik Deutschland verlassen sollten. Die Begründung lautete, dass ich „mit einem Akt des Antiamerikanismus das Interesse der BRD verletzt habe". Also legten die Beamten von München meine Beteiligung an einer Kundgebung gegen den Vietnamkrieg als „Antiamerikanismus" aus. Nun war der Oberkirchenrat der

Evangelischen Kirche in Bayern, mein Arbeitsgeber, gezwungen, dagegen zu intervenieren. Denn die Bayerische Landeskirche ist eine Mitgliedskirche der *Evangelischen Kirche in Deutschland*, die dem Beschluss der Ökumenischen Kirchen unterliegt, der besagt: „Einsatz gegen den Vietnamkrieg und für das baldige Ende des Krieges". Zu Recht bestätigte mein Arbeitgeber meine Tätigkeit im Sinne des kirchlichen Auftrags. Daraufhin stellte das Ministerium meine Ausweisung ein.

Nicht nur beim Oberkirchenrat war ich von Anfang an fehl am Platz, sondern auch von meinem Kollegium, von vier Studentenpfarrern, bekam ich keine Solidarität in Bezug auf das Anliegen der Dritten Welt. Bei allen internationalen Veranstaltungen durfte ich nur im Namen des „Internationalen Studentenkreises" der ESG (Evangelische Studentengemeinde) auftreten. Ich habe es sehr bereut, ohne eingehende vorherige Erkundigung diese Stelle in München übernommen zu haben.

So begann ich, nach einer neuen Stelle in der Hessen-Nassauischen Landeskirche Ausschau zu halten, die geprägt sein sollte vom guten Geist Martin Niemöllers, den ich sehr verehre und persönlich kannte, damit ich ökumenisch richtig atmen konnte.

d) Sozialismus oder Kapitalismus

Im Gegensatz zur Studentenbewegung in Deutschland seit 1968 war die Auseinandersetzung über „Kapitalismus oder Sozialismus" bei den meisten Studenten aus Afrika bereits zuhause geschehen. Die meisten Länder Afrikas standen an der Seite der sozialistischen Länder. Sie zogen Maos China der Sowjetunion vor, die zu stark zentralistisch dachte und handelte. China half Tansania zum Beispiel mit einem Eisenbahn-Projekt.

Es war für mich eine große und erstaunliche Entdeckung, dass die afrikanischen Studenten mehr Sympathie für den nordkoreanischen Sozialismus hatten. Denn sie berichteten, dass Nordkorea Tausende von landwirtschaftlichen Technikern nach Guinea, Algerien, Uganda, Simbabwe, Sambia, Tansania entsandte, die zuerst das Wasserversorgungsnetz und den Nahrungssektor ausbauten. Nordkoreaner zeigten dort wie zuhause, wie man von anderen unabhängig und selbstständig existieren kann. Dieses konkrete nordkoreanische Modell hat viele Afrikaner fasziniert und eine enge Zusammenarbeit zwischen Nordkorea und zahlreichen afrikanischen Staaten ermöglicht (Zuzeismus). Später, als ich selbst (1981-95) öfter Nordkorea besuchte, wurde dies durch die Tatsache bestätigt, dass viele Studenten aus Afrika in Nordkorea Landwirtschaft studierten, und ständig Besucher nicht nur aus Afrika, sondern aus der gesamten Dritten Welt nach Pyongyang pilgerten, um den Zuzeismus vor Ort kennen zu lernen, wo seit 1950 gegen die amerikanische Besatzung in Korea gekämpft wurde.

Für die Unabhängigkeit der Länder in der Dritten Welt hat Nordkorea auch in der dritten Bewegung von der „Allianz der blockfreien Staaten“ mit Indien, Indonesien, Jugoslawien, Kuba u.a. aktiv zusammen gearbeitet. Ich war beschämt, weil ich von der Aktivität Nordkoreas für die Dritte Welt erst durch die Afrikaner erfahren habe; zugleich war ich stolz auf die Solidarität Nordkoreas mit den kleinen schwachen Ländern, obwohl es mit sich selbst genug zu tun hatte.

e) Olympische Spiele in München

In München musste ich neben meiner eigentlichen Aufgabe als Studentenpfarrer für Studenten aus der Dritten Welt auch unerwarteter Weise noch meine Landsleute betreuen. Hunderte von koreanischen Krankenschwestern arbeiteten in den Krankenhäusern in und um München. Sie kamen zu mir und baten mich, einmal im Monat einen koreanischen Gottesdienst abzuhalten.

Mit dem Oberkirchenrat, meinem Arbeitgeber, wurde darüber beraten. Offiziell wollte er mich mit nichts Zusätzlichem beauftragen, war aber damit einverstanden, wenn ich es freiwillig täte. Wie ich ahnte, erweiterte sich aus dem anfänglichen Gottesdienst mein freiwilliger Einsatz bis hin zu individueller Seelsorge. So war ich gezwungen, praktisch zwei Aufgaben zu übernehmen. Es blieb aber nicht bei meiner Seelsorge für koreanische Krankenschwestern. Am koreanischen Gottesdienst, der in der Kapelle des Olympia-Dorfes abgehalten wurde, nahmen immer mehr Landsleute teil. Eines Tages kamen plötzlich 20 junge Mädchen, die ungefähr seit einem Jahr als Lehrlinge in einer elektronischen Fabrik von SIEMENS eingesetzt waren, mit einem kollektiven Problem zu mir. Etwa Anfang der 70er Jahren plante SIEMENS, die elektronische Industrie in einem internationalen Umfang auszubauen. Probeweise holte der deutsche Unternehmer jeweils 20 Abiturientinnen aus Südkorea und Indonesien, um deren Befähigung zu testen. Leider war die Bundesregierung damit nicht einverstanden, dass die Spitzentechnik der Elektronik aus dem Land flüchtete. Der Plan scheiterte. Einseitig machte SIEMENS den zweijährigen Ausbildungsvertrag frühzeitig rückgängig. Die enttäuschten Mädchen kamen zu mir und baten um Hilfe. Der Arbeitgeber wollte den Enttäuschten eine gewisse Entschädigung zahlen und sie mit Hilfe des Innenministeriums nach Hause zurückschicken.

Da ich bereits im Ruhrgebiet ähnliche Willkür des Arbeitgebers gegenüber den koreanischen Bergleuten erlebt und mithilfe des Arbeitsgerichtes die einseitige Kündigung rückgängig gemacht hatte, fand ich den Fall in München sehr ähnlich. Bevor der Fall vor Gericht kam, versuchte ich zuerst mit der Vermittlung des Sozialministeriums einen anderen Kompromiss zu finden. Die Mädchen wollten anstelle von SIEMENS woanders ausgebildet werden, und das sollten der Arbeitgeber und das Innenministerium gewährleisten. Nach einer längeren Verhandlung wurde dem Alternativvorschlag seitens der Koreanerinnen entsprochen. Da waren wir alle sehr erleichtert. Mein freiwilliger Einsatz für meine Landsleute hatte sich gelohnt. Dadurch bin ich wiederum zur Erkenntnis gekommen, dass die BRD wirklich ein Rechtsstaat ist.

So wurde ich unvorhergesehen allmählich in die neu entstehende koreanische Gemeinschaft in München integriert. Die Nachricht, dass beide Staaten Koreas an den Olympischen Spielen 1972 in München teilnehmen würden, hatte unter meinen Landsleuten für eine gewisse Aufregung gesorgt. Seit der Teilung des Landes 1945, auch nach dem Koreakrieg, steigerte sich die Eskalation zwischen beiden Staaten immer mehr, so dass auch ein Briefwechsel zwischen getrennten Familien und Angehörigen total untersagt war, während die Deutschen trotz des gleichen Schicksals elementare Verbindungen untereinander aufrecht erhielten. Umso mehr ermutigte uns die „Gemeinsame Erklärung“ von Seoul und Pyongyang vom 4. Juli 1972, die Feindseligkeit gegeneinander beenden und die friedliche Wiedervereinigung zustande bringen zu können, und zwar in einer „föderalen" Staatsform.

Vor dem Hintergrund der Teilnahme der Sportler aus Nord- und Südkorea an den Olympischen Spielen in München und der politischen Willenserklärung zum Frieden auf der koreanischen Halbinsel von beiden Lagern habe ich unseren Landsleuten in München vorgeschlagen, eine große gemeinsame Empfangsfeier für die beiden Mannschaften vorzubereiten und während der gesamten Spiele beide Mannschaften ohne Unterschied kräftig zu unterschützen. Leider hatte der Großteil unserer Landsleute gewisse „Berührungsängste" gegenüber den Landsleuten aus dem Norden, da er das „Antikommunismus-Gesetzt" fürchtete, das jeglichen Kontakt mit Nordkoreanern verbot. Mein Alleingang, Landsleute aus dem Norden privat einzuladen, war auch gescheitert. Der nordkoreanische Leiter der Mannschaft lehnte höflich ab. Ich verstand gut, dass Nordkoreaner sich einem unbekannten Landsmann im Westen nicht so einfach anvertrauen konnten. Zu dieser Zeit hatte Seoul plötzlich ein Generalkonsulat in München errichtet, speziell um aus der Mannschaft des Nordens politische Asylanten für den Süden „heraus zu angeln". Durch diese kurze Episode musste ich einsehen, wie tief das Misstrauen zwischen Nord und Süd schon verfestigt war.

4 . Pfarramt der Paul-Gerhardt-Gemeinde zu Frankfurt am Main

Meine Frankfurter Zeit war für mich und meine Familie von entscheidender Bedeutung hinsichtlich der Integration und Partizipation in Deutschland. Nicht nur, weil ich hier in 17 Jahren am längsten gelebt und gearbeitet habe, sondern weil ich mit der Christen- und Bürgergemeinde eng zusammen gelebt habe. Bisher hatte ich mit meiner Familie in einem Ort nie länger als vier Jahre gewohnt. Und meine Aufgabe war definiert durch eine jeweils bestimmte Gruppe von Jugendlichen, Studenten und Ausländern. Erst das Pfarramt in der Ortsgemeinde ermöglichte es mir, Freude und Trauer aller Bewohner mitzuerleben. Da ich ihre Sorgen und ihren Kummer teilte, haben sie mich als einen von ihnen angenommen. In dieser Zeit beteiligte ich mich unmittelbar an allen gesellschaftlichen Diskussionen und Entscheidungen. Meinem Selbstverständnis entsprach: Wo meine Gedanken und Handlungen stattfinden und akzeptiert werden, da ist meine „Heimat". So ist Deutschland für mich und meine Familie endgültig „unsere" Heimat geworden.

Es gab einen Grund, warum ich die Bayerische Landeskirche verließ und mich für die Landeskirche von Hessen-Nassau als meine Wahlheimat entschieden habe. Als mein vierjähriger Dienstvertrag zu Ende ging, bot mir die Bayerische Landeskirche eine Gemeindepfarrstelle an, weil meine Rückkehr nach Korea nun fraglich geworden war. Da hatte ich ja bereits bei verschiedener Gelegenheit meine kritische Stellung gegen die Militärdiktatur Park Chung Hee in Südkorea bezogen. Ihr freundliches Angebot lautete, ich könnte als „Vikar" angestellt werden. Sowohl wegen meiner konfessionellen Herkunft als Methodist als auch wegen meiner theologischen Nähe zu Karl Barth und Iwand wollten die Lutheraner mich nicht als Gleichen in ihren eigenen Reihen sehen. Darüber hinaus hatte der Oberkirchenrat von Anfang an sehr bedauert, mich als Studentenpfarrer nach München berufen zu haben. Meinerseits konnte ich mir nicht vorstellen, in solcher „provinziellen" und „hierarchischen" Kirche ökumenisch zu atmen, wenn ich an meine Zeit als Studentenpfarrer in München zurückdachte.

So wollte ich die Hessen-Nassauische Landeskirche anfragen, die mein von mir verehrter *Martin Niemöller* nach dem Krieg in ökumenischem Geist gestaltet hatte. Außerdem arbeiteten theologische Freunde von mir in der Landeskirche: als Oberkirchenrat *Klaus Beckmann* und als Studienleiter der Evangelischen Akademie Arnoldshain *Martin Stöher* – mit beiden studierte ich einst bei Iwand. Da kam bald grünes Licht aus Darmstadt. Konkret wurden mir Gemeinden in Frankfurt am Main in Aussicht gestellt.

Der Propst der Stadt, *Dieter Trautwein*, war mir gegenüber sehr freundlich und rücksichtsvoll und versuchte, die Kirchengemeinde zu finden, in der meine Befähigung gut zur Geltung kommen würde. Bald vermittelte er mir zwei Gemeinden, eine in der Stadtmitte und die andere im südlichen Stadtteil jenseits vom Main, wo sich die Uni-Kliniken befinden. Vor allem berücksichtigte er die gute Zusammenarbeit unter den Gemeindepfarrern. Nach einem persönlichen Gespräch habe ich mich für die Paul-Gerhardt-Gemeinde in Niederrad entschieden.

Diese Gemeinde, mit drei Pfarrern ausgestattet, suchte gerade Kandidaten für eine vakante Pfarrstelle. Sie spielte auch gleich nach dem Krieg eine besondere Rolle. Die Mitglieder der Bekennenden Kirche konstituierten nach dem Krieg „den Bruderrat der Evangelischen Kirche in Deutschland" und veröffentlichten das „Darmstädter Wort", das auf den Weg der Theologie und Kirche in Bezug auf die neue ideologische Auseinandersetzung zwischen Ost und West hinweist.

Es ist bekannt, dass damals die Prominenten im Kirchenkampf – u. a. *Barth*, *Iwand* und *Niemöller* – das Wort gemeinsam verfasst haben. Dieser Kreis hatte vornehmlich in der Paul-Gerhardt-Gemeinde getagt. Und zwei Pfarrer dieser Gemeinde, *Heinz Welke* und *Rudolf Farr*, gehörten der Bekennenden Kirche an und waren auch Mitglieder des Bruderrates. Ich war sehr stolz auf die Tradition dieser Kirchengemeinde, die sich der Herausforderung der Zeit vor und nach dem Krieg theologisch gestellt hatte.

Niederrad ist ein südlicher Stadtteil Frankfurts, getrennt von der Stadtmitte durch den Main, und zählte über 20.000 Einwohner. Vor dem Krieg gab es etliche Villen im Grünen, in denen das gehobene Bürgertum residierte – jedoch war es eigentlich der Vorort der Wäschereien kleiner Leute, die dank der vielen Brunnen in ihren Gärten die Wäsche der reichen Bürger Frankfurts annahmen und wuschen. Nach dem Krieg wurden hier viele Siedlungen für Beamte und Angestellte der Bundespost und Bundesbahn gebaut und erweitert für Beschäftigte am benachbarten Flughafen. Ein Großteil der Bevölkerung dieses Stadtteils stammt aus Ostdeutschland. Durch die Vergrößerung des Internationalen Flughafens ist in seiner unmittelbaren Nähe eine Bürostadt entstanden, wo sich internationale Firmen ansiedelten. In diesem *Klein-Manhattan* arbeiten tagsüber etwa 10.000 Menschen. Nachts sind nur etwa ein Dutzend Hausmeisterfamilien vor Ort! Es ist also eine Art „Geisterstadt". Insofern hatte diese Gegend kaum mit der Gemeinde zu tun, obwohl sie verwaltungsmäßig zur Paul-Gerhardt-Gemeinde gehört.

Als ich dort hinkam, wohnten etwa zweitausend Ausländer in Niederrad. Der Ausländeranteil der gesamten Bevölkerung betrug über 10 Prozent, aber in den Grundschulen waren fast 40 Prozent ausländische Kinder. Italiener, Spanier, frühere Jugoslawen, Türken und Marokkaner haben sich hier niedergelassen.

Die beiden Amtskollegen, die aktive Mitstreiter der Bekennenden Kirche waren und weiter im neuen Deutschland als Mitglieder des Bruderrates mitarbeiteten, nahmen mich mit meiner Theologie als Kollegen auf. Der Kirchenvorstand, der über meine Anstellung schließlich zu entscheiden hatte, brachte keine Einstimmigkeit. Nicht wegen meiner ausländischen Herkunft, sondern wegen meiner Anstellung als Studentenpfarrer haben einige Mitglieder des Kirchenvorstandes ein negatives Votum abgegeben, wie ich später erfuhr. Damals waren Studentenpfarrer allgemein als linksgerichtete radikale Theologen bekannt. Da die Gemeinde jahrelang sehr unter einer Disharmonie zwischen den Gemeindepfarrern gelitten hatte – das war auch der Grund, weswegen mein Vorgänger die Stelle räumen musste –, entschied sich das Gemeindegremium für mich, insbesondere nachdem beide Gemeindepfarrer für mich votierten.

Die Gemeinde, die durch meinen Vorgänger, einen bürgerlichen Pfarrer, in ihrer Substanz als Bekennende Kirche sehr zerrüttet war, bot mir die Aufgabe, zu einer ökumenischen Kirchengemeinde heran zu wachsen und aktiv zu werden. Meine Predigt zum Amtseintritt hatte den Titel: „Ökumenische Unruhe“. Durch meine Mitarbeit in der Gemeinde konnte ihr ökumenischer Horizont geöffnet werden, was automatisch dazu führte, dass ihr die Wirklichkeit der armen Geschwisterkirchen der Dritten Welt vor Augen trat. Damit verbunden war auch das Entstehen einer kreativen „Unruhe“.

Das Problem der *Dritten Welt* kann man nur im Zusammenhang mit der *Ersten Welt* verstehen. Es muss zugleich beachtet werden, dass die so genannte „Entwicklungshilfe“ die Abhängigkeit der Dritten Welt von den Industrieländern noch verstärkt. Die ökumenische Unruhe, die ich in die Gemeinde trug, brachte keine Angst, sondern führte zur Heilung der reichen Gemeinde. Das ist das Evangelium für uns heute. Der ökumenische Horizont hat der Gemeinde geholfen, von ihrer volkskirchlichen Auseinandersetzung weg zu kommen. Sie hat begonnen, die neuen Nachbarn zu entdecken und eigene Mitverantwortung gegenüber armen Kontinenten zu begreifen.

In diesem ökumenischen Einsatz wurde ich durch die Wirklichkeit und Tradition der Volkskirche theologisch wie pastoral herausgefordert.

Das nachreformatorische Territorialkirchentum, wonach die Konfession der Regierenden das Bekenntnis der Untertanen bestimmt („cuius regio, eius religio"), hat das Bündnis von Staat und Kirche seit Kaiser Konstantin (285-337) beibehalten. So ist jeder Staatsbürger fast automatisch gleichzeitig ein Christ. Jeder Bürger nimmt kirchliche Pflichten auf sich sowie staatliche: Taufe, Konfirmation, Trauung, Religionsunterricht in den Schulen, Beerdigung und Kirchensteuer. Die Kirche ist jedem Bürger bzw. Christen verpflichtet, kirchliche Akte zu erteilen. Hier handelt es sich nicht um die Sache des Glaubens einzelner Menschen, also einzelner Entscheidungen und Aktivitäten, sondern um Passivität, von der die Gesellschaft Gebrauch macht.

Da hatte ich also mit zwei Kategorien von Menschen zu tun: einmal mit „Mitgliedern der Gemeinde" und zum anderen mit „Christen". Christen sind die Menschen, die bewusst und im Glauben an die Botschaft von Jesus Christus am Leben der Gemeinschaft bzw. Gemeinde teilnehmen, während Gemeindemitglieder sich nicht für die „communio sanctorum" interessierten.

Als ich in diese Gemeinde kam, nahmen durchschnittlich etwa 50 Besucher am Sonntagsgottesdienst teil. Ausnahmsweise musste der Festgottesdienst am Heiligabend in drei Schichten stattfinden, da viele Bürger die kirchliche Festlichkeit nicht missen wollten. Ich schätze, dass ich in den 17 Jahren meines Pfarramtes über tausend Menschen beerdigt habe, die ich vorher nicht gekannt habe. Ihre Angehörigen waren mir fast ebenso fremd. Andererseits war der Friedhof eine Ersatzkirche für Gemeindemitglieder, die der Christengemeinde fern standen. Hier wurde das Wort Gottes viel ernster gehört und wahrgenommen. Anwesende lernten das Leben im Zusammenhang mit dem Tod zu sehen und zu verstehen. Sie erlebten die Kostbarkeit der Liebe durch Trauer um den Verlust der Geliebten. Sie begriffen nun, dass das Leben des Gestorbenen mit dem Leben der Hinterbliebenen in Zusammenhang steht. Die Geschichte der Gestorbenen ist ein Teil der Geschichte der Lebenden und von den Angehörigen zu verarbeiten. So sind die Verbindungen zwischen den Verstorbenen und Hinterbliebenen unkündbar.

Mein pastoraler Einsatz und meine theologische Intention gegenüber den Hinterbliebenen und der Trauergemeinde auf dem Friedhof zielten immer auf die eschatologische Verantwortung und Verarbeitung der gemeinsamen Geschichte. Ich habe dabei versucht zu vermeiden, Hoffnung und Trost Gottes als Transzendenz zu vermitteln. Mein häufiger Einsatz auf dem Friedhof hat für mich entscheidend dazu beigetragen, die Bürger bzw. Gemeindemitglieder, die dem Leben der Kirchengemeinde fernblieben, innerhalb kurzer Zeit auf breiterer Basis kennen zu lernen.

Als ich 1974 nach Niederrad kam, zählte man etwa 6.500 Gemeindemitglieder. 30 Jahre später sind sie heute fast um die Hälfte zurückgegangen. Dieser rasante Rückgang der Gemeindemitgliederzahlen hat viele Gründe: Er hat nicht nur mit dem Rückgang der Geburten zu tun, sondern auch mit den Kirchenaustritten, die – wegen der Kirchensteuer – zunehmend von säkularisierten Christen vorgenommen wurden. Dieser Säkularisierungsprozess hat sich gleich nach Ende des Kalten Krieges beschleunigt. Die lange Tradition der Kirche des christlichen Abendlandes als „corpus christianum" und nach der Reformation als „Volkskirche" war damit praktisch zu Ende gegangen. Sie war nun gezwungen, sich grundlegend wahrzunehmen und neu zu strukturieren. Erst 2006 kam die EKD dazu, das Impulspapier „Kirche der Freiheit" herauszugeben, in dem es u. a. heißt.: „Die evangelische Kirche muss Gewachsenes loslassen, etablierte Strukturen zurückbilden, vertraute Arbeitsfelder umstellen und manche sinnvolle Arbeitsform ganz aufgeben."

Für mich als Gemeindepfarrer gab es keine Schwierigkeit, die Wirklichkeit von Christen und Gemeindegliedern wahrzunehmen. Umgekehrt brauchten jedoch die Menschen der Gemeinde Zeit, sich an einen nichtdeutschen Pfarrer zu gewöhnen.

Eines Tages besuchte ein junges Paar unser Pfarrhaus. Es wollte mit dem Pfarrer sprechen. Ich ließ sie ins Pfarrzimmer ein. Sie saßen eine ganze Weile still. Ich wartete, bis sie den Mund aufmachten. Schließlich fragten sie mich, wann der Pfarrer eintreten würde. Da kapierte ich blitzschnell, dass sie mich nicht als Pfarrer annahmen. Für sie sah ich nicht wie ein Gemeindepfarrer aus: Ich bin ja kein Deutscher. Ich war nicht schwarz angezogen. „Es tut mir leid. Ich bin der eine von drei

Pfarrern dieser Gemeinde. Was kann ich für Sie tun?“ Damit habe ich selbst die Schuld auf mich genommen, dass meine ungewöhnliche Erscheinung normale Bürger so irritiert hat. Das Paar war völlig uninformiert, dass seine Gemeinde seit einigen Monaten einen koreanischen Pfarrer hatte.

Es handelte sich bei ihrem Anliegen um eine kirchliche bzw. ökumenische Trauung, die der evangelische Bräutigam und die katholische Braut wünschten. Beim Gespräch kam heraus, dass die Eltern der Braut von ihrem Schwiegersohn nicht begeistert waren. Ich signalisierte dem Paar zunächst meine grundsätzliche Bereitschaft, sie zu trauen, und empfahl ein weiteres Gespräch, nachdem die Eltern der ökumenischen Trauung durch mich zugestimmt hätten. Ich fürchtete, dass die Eltern der Braut, die schon Probleme mit dem evangelischen Schwiegersohn hatten, ebenso gegen die ökumenische Trauung durch einen ausländischen Pfarrer sein könnten. In der Tat kam das Paar nicht wieder zu mir. Das war der einzige Vorfall der Ablehnung meiner Amtshandlung wegen meiner ausländischen Herkunft von Seiten der Gemeindemitglieder in meiner insgesamt 17-jährigen Diensttätigkeit. So musste ich meine neue Aufgabe als Gemeindepfarrer behutsam mit großer Sensibilität angehen. Bald wurde ich von der Gemeinde akzeptiert ohne Unterschied zu meinen deutschen Amtskollegen.

Soziologisch gesehen ist die Volkskirche eine wichtige Institution im Lande, die mit einer großen Dienstleistung ausgestattet ist. Als ich zum Gemeindedienst kam, befand sich die Volkskirche bereits im Umbruch. Die Zahl der Gemeindemitglieder, die ja die Dienstleistung der Gemeinde finanzierten, ging zurück. Unsere Gemeinde von ca. 6.500 war gut ausgestattet mit drei Pfarrern, zwei Gemeindeschwestern, zwei Jugendpädagogen, fünf Erzieherinnen für den Kindergarten, vier Erzieherinnen und Erzieher für den Kinderhort, mit einem Hausmeister, einer Reinigungskraft und einer Sekretärin. Nach meinem Ruhestand im Jahr 1991 begann der Regionalverband in Frankfurt, den gesamten Haushalt der Kirchengemeinden in der Stadt grundlegend zu reduzieren.

Theologisch sah ich vor allem im Selbstverständnis der Gemeinde das wesentliche Problem, weil der Begriff „Pfarrgemeinde“ sowohl von den allgemeinen Gemeindemitgliedern wie auch von den Pfarrern stillschweigend akzeptiert wurde.

Dieses *hierarchische* Gemeindeverständnis der Reformationskirche war für mich rätselhaft und inakzeptabel. Das schöne Bild der Gemeinde, das der Apostel Paulus im Brief an die Epheser (4,15-16) gemalt hat, scheint längst vergessen zu sein: „Das Haupt der Gemeinde ist Christus, von dem aus der ganze Leib zusammengefügt ist und ein Glied am andern hängt durch alle Gelenke, wodurch jedes Glied das unterstützt nach dem Maß seiner Kraft und macht, dass der Leib wächst und sich selbst aufbaut in der Liebe.“

Bald stellte ich fest, dass hinter dem Gemeindeverständnis von „Pfarrgemeinde“ eine „Betreuungskirche“ steckt, die Paulus „unmündige Gemeinde“ (2. Kor. 3,1ff) nennt. Allgemeine Gemeindemitglieder pflegten Besuch und Betreuung von Pfarrern zu erwarten, anstatt auf den Gedanken zu kommen, andere zu besuchen und ihnen zu dienen. Sie meinten, die Gemeinde bestehe, weil sie dafür Kirchensteuer zahlten. Also war für sie die Kirchengemeinde nur eine Art von sozialer Wohlfahrt. Sie waren ganz fern vom Gemeindeverständnis einer „freiwilligen Dienstgemeinschaft in Liebe“ oder vom Bilde des gegenseitigen Fußwaschens in der Gemeinde nach dem Vorbild Jesu.

Nicht nur für ein Umdenken von Pfarrgemeinde zu Geschwistergemeinde, sondern auch für ein deutliches Zeichen dieser Umgestaltung plädierte ich unermüdlich. Ich schlug der Gemeinde vor, mich nicht „Herr Pfarrer Lie“, sondern „Bruder Lie“ zu nennen. Ein Amtsbruder war mit meinem Vorschlag einverstanden, während der andere Amtsbruder strikt dagegen war. Ich wollte damit keine neue feste Gemeindeordnung herstellen, sondern die christliche Grundeinstellung der Gemeindeglieder untereinander auf der Ebene der „communio servicio“ einüben.

Die Kirche der Paul-Gerhardt-Gemeinde wurde 1935 nach dem „*Bauhaus*-Stil“ gebaut, also nach dem so genannten modernen Klassizismus. Sie steht darum unter Denkmalschutz. Aber die Raumordnung im Inneren blieb traditionell: Der Altar vorne ist erhöht, wie im Tempel des Alten Testamentes. Die Kanzel auf der linken Seite steht noch höher, so dass Gottesdienstbesucher von der Empore den Prediger gerade noch sehen und hören können – wie bei den gotischen oder Barockkirchen.

Bei jeder Gelegenheit habe ich mein Unbehagen gegen die innere Struktur des Gottesdienstraumes zum Ausdruck gebracht und theologisch begründet. Das Leben in der Gemeinschaft mit Christus lehrt der Apostel Paulus die Gemeinde zu Philippi: „Seid so unter euch gesinnt, wie es auch der Gemeinschaft in Christus Jesus entspricht. Er, der in göttlicher Gestalt war, hielt es nicht für einen Raub, Gott gleich zu sein, sondern entäußerte sich selbst und nahm Knechtsgestalt an, ward den Menschen gleich und der Erscheinung nach als Mensch erkannt. Er erniedrigte sich selbst und ward gehorsam bis zum Tode am Kreuz. Darum hat ihn auch Gott erhöht und ihm den Namen gegeben, der über allen Namen ist, dass in dem Namen Jesu sich beugen sollen aller derer Knie, die im Himmel und auf Erden und unter der Erde sind, und alle Zungen bekennen sollen, dass Jesus Christus der Herr ist, zur Ehre Gottes, des Vaters“ (Phil 2,5-11).

Ich habe dem Kirchenvorstand vorgeschlagen, dass nach dem theologischen Verständnis des Paulus der Altar von oben zur Mitte der Gemeinde verlegt werden müsste, damit die Sitzreihen der Gemeinde vor dem Altar und der Kanzel in Form einer Halbkugel aufgestellt das horizontale bzw. nachbarschaftliche Verhältnis der Gemeinde untereinander zum Ausdruck bringen könnten. Nach intensiven Diskussionen des Kirchenvorstandes und der Gemeinde wurde diese Umgestaltung vollzogen. Ich bin sehr stolz darauf, dass die Gemeinde bereit war, mit den Pfarrern theologisch mitzuziehen und die Gemeinschaft zu erneuern. Dafür sind wir Pfarrer zuerst vom hohen Ross der volkskirchlichen Hierarchie heruntergestiegen und haben uns in die Reihen der geschwisterlichen Gemeinschaft eingegliedert.

a) Gemeinde für den Nächsten

Seit Pfarrer und Gemeinde in einer geschwisterlichen Gemeinschaft zusammenarbeiteten, fanden sie bald die „Gemeinde für den Nächsten“. Wer waren unsere Nächsten? Ja, die Ausländer! Jeder Fünfte der Einwohner war damals in Frankfurt am Main Ausländer. Auch in Niederrad wohnten viele Türken, die unsere Stadt und unsere Straßen sauber machten, die in Krankenhäusern für die Küche verantwortlich waren – ebenso lebten dort die Koreanerinnen, die hauptsächlich in Kliniken als Krankenschwestern arbeiteten, Italiener, Spanier, Portugiesen, die in Fabriken, Bauunternehmen beschäftigt waren, und ohne die der großartige Wiederaufbau der BRD nicht denkbar gewesen wäre. Sie arbeiteten und wohnten schon seit Jahrzehnten in Niederrad, trotzdem gab es keine Nachbarschaft zwischen Deutschen und Ausländern. Sie wohnten meistens in dunklen Dachwohnungen oder in sehr heruntergekommenen Gassen. Mehr als die Hälfte der gesamten Schüler unserer Grundschulen waren ausländische Kinder. Damals schätzte man die Ausländer in unserem Gemeindebereich auf etwa 4.000 Personen. Deutsche und Ausländer lebten und wohnten nebeneinander, aber nicht miteinander. Die meisten Deutschen nahmen an, dass die „Gastarbeiter" eines Tages in ihre Heimatländer zurückkehren würden.

Unsere Gemeinde begann, diese sehr lange ignorierten ausländischen Mitbürger als unsere Nächsten anzunehmen. Als ersten Schritt luden wir Vertreter aller ausländischen Nationalitäten ein. Es wurde ein koordinierendes Komitee gegründet, dem wir den Namen „Zusammenleben" gaben. Ihm gehörten Menschen aus acht Ländern an: aus Italien, Spanien, Jugoslawien (damals noch), Türkei, Marokko, Vietnam, Korea und der Bundesrepublik Deutschland. Es wurde vereinbart, dass das Komitee jeden Monat einmal zusammen kommen sollte, um dringende einzelne Probleme wie z.B. ungerechte Mietverträge, Schulleistungen der Kinder etc. aufzugreifen und langfristige Probleme des Ausländergesetzes wie die Familienzusammenführung – konkret, die Altersgrenze der Kinder, die zu ihren Eltern nach Deutschland einreisen wollten – zu diskutieren. Allerdings waren von solchen ungerechten Ausländergesetzen ausschließlich Bürger aus nicht EG-Ländern betroffen.

Die Gemeinde hatte die Aufgabe, nicht nur die unzulänglichen Ausländergesetze zu verbessern, sondern vielmehr die positiven Aspekte des Zusammenlebens mit Ausländern, also die Bereicherung des kulturellen Austausches, zu betonen. Für das Zusammenleben mit allen ausländischen Mitbürgern veranstalteten die Gemeinde und das Komitee zusammen jedes Jahr verschiedene kulturelle Aktivitäten. Dazu gehörten kulinarische und musikalische Feste mit allen Kulturen.

Zusammen mit unserer katholischen Nachbargemeinde haben wir auch gelegentlich ökumenischen Gottesdienst gefeiert. Leider hat das geplante, notwendige Gespräch zwischen Muslimen und Christen nicht stattgefunden. Aber für die türkischen und marokkanischen Schulkinder hat unsere Gemeinde ein besonderes Engagement bewiesen. Da sich die EG (Europäische Gemeinschaft, wirtschaftliche) nun zur EU (Europäische Union, politische) entwickelt hatte, waren Italiener oder Spanier keine Ausländer mehr in Deutschland, sondern gleichberechtigte Europäer. So wurde das Komitee „Zusammenleben" hinfällig und stattdessen der „Spiel- und Lernkreis" für islamische Schulkinder neu eingerichtet.

b) Spiel- und Lernkreis

Bis Ende der 70er Jahre lebten und arbeiteten in der Bundesrepublik Deutschland etwa 700.000 Türken, die fast alle Analphabeten waren und meistens für geringsten Lohn arbeiteten. Man nannte sie „nicht schwarze Neger" .Die Kinder dieser analphabetischen Eltern hatten große Schwierigkeiten in der Schule und zu Hause. Sie konnten in der Schule weder sprachlich noch intellektuell mitmachen. In ihren eingeengten Wohnverhältnissen konnten sie ihr elementares Leben im Spiel nicht entfalten. In ihrer schulischen Welt wurden sie zu Minderwertigen.

Unsere Gemeinde entdeckte auch hier ihre Aufgabe und Verantwortung, wo ansonsten die unweigerliche Entwicklung zu einer Zwei-Klassen-Gesellschaft vorprogrammiert war. In Zusammenarbeit mit der Schule haben wir eine wissenschaftliche Mitarbeiterin, die Soziologie für die Randgruppen an der Fakultät der Universität Frankfurt studierte, beauftragt, ein praktisches Programm für Integration der islamischen Schulkinder zu konzipieren. Es hieß „Lern- und Spielkreis". Der Kreis sollte sowohl ausländischen wie deutschen Schulkindern zweimal pro Woche nachmittags bei Hausaufgaben helfen und anschließend mit ihnen gemeinsam im Garten oder im Gemeindesaal spielen. Es wurde bald festgestellt, dass deutsche Schüler oder Schülerinnen kaum zu finden waren, die mit türkischen Kindern zusammen Hausaufgaben machen oder Spiele spielen wollten. Also scheiterte der Versuch einer Integration. Nun musste dieser Kreis ohne deutsche Kinder auskommen. Glücklicherweise hatten sich etwa fünf Gemeindeglieder freiwillig zu dieser Mitarbeit gemeldet. Darunter waren eine pensionierte Lehrerin, aktive Angestellte und Studenten. Sie haben zweimal pro Woche zwei Stunden dafür zur Verfügung gestellt – und zwar fast zehn Jahre lang. Was für ein Einsatz und eine Hingabe! Diese Aktivität hat die Gemeinde selbst sehr bewegt und verändert.

1) Seit der „Spiel- und Lernkreis“ für islamische Schulkinder intensiv betrieben wurde, veränderte sich die Gemeinde. Sie wurde ein Stück erwachsener und mündiger. Statt Hilfe von anderen zu erwarten, fand sie „schwache Nachbarschaft“, die ihre Hilfe brauchte und der sie ihre Hilfe gab.

2) Islamische Kinder fanden eine ganz andere Umwelt vor, die nur fremd und feindlich war. Denen kam die christliche Gemeinde mit helfenden Händen entgegen. Sie nahm die verlassenen fremden Kinder auf, ließ sie sich auf dem freien Gelände der Gemeinde austoben und half schließlich, schwere Schularbeiten in der fremden deutschen Sprache verständlich zu machen. Langsam machten sich bessere Leistungen der islamischen Kinder in der Schule bemerkbar. Mehr und mehr bekamen sie Lust auf Schule. Sie fühlten sich von Deutschen akzeptiert.

3) Die Eltern der islamischen Kinder waren sehr skeptisch, ob nicht die christliche Gemeinde die Absicht hätte, ihre Kinder durch die Zuwendung zum christlichen Glauben zu bewegen. Bald merkten sie, dass ihre Befürchtung keinen Grund hatte. Stattdessen begannen sie, der Gemeinde ihre Kinder voll anzuvertrauen. Sie ließen auch ihre heranwachsenden Töchter zu uns kommen. Für die islamische Familie ist es ja Sitte, ihre über zehn Jahre alten Töchter nicht ohne elterliche Aufsicht in der Öffentlichkeit allein zu lassen. Nun geschahen weitere Wunder des Vertrauens: Die Mütter, die streng hinter der Mauer der Familie eingeschlossen waren, wollten in der Gemeinde sowohl am deutschen Sprachkurs wie auch am Nähkurs teilnehmen. Natürlich ging die Gemeinde auf diese Wünsche ein.

Das Wunder des Vertrauens ging noch weiter. Es wurde längst eine Selbstverständlichkeit, dass die türkischen Familien auch ihre Töchter an Freizeiten unserer Jugendgruppen teilnehmen ließen. Schließlich konnte ich auch persönlich diesen Prozess des Vertrauens miterleben. Eines Tages kam in der Schule ein türkischer Junge zu mir und fragte mich, ob er an meinem evangelischen Religionsunterricht in der Schule teilnehmen dürfe. Ich war von solcher Anfrage sehr überrascht. Ich kannte ihn wohl vom „Spiel- und Lernkreis" in unserer Gemeinde. Das war ein deutliches Zeichen dafür, dass nicht nur die islamischen Eltern, sondern auch ihre Kinder sich zu öffnen begannen. Sie hatten bis dahin eine Öffnung anderer, ihnen gegenüber, nur passiv erlebt. Nun begannen sie das aktiv aufzunehmen, auch der fremden Religion gegenüber: eine sehr wichtige und kostbare Entwicklungsphase. „Von mir aus sehr gerne", antwortete ich, und fügte gleich hinzu: „Aber ich brauche dafür das Einverständnis deiner Eltern." Am nächsten Tag brachte er mir tatsächlich ein schriftliches Einverständnis seiner Eltern mit! Erstaunlich! Das war ein Höhepunkt des Vertrauensverhältnisses zwischen den islamischen Eltern und ihrem Kind und zugleich unserer Gemeinde bzw. mir, einem evangelischen Pfarrer, gegenüber. Dieses Ereignis bedeutete eine große Herausforderung für unsere Gemeinde bzw. für mich einen großen Schritt ins Neuland der Begegnung von Islam und Christentum.

Leider konnte ich mich dieser Herausforderung nicht mehr lange stellen, da ich überraschend bald von der Stadt Frankfurt aus einem ganz anderen Grund suspendiert wurde, in den öffentlichen Schulen evangelischen Religionsunterricht zu erteilen. Dem voraus ging ein Streitgespräch zwischen dem Leiter der Schule und mir wegen des Abzeichens einer Friedenstaube, das ich immer auf meiner Jacke trug, also auch in der Schule. Das beanstandete der Schulleiter mit dem Hinweis auf die Schulordnung des Landes Hessen, wonach das Lehrpersonal innerhalb der Schule keine parteipolitische Aktivität ausüben dürfe. Obwohl ich ihm deutlich machte, dass das Friedenssymbol kein parteipolitischer Ausdruck, sondern Zeichen der biblischen Botschaft des Friedens im Sinne der Bergpredigt (Mt. 5,9) und von Jesaja 2,4 sei, führte die sehr eng ausgelegte Schulordnung des Schulleiters zu meiner Suspendierung.

Die außerordentliche Herausforderung, einen islamischen Schüler in den evangelischen Religionsunterricht aufzunehmen, nahm ich sehr ernst. Ich habe mir extra islamische Theologie angeeignet, um dem islamischen Schüler die biblische Religion und gleichzeitig evangelischen Schülern die islamische Religion verständlich zu machen. Leider konnte ich aus den genannten Gründen diese einmalige Herausforderung nicht weiter verfolgen. Die Beschäftigung mit beiden Religionen hätte gut zum Beginn des Dialogs zwischen Christentum und Islam in unserer Gemeinde beitragen können, was bis heute in Deutschland noch sehr rückständig ist.

Ich bin sehr stolz auf unsere Paul-Gerhardt-Gemeinde, die die Aufgabe der Integration von islamischen Familien in unserer Gesellschaft relativ früh erkannt und das Projekt „Spiel- und Lernkreis" umgesetzt hat – ein Vorbild für alle Kirchengemeinden in Frankfurt. Angesicht der internationalen Krise in der Gegenwart und des interkulturellen bzw. interreligiösen Konflikts zwischen Christentum und Islam kommt diesem Projekt unserer Gemeinde eine prophetische Bedeutung zu.

c) Gemeinde des Friedens

Da meine Vorgänger, *Pfarrer Heinz Welke und Rudolf Fahr,* in dieser Gemeinde im Geiste der „theologischen Erklärung von Barmen" (1934) und des „Darmstädter Worts" (1947) treu und konsequent gearbeitet haben – ich habe schon darauf hingewiesen –, waren wir als ihre Nachfolger in der Lage, auf diesem festen Boden allen neuen Herausforderungen begegnen und uns damit auseinandersetzen zu können. Die theologische Klarheit der guten Tradition hat uns entscheidend geholfen, in der Zeit des Kalten Krieges der Herrschaftsideologie und der Schwarz-Weiß-Ideologie der Weltmächte entgegen zu treten.

d) Probleme der Dritten Welt

Mein Amtskollege *Pfarrer Frieder Stichler* und ich kamen beide aus dem Studentenpfarramt in diese Gemeinde, wo uns erst bewusst wurde, dass das Problem der D*ritten* Welt zugleich das Problem der E*rsten* Welt ist. Während die Industrieländer für Importwaren aus den Entwicklungsländern einen inhuman niedrigen Preis bezahlen, verlangen sie gleichzeitig von der Dritten Welt für Exportwaren einen unvergleichlich hohen Preis: in den letzten 20 Jahren sind zum Beispiel die Preise der Industriewaren allgemein um 300 % gestiegen, während der Preis von Kaffee auf nur 7% gestiegen ist. Ohne inhumane Preise für Arbeitslohn und Rohmaterialen in den Entwicklungsländern wäre der Wohlstand der Industrieländer nicht vorstellbar. Das heißt also „wirtschaftliche Ausbeutung“ durch die Erste Welt. Trotz solch ungerechter und inhumaner Verhältnisse zwischen den beiden Welten ist die Dritte Welt gezwungen, diese Herrschaft bzw. das Diktat der Ersten Welt zu erdulden. Das bedeutet „Abhängigkeit“. Während sich die Menschen in unseren Industrieländern immer mehr mit Übergewicht beschäftigen, sterben Millionen von Menschen jährlich in der Dritten Welt an Hunger.

Unsere Gemeinde begann langsam, auch den Nächsten, der außer Sichtweite war, zu sehen. Sie begnügte sich nicht damit, sich einmal im Jahr an der Aktion „Brot für die Welt“ des Diakonischen Werkes der Evangelischen Kirche in Deutschland zu beteiligen. Um die Dritte Welt in unserer Gemeinde präsent zu machen, richtete sie einen „Kaffeeshop“ aus Nicaragua ein. Wir importierten den Kaffee direkt von einer kommunalen Einrichtung der Bauern vor Ort, damit ihnen für ihre Produktion ein angemessener Preis gezahlt werden konnte – ohne Zwischenhändler, die ja üblicherweise einen Großteil des Gewinns abschöpfen. Leider wurde diese Aktion unseres „Solidaritätsnetzwerks mit der Dritten Welt“ mit dem Zusammenbruch der Revolution der Sandinisten in Nicaragua beendet!

Der Weltkirchenrat der Ökumene hatte längst gewarnt, dass der schlimmste Feind des Weltfriedens weder der „Kalten Krieg“ noch Atomwaffen seien, sondern der „Hunger“. Nach dem Kalten Krieg ereigneten sich immer mehr Konflikte überall auf der Welt. Sie wurden zum Großteil durch den Kampf zwischen Besitzenden und Besitzlosen verursacht.

So wird man sagen müssen: Wenn die Menschheit diese Wirklichkeit ignoriert und das Problem nicht solidarisch angeht, wird sie ewig zur Angst verdammt sein. Wenn die christlichen Kirchen diese Verantwortung nicht ernst nehmen, werden sie schuldig am Evangelium Jesu, an seiner Botschaft vom „Kommen des Reiches Gottes“.

e) Theologie der Dritten Welt

Unsere Gemeinde widmete sich in wöchentlichen Bibelstunden besonders der Theologie der Dritten Welt: u. a. der *Befreiungstheologie* aus Lateinamerika, der *Kairos-Theologie* aus Südafrika und der *Minjung-Theologie* aus Südkorea. Zur Befreiungstheologie haben uns die folgenden drei Theologen eingeführt und viel geholfen, sie zu verstehen: *Ernesto Cardenal*, „Das Evangelium der Bauern von Solentiname", *Gustavo Gutierrez*, „Die historische Macht der Armen" und *Leonardo Boff*, „Kirche, Charisma und Macht". Bei der Minjung-Theologie haben wir die zwei maßgebenden Theologen *ByungMu Ahn* und *NamDong Seu* zitiert.

Im Zusammenhang mit der Theologie der Dritten Welt war ein theologisches Forum in Deutschland aktiv: „Ökumenisches Plädoyer". Sein Netzwerk ist in Europa verbreitet. Es machte die Kritik gegen den Kapitalismus stark, mit dem die kirchliche Theologie im Westen ohne Beanstandung verbündet ist. Da unsere Gemeinde selbständig jahrelang mit der Theologie der Dritten Welt beschäftigt war, fanden die Jahresversammlungen des *Ökumenischen Plädoyers* in unserer Gemeinde statt.

All diese Theologien, die in der Zeit der Spannung bzw. Konfrontation zwischen Kapitalismus und Sozialismus, also in der Zeit des Kalten Krieges, entstanden waren, sind seit dem Zusammenbruch des Ostblocks allmählich in den Hintergrund getreten. Im Augenblick herrscht die Allmacht des Kapitalismus so dominierend, als ob eine sozialistische Alternative der Vergangenheit angehöre. Gott sei Dank macht sich die Ökumene nun langsam stark als Anwalt für die Armen. Das Evangelium von Jesus für die Armen ist doch viel älter als alle sozialistischen Bewegungen und so genuin. Das kommende Reich Gottes ist doch für die Armen! (Mt 5,3).

Bereits 2003 hat „Die Vollversammlung des Lutherischen Weltbundes" (LWB) die „Verantwortung für die Gerechtigkeit bei der Globalisierung" deutlich gemacht. Im Jahr 2004 in Accra/Ghana brachte „Die 24. Generalversammlung des Reformierten Weltbundes" (RWB) ihr zentrales Anliegen zum Ausdruck: „Bund für wirtschaftliche und ökologische Gerechtigkeit", und im Jahr 2006 hat die „9. Vollversammlung des

Ökumenischen Rats der Kirchen“ in Porto Alegre/ Brasilien zur „Alternativen Globalisierung im Dienst von Menschen und Erde – AGAPE“ aufgerufen.

Die katholischen und evangelischen Kirchen in der Bundesrepublik Deutschland sind aber nur zaghaft mit ihrer Anwaltschaft für die Armen und scheinen sie allein den Gewerkschaften zu überlassen, obwohl die historisch gewachsene und bewährte „Soziale Marktwirtschaftspolitik“ in Deutschland immer mehr abgebaut zu werden droht.

f) Gegen die Apartheid in Südafrika

Unsere Gemeinde wurde besonders auf die Apartheidpolitik in Südafrika aufmerksam, die die weiße Bevölkerung gegen die Schwarzen trotz des christlichen Gebots und des Grundsatzes der UN-Charta betrieb. Unsere Abscheu richtete sich nicht nur gegen den weißen Rassismus, sondern auch gegen viele deutsche Unternehmen, die wie andere Industrieländer trotz der Handelsblockade der UN mit den Weißen Handel trieben und so das Fortbestehen und die Stabilität des unmenschlichen Regimes mittelbar unterstützten.

Nach einer sehr langen und intensiven Diskussion beschloss der Kirchenvorstand, den ungerechten und antichristlichen Rassismus, also die Apartheidpolitik in Südafrika, öffentlich an den Pranger zu stellen. Über die Eingangstür des Gemeindehauses wurde ein drei Meter langes Transparent gehängt, worauf geschrieben stand: „Apartheid ist Sünde“. Das blieb dort so lange, bis 1995 der schwarze Führer Nelson Mandela endlich nach 27 Jahren aus dem Gefängnis entlassen und die weiße Herrschaft an die Schwarzen abgegeben wurde.

Wie erwartet kamen viele Beanstandungen und Drohungen aus der Gemeinde wegen des Transparents. Gemeindemitglieder äußerten, sie wären mit der Politisierung der Gemeinde nicht einverstanden und drohten mit dem Austritt. In der Tat vollzogen etwa 20 der Gemeindemitglieder diesen Schritt. Anderseits erfuhren wir eine unerwartete Ermutigung aus den Reihen der jüngeren Bürger, die sich sonst von der Kirche distanzierten, weil die Christen mit Beten und Singen oft unter sich blieben und bei der Gerechtigkeitsfrage der Welt eine öffentliche Stellungnahme verweigerten. Sie traten demonstrativ in Gruppen in die Gemeinde ein. Sie waren bereits in einer ökologischen Bewegung aktiv.

Das klare Wort unserer Gemeinde zur Apartheid in Südafrika wirkte auch außerhalb der Gemeinde. Die Anti-Apartheid-Gruppen in vielen Gemeinden Frankfurts tagten oft in unserer Gemeinde und formierten den Anti-Apartheid-Bund. Der Propst zu Frankfurt *Dieter Trautwein* und seine *Frau Ursula*, die sich bereits mit der Mission in Südafrika beschäftigt hatten, solidarisierten sich mit unseren Aktivitäten.

Besonders formierten aktive Frauen eine Aktionsgemeinschaft „Kauft keine Früchte aus Südafrika", um eine breite Öffentlichkeit zu mobilisieren. Es war eine sehr effektive politische Zielsetzung, Früchte, den wichtigsten Exportartikel aus Südafrika, zu boykottieren. Sie veröffentlichte eine Anzeige gegen das rassistische Regime in deutschen Medien. Regelmäßig an jedem Donnerstag veranstaltete sie eine „Mahnwache" vor dem südafrikanischen Reisebüro in der Stadt Frankfurt und diskutierte mit Passanten, warum die Früchte aus Südafrika nicht gekauft werden sollten. Anfangs intervenierten *EKD* und die *Handelskammer*, aber mit der Zeit widerfuhr dieser Aktion immer mehr Zustimmung in der Öffentlichkeit. Sie setzte sich über zehn Jahre trotz Regens, trotz Schnees durch, bis der Tag der Befreiung der Schwarzen kam. Gewiss war die Befreiung das Ergebnis des zähen Kampfes der betroffenen Schwarzen, aber sie war auch der Solidarität von unzähligen internationalen Aktionen wie dieser „Aktionsgemeinschaft von evangelischen Frauen in Frankfurt" zuzuschreiben. Nicht nur jene Frauen, sondern auch unsere Gemeinde, wir alle zusammen kamen zu der Überzeugung und Gewissheit des Glaubens, wie der Apostel Paulus es ausdrückt: „Kämpfe den guten Kampf des Glaubens; ergreife das ewige Leben, wozu du berufen bist ..." (1. Timotheus 6,12). Mit den Mitmenschen in der Nähe und Ferne ist unsere Gemeinde in der Nachfolge Jesu Christi langsam gewachsen und mündig geworden.

In diesem Zusammenhang muss auch eine kämpferische Geschichte unserer Gemeinde erwähnt werden. Nach dem Ereignis des Mordes an Pfarrer Martin Luther King, dem Führer des Befreiungskampfes der schwarzen Bevölkerung in den USA gegen

Diskriminierung und weißen Rassismus, beschloss die „Vollversammlung des Ökumenischen Rates der Kirchen" in Uppsala/Schweden das „Anti-Rassismus-Programm" und die Einrichtung eines „Sonderfonds", der Menschen oder Organisationen zur Verfügung stehen sollte, die sich für die Befreiung vom Rassismus einsetzten. Der Fonds wurde von freiwilligen Beiträgen der Kirchen oder Gemeinden getragen. Die EKD war gegen den Beschluss dieses Fonds. Die EKD hatte offiziell den Standpunkt, dass alle bewaffneten Widerstandskämpfer gegen den legitimen Staat oder die legitime Regierung „Terroristen" seien, auch solche gegen Rassismus. Sie fragte aber nicht weiter, ob solch ein weißes Regime „legitim" sei. Theologisch ist die Volkskirche nichts anders als eine Staatskirche, die ihre kolonialen Staaten, die mit Gewalt fremde Völker oder Länder erobert und Sklaven gemacht hatten, als Gottes Ordnung segnete, während sie bewaffnete Widerstandskämpfe von Einheimischen für die Befreiung von fremder Herrschaft als terroristisch, verbrecherisch oder sündig aburteilte. Wo blieb da der Glaube an den Gott, der das Volk Israel aus der Knechtschaft in Ägyptenland befreite? (Exodus 20,1).

Die Staats- bzw. Volkskirchen im Abendland haben die Expansion, Invasion und den Kolonialismus ihrer Staaten in anderen Kontinenten als Gottes Erlösungsgeschichte vielmehr sanktioniert und legitimiert und mit solcher Legitimation ihre „Mission" betrieben. Die abendländischen Kirchen haben bis heute jene simple imperialistische und sündige Geschichte des Kolonialismus noch nicht öffentlich bekannt und theologisch auch noch nicht aufgearbeitet.

Obwohl die EKD den „Sonderfonds des Anti-Rassismus-Programms" ablehnte und trotz der Intervention des Kirchenpräsidenten der Evangelischen Kirche in Hessen und Nassau, Helmut Hild, hat unser Kirchenvorstand unter dem Vorsitz von Pfarrer Frieder Stichler einstimmig beschlossen, jedes Jahr 10.000 DM aus unserem Haushalt dem Sonderfonds nach Genf zu überweisen. Das war sehr überzeugend, wie theologisch glaubwürdig und wie selbständig unsere Gemeinde die Welt verstanden und die Konsequenzen unseres Glaubens gezogen hat. Auf diese Paul-Gerhardt-Gemeinde bin ich noch heute sehr stolz und dankbar, dass ich dieser Gemeinde 17 Jahre dienen durfte. Und dabei möchte ich die brüderliche Zusammenarbeit und die theologische Kollegialität zwischen meinem Amtskollegen Pfarrer Frieder Stichler und mir besonders hervorheben.

g) Verantwortung für die Bewahrung der Schöpfung Gottes

Die engagierte Mitarbeit junger Bürger im Rahmen von Aktionen unserer Gemeinde gegen die Apartheidpolitik Südafrikas hatte uns veranlasst, sie auf ökologische Interessen und Aktivitäten aufmerksam zu machen.

Unser Stadtteil Niederrad grenzte mittelbar an den Internationalen Flughafen Frankfurt. Dazwischen lag der etwa vier Kilometer breite Kiefernwald, der den akustischen Krach und viele Abgase der Flugzeuge, die pro Tag über 300 Flugbewegungen ausmachten, einigermaßen aufnahm.

Wir, die Einwohner in der Nähe des Flughafens, mussten mehr oder weniger in der schadstoffbelasteten Umwelt leben. Mit dem wirtschaftlichen Wachstum des Landes nahmen die Flugbewegungen unweigerlich zu. Außerdem benutzten ja die USA noch einen Großteil des Flughafens seit Kriegsende als Besatzungsmacht und dann als Verbündete der NATO.

Seit Jahren stand eine Erweiterung der Landebahn zur Debatte: die „Startbahn West“. Die Bundesregierung, das Rathaus Frankfurt und der Flughafenbetreiber waren dafür, aber alle Bewohner der Umgebung waren dagegen, weil sie allein die dadurch entstehenden gesundheitlichen Schäden hätten tragen müssen. Es handelte sich um die Abholzung von einer Million Kiefern. Das war ein Viertel der gesamten Kiefernbestände, die bis dahin die Abgase hatten ökologisch gerade noch aufnehmen können. Das war für uns die erste und sehr ernste Auseinandersetzung zwischen *Ökonomie* und *Ökologie*. Denn unser Land als Industrie- und Exportland ist auf das Wachstum der Ökonomie und auf den Ausbau der internationalen Infrastruktur angewiesen. Aber es stellte sich die Frage, ob das ökonomische Wachstum nicht in Bezug auf gesundheitliche und ökologische Fragen seine Grenze haben müsse. Der Kirchenvorstand beschloss mehrheitlich, dass die Gemeinde sich an der Protestbewegung der Bürgerinitiative gegen den Ausbau der „Startbahn West“ beteiligen sollte.

Jeden Tag drangen Hunderte der organisierten Protestierenden über die Stacheldrähte auf das Baugelände vor, während Tausende von Polizisten mit allen Mitteln versuchten, dies zu verhindern. Die Auseinandersetzung der beiden Parteien eskalierte von Tag zu Tag. Diese regionale Auseinandersetzung wurde bald zu einer bundesweiten Angelegenheit. Tausende von Bundesbürgern der Bewegung „gegen Krieg und gegen Atom" und für „Ökologie" strömten täglich von überall her dem „Schlachtfeld" zu. Der Frankfurter Wald wurde plötzlich in einen riesigen Zeltplatz verwandelt. Da wurde ein „Feldlazarett" eingerichtet, in dem bei körperlichem Einsatz Verletzte behandelte wurden. Dazu kam auch eine „Feldkirche", die Amtskollegen der Umgebung verantworteten. Tageszeitungen und Medien des Landes berichteten jeden Tag über diese Auseinandersetzung in großer Aufmachung. Die Meinungen der Bundesbürger gingen anlässlich des Ausbaus des Flughafens Frankfurt in Fragen von Ökonomie oder Ökologie immer weiter auseinander. Es war für die Bundesrepublik Deutschland eine sehr wichtige und dringliche Auseinandersetzung. Für das Land hatte sie eine epochale Bedeutung, weil das erste Mal über den erkennbaren Konflikt zwischen Ökonomie und Ökologie bundesweit ernsthaft nachgedacht wurde.

Eines Tages in der Hitze der Auseinandersetzung wurde ein Polizist von einem Demonstranten angeschossen und verstarb. Durch die Dummheit eines einzelnen Mitstreiters wurde so die gesamte gewaltfreie Demonstration plötzlich kriminalisiert und scheiterte. Später wurden zwei Täter ermittelt, einer war Bürger unseres Stadtteils. Es war ja ein Unfall der Sozialisation der Gesellschaft. Trotzdem wurde die Diskussion über Ökonomie und Ökologie im ganzen Land fortgesetzt. Sie ist bis heute nicht abgeschlossen.

1986 ereignete sich die Explosion eines Atomreaktors in Tschernobyl in der Ukraine, wodurch auch die deutsche Bevölkerung von Entsetzen und Angst ergriffen wurde. Es sprach sich herum, dass die Strahlung zuerst die Alpengebiete erreichen würde, so dass Obst und Gemüse aus dieser Gegend nicht mehr abgesetzt werden konnten. Unsere Tochter Susanne in Berlin flüchtete für einige Monate nach Portugal. Mit der Zeit – nach wissenschaftlichen Analysen und Untersuchungen vor Ort –

ging die Aufregung der Bevölkerung allmählich zurück. Aber die Angst und Befürchtung gegenüber Atomenergie blieb.

Unsere Gemeinde wurde intensiv informiert und aufgeklärt über die friedliche Nutzung der Atomkraft wie auch über die Gefahr der Atomstrahlung. Die Schäden der Strahlung bleiben mehrere Generationen hindurch und zeigen sich in verschiedenen körperlichen Veränderungen am Menschen, wie das zum Beispiel seit dem Atombomben-Abwurf in Japan 1945 der Fall ist. Die Strahlung bleibt und wirkt tausende von Jahren nach! Unvorstellbar! Wissenschaftler sagen, dass es der Bevölkerung in der Ukraine erst in 500 Jahre wieder gestattet werden wird, sich in Tschernobyl anzusiedeln. Die Folgen des Super-GAUs erschrecken uns bereits in der Gegenwart und gehen weit über unsere Vorstellung hinaus: 130.000 Tote, zigtausende Sterbende und 200.000 an Leukämie erkrankte Kinder. Es war und bleibt einfach eine große Katastrophe! Schrecklich! Schrecklich!

Die Reaktor-Katastrophe in Tschernobyl verstärkte die „Anti-Atomenergie-Bewegung“ im Lande, die bereits aktiv, jedoch eine kleine Minderheit war. Die Diskussion nicht nur über die substantielle Gefahr der atomaren Strahlung, sondern vielmehr über mögliche Unfälle und die Sicherheit der Atomreaktoren ging intensiv weiter. Die konservativen Parteien wollten nicht auf atomare Energieversorgung verzichten, weil sich keine Alternative anbot, während die Grünen und die SPD für den langfristigen Abbau der atomaren Energie und für die Förderung und Investition in alternative Energien plädierten: z.B. Solar-Energie, Wind- und Wasser-Energie, Biogas – also in regenerative Energieträger.

Die ökumenischen Kirchen sahen bereits die Probleme von Ökologie und Atomfrage in noch größerem Zusammenhang. Die Vollversammlung des Ökumenischen Rates der Kirchen in Vancouver/Kanada 1988 behandelte das Generalthema: „Frieden, Gerechtigkeit und Bewahrung der Schöpfung Gottes“. Die Ökumene stellte die drei großen Gefahren für das Überleben der Menschheit dar: 1) Atomare Kriege können die Menschheit vernichten. 2) Das Auseinanderklaffen zwischen Reichen und Armen veranlasst die Menschheit immer mehr dazu, wegen der Ungleichheit und Ungerechtigkeit miteinander zu streiten und Krieg zu führen. 3) Die Industrieländer beuten die Natur immer mehr und immer schneller aus und vergiften die Atmosphäre der Erde. Die armen Länder hingegen zerstören ihre Umwelt, um zu überleben. Das alles hat schwerwiegende Folgen für die Erde und ihre Atmosphäre.

Die Ökumene warnte die Menschheit bereits früh vor möglichen Atomkriegen und der Auseinanderentwicklung zwischen Industrieländern und Entwicklungsländern. Aber auf die ökologischen Probleme ist sie erst sehr spät aufmerksam geworden. Die Kirche definiert Ökologie aus biblischer Sicht als „Schöpfung Gottes“. Sie weist die Menschheit auf die Verantwortung der Schöpfung Gottes gegenüber hin: „Gott sprach zu den Menschen, machet sie euch untertan und herrschet über sie“ (1. Mose 1,28). Die den Menschen auferlegte Verantwortung bedeutet aber nicht Ausbeutung und Zerstörung, sondern Bewahrung und Pflege der Natur. Leider hat die Kirche bis zur Gegenwart die „Zivilisation“ des Abendlandes immer so verstanden, als bedeute „Herrschen“ die Herrschaft und Ausbeutung der Erde. Die theologische Entdeckung der „Bewahrung“ der Schöpfung hat für die Kirche fast die Bedeutung einer „zweiten Reformation“.

Selbst wenn Wissenschaft und Forschung die Menschheit vor den ökologischen Gefahren und Katastrophen dringend warnen – wir erleben ja schon die Erwärmung der Atmosphäre und daraus resultierende Naturkatastrophen –, beharren die Industrieländer weiter auf der Vorrangstellung der „Ökonomie“.

h) Friedensarbeit

In der Zeit von 1976-77 hatte die Sowjetunion heimlich 70 SS-20, mit Atomköpfen bestückte Mittelstreckenraketen, gen Westen zur Aufstellung gebracht. Da jede Rakete mit drei Atomköpfen bestückt war, hieß das praktisch, dass 210 Atomraketen nach Westen ausgerichtet waren. Diese Tatsache bedeutete für den Westen eine Verlagerung des militärischen Gleichgewichts zwischen Ost und West. Nach dem Vorstoß von Kanzler Helmut Schmidt hat die NATO am 12.12.1979 den so genannten „Doppelbeschluss“ gefasst, der die Absicht zum Ausdruck bringt, bis 1983 108 Pershing II-Raketen und 464 Cruisemissiles aus den USA in Westeuropa aufzustellen, es sei denn, es gelänge vorher in Verhandlungen zwischen den USA und der

Sowjetunion sich auf einen Abbau der Raketen in Ost- und Westeuropa zu einigen. Wenn diese Verhandlungen scheitern würden, dann sollte die angekündigte Aufstellung der Raketen im Westen in die Tat umgesetzt werden. Unabhängig von den sowjetischen SS-20 Raketen hatten die USA bereits eine „bewegliche" Einsatzstrategie von atomaren Waffen entworfen, so dass Washington von sich aus keinen Bedarf einer zusätzlichen Verstärkung von Raketen in der Bundesrepublik Deutschland sah. Am 30.11.1981 begann die Abrüstungskonferenz der zwei Weltmächte in Genf in der Schweiz.

Angesichts der Eskalation der atomaren Aufrüstung entstanden explosionsartig Friedensbewegungen von Bürgern überall im Westen. Besonders fühlte sich die Bevölkerung in der Bundesrepublik betroffen, weil ein Großteil der Cruisemissiles auf westdeutschem Gebiet stationiert war. Dementsprechend breitete sich die Friedensbewegung hier besonders schnell aus. Dazu gehörten Kirchen, Gewerkschaften, Wissenschaftler, Ärzte, Frauen und zu guter Letzt eine nicht geringe Zahl von Abgeordneten aller politischen Parteien im Parlament, die dem Beschluss der Fraktionen nicht gehorchen wollten. Die Partei „Die Grünen" war die einzige Partei auf Seiten der Friedensbewegung, die im Parlament vertreten war.

Am 10.10.1981 und 10.6.1982 fanden die größten Demonstrationen der Friedensbewegung bzw. der Anti-Atombewegung in der Bundeshauptstadt Bonn statt. Zwischen 250.000 bis 500.000 Bürger aus dem ganzen Land waren dabei. Als bekannt wurde, dass die Genfer Konferenz gescheitert war, so dass Nr.1 des Doppelbeschlusses der NATO nun umgesetzt werden sollte, waren überall im ganzen Land Menschen auf kleinen oder großen Demonstrationen auf den Beinen. Die größte Demonstration in der deutschen Geschichte war ‚die Menschen-Kette' zwischen Stuttgart und Ulm (ca. 100 km) von etwa drei Millionen.

Obwohl solche Friedensdemonstrationen auf den Straßen der DDR nicht möglich waren, gab es sie innerkirchlich sehr wohl. Sie standen unter dem Motto des alttestamentlichen Wortes: „Da werden sie ihre Schwerter zu Pflugscharen und ihre Spieße zu Sicheln machen" (Jesaja 2, 4). Unsere Gemeinde nahm diese biblische Friedensbotschaft als theologisches Leitwort auf und schrieb sie mit großen Lettern auf die Vorderwand des Gemeindehauses, so dass alle Passanten sie von der Straße aus sehen und darüber nachdenken konnten. Diese Botschaft steht noch immer dort, obwohl der Kalte Krieg längst vorbei ist, jedoch Kriege anderer Art auch jetzt noch die Menschheit bedrohen. Seit 1983 ist sie dort zu lesen.

Bis zum Ende des Kalten Krieges war unsere Gemeinde ein Hort der Friedensbewegung in Frankfurt, da die drei Pfarrer und der Kirchenvorstand die Friedensarbeit zu ihrer Herzenssache gemacht hatten und eng zusammen arbeiteten. Nicht nur christliche, sondern auch bürgerliche Friedensarbeitsgruppen tagten sehr gerne und sehr oft in unserer Gemeinde. Es gab sehr wenige Abende in jenen Jahren, in denen kein Licht in unserer Gemeinde brannte.

Bei den Treffen der verschiedenen Friedens- und Anti-Atom-Kriegsgruppen war immer auch eine Gruppe der Kommunisten dabei. Ältere Kommunisten haben eine stolze Vergangenheit. Sie saßen als Antifaschisten in KZs. Da sie damals auch mit Christen gegen den Faschismus zusammen kämpften und in den KZs zusammen saßen, hatten sie überhaupt keine Berührungsangst mit den Christen, die für den Frieden arbeiteten, obwohl Deutschland in Ost und West geteilt war und die ideologischen Auseinandersetzungen zwischen kommunistischen bzw. sozialistischen und antikommunistischen Deutschen immer mehr eskalierten. Der Dialog zwischen Kommunisten und Christen im KZ damals bewährte sich auch jetzt im Kalten Krieg.

Nach dem Doppelbeschluss der NATO begann 1984 die Aufstellung von Pershing II und Cruisemissile, und zwar in der Pfalz. Gleichzeitig kam es zu neuen Demonstrationen, z.B. mit einem „Sitz-Streik“ auf dem Gelände bei Fischbach, an dem Tausende von Demonstranten beteiligt waren. Daraufhin wurden Hundertschaften von Polizei und von Grenzschutztruppen mobilisiert. Sie trugen die friedlichen Demonstranten aus dem Gelände weg. Anschließend wurde gegen sie Strafanzeige gestellt wegen Vergehens gegen die amtliche Ordnung. Das konnte die Demonstranten auch nicht einschüchtern. Sie wussten ja, wie sie damit bis zur nächst höheren Gerichtsverhandlung umzugehen hatten. Der Vorgang würde mehrere Jahre dauern, weil Tausende von Angeklagten das Gleiche taten. Mein Amtskollege Pfarrer Frieder Stichler hat auch an der Sitz-Demonstration teilgenommen und erhielt ebenfalls eine Strafanzeige.

Eines Tages in jener Zeit besuchte mich ein junger Unteroffizier der Bundeswehr und wollte von mir kirchlich getraut werden. Im Gespräch brachte er seinen Wunsch vor, während der Trauung seine Uniform tragen zu wollen. Der Grund war, dass er dabei nicht nur der Bräutigam, sondern auch ein Soldat der Bundeswehr sei, worauf er sehr stolz sei, was er deswegen gegenüber seiner Braut und Anwesenden zum Ausdruck bringen wolle. Darauf antwortete ich, dass die kirchliche Trauung nur den liturgischen Sinn habe, dem Brautpaar als Mann und Frau Gottes Segen in Liebe zuzusprechen. Dabei sei es müßig und nicht wichtig, den Beruf oder die Stellung der Öffentlichkeit gegenüber zu erwähnen. Gott erwarte vom Bräutigam und von der Braut ausschließlich wahrhaftige Liebe zueinander und wolle sie dafür segnen. Trotzdem wiederholte er seinen Wunsch hartnäckig. Ich sagte zu ihm, dass es die Pflicht und Verantwortung des Pfarramtes sei, bei der Trauung Gottes Segen zur Liebe zu verkündigen, sonst nichts weiter. Damit hatte ich unmissverständlich ausgedrückt, dass ich seine Trauung nicht wahrnehmen würde, wenn er seine Uniform trüge. Daraufhin wollte er meinem Vorgesetzten eine Beschwerde vorlegen. Propst Trautwein hörte seine Beschwerde über mich an, aber wies sie ab mit der Begründung, dass die Gewissensentscheidung eines jeden Pfarrers zur Kriegsfrage auch von der Amtskirche nicht beeinträchtigt werden dürfe. Schließlich hat ein Pfarrer meiner Nachbargemeinde, der den Doppelbeschluss der NATO bejahte, ihn in Uniform getraut.

Meine konsequente Haltung dem Frieden gegenüber hat mir noch weitere Auseinandersetzungen beschert. Als ich eines Morgens mit dem Religionsunterricht fertig war, bat mich der Schulrektor zu einem Gespräch. Es handelte sich um ein Abzeichen, das ich immer an meiner Jacke trug: eine Friedenstaube. Zu meiner Überraschung teilte er mir mit, dass die Schulordnung dem Lehrpersonal nicht gestatte, auf dem Gelände der Schule irgendeine politische bzw. parteipolitische Handlung vorzunehmen. Dazu gehöre auch, ein „politisches Abzeichen zu tragen“. Er bat mich, das Abzeichen in der Schule nicht zu tragen. Ich erwiderte ihm, dass dieser Button von der christlichen

Friedensbewegung ohne parteipolitische Zugehörigkeit sei. Es sei doch unverständlich und Unsinn, einem Pfarrer zu verbieten, in der Schule das Friedenszeichen zu tragen, weil er ja in der Schule nichts anderes als die Friedensbotschaft Gottes mitzuteilen und zu unterrichten habe. Damit wolle ich konsequent sein beim und auch außerhalb des Unterrichts. Der Rektor konnte meine Argumentation nicht verstehen. Er war der Meinung, dass ich einer politischen Friedensbewegung von Linken angehörte. Da ich seine Aufforderung bzw. Warnung nicht akzeptierte, bekam ich später eine schriftliche Mitteilung vom Schulamt Frankfurt, ich sei vom Religionsunterricht suspendiert.

i) Patengemeinde Merseburg/DDR

Wie fast alle Gemeinden in der Bundesrepublik Deutschland ihre Patengemeinden in der DDR hatten, so hatte auch unsere Paul-Gerhard-Gemeinde in Frankfurt/M. eine Patenschaft, und zwar mit der Gemeinde Merseburg, die etwa 30 km von Leipzig entfernt lag und bekannt war als Stadt der Raffinerien. Unsere Gemeinde hatte im jährlichen Haushalt DM 2.000 für die Patengemeinde eingesetzt, was für die Renovierung und Einrichtung von Räumen der Gemeinde gedacht war.

Wir erfuhren, dass „die Patenschaft“ das abhängige Verhältnis immer mehr verstärkte. Die Hilfe empfangende Gemeinde in der DDR wurde nicht nur materiell, sondern auch theologisch von den westlichen Gemeinden abhängig. Obwohl die Kirchenleitung aus Theologen bestand, die das neue Dasein der Kirche im Sozialismus bewusst annahmen und neue Dienste suchten, hatten die Mitglieder der Gemeinde allgemein eine Sehnsucht nach dem Westen.

Deshalb haben wir gemeinsam versucht, das „patenschaftliche“ Verhältnis auf ein „partnerschaftliches“ hin zu verändern. Während sich die Kirche im Westen selbstkritisch mit Kapitalismus auseinandersetzte, wollte die Partnerkirche im Osten auch die Praktiken des Sozialismus kritisch hinterfragen. Wir haben des Öfteren Tagungen veranstaltet über gemeinsame Themen: z.B. *Entspannung in Zeiten des Kalten Krieges, gegen Atomkrieg, gemeinsame Projekte der Ersten und Zweiten Welt für die Dritte Welt und für die Ökumene.*

Da die Ausreise unserer Geschwister aus der DDR in die BRD sehr eingeschränkt war, mussten wir unsere gemeinsamen Tagungen hauptsächlich in Merseburg abhalten.

Es war für uns jedes Mal ein bedrückender Moment, wenn wir uns von den Geschwistern in Merseburg verabschiedeten, weil sie noch keine Reisefreiheiten hatten wie wir, um den anderen Teil des Landes zu besuchen. Jene Anomalität quälte uns immer schmerzlich.

Ein zaghafter Versuch der Partnerschaft von unseren beiden Gemeinden bestand darin, dass unsere Gemeinde eine „Beratungsstelle für Kriegsdienstverweigerung" einrichtete, um mehr junge Männer vom Wehrdienst abzubringen und diese stattdessen zum Sozialdienst zu bewegen – während die Gemeinde Merseburg versuchte, die Gemeindejugend für die „Bautruppe" zu gewinnen, wobei es nicht, wie in der BRD, ein Gesetz zur „Kriegsdienstverweigerung" gab. In der DDR nannte sich die „Friedensbewegung" „Anti Atom und Krieg". Innerhalb der dortigen Kirche gewann diese Friedensbewegung eine unerwartet breite Ausdehnung, die schließlich in jene Reformbewegung der Bürger in der DDR mündete.

j) Mein letzter Besuch in der DDR

Nicht nur anlässlich zahlreicher Begegnungen mit der Partnergemeinde in Merseburg, sondern auch zu ökumenischen Begegnungen und Studientagungen habe ich die DDR ziemlich oft besucht. Mein letzter Besuch war im September 1989. Ich sollte in einem Vortrag über die „Minjung Kultur in Südkorea" – „Minjung" bedeutet „unterste Bürger" – vor der Studientagung für Religionslehrer referieren, die in Potsdam stattfand. Das war die Fortsetzung meines Vortrags „Minjung Theologie in Südkorea", den ich ein Jahr zuvor in Ost-Berlin gehalten hatte.

Die Familie eines Wissenschaftlers der Astronomie hatte mir eine Unterkunft zur Verfügung gestellt. Der Wissenschaftler war ein frommer Christ und Mitglied des Kirchenvorstandes und gehörte der „Akademie der Wissenschaft" in der DDR an. Obwohl er ein renommierter Wissenschaftler war, durfte er wegen seines Christseins keine Lehrtätigkeit an Hochschulen der DDR ausüben. Während der dreitägigen freundlichen Aufnahme in seiner Familie gab er mir eine sehr qualifizierte kulturhistorische Führung durch die Stadt Potsdam. Vor allem zwei Objekte hinterließen bei mir einen starken Eindruck: Sanssouci und das Schlösschen der Potsdamer Konferenz.

Sanssouci heißt französisch „sans souci" (sorgenfrei). Das Lustschloss vom Preußenkönig *Friedrich II.*, das von *Georg Wenzeslaus Knobelsdorf* 1745 entworfen wurde, repräsentierte ein Paradebeispiel des deutschen Rokoko. Es war nur für das Privatleben des Königs gedacht, z.B. das Musikzimmer des Königs, in dem er selbst Flöte spielte. Ich erinnerte mich besonders stark an die „Potsdamer Konferenz" von den drei Siegermächten mit *Churchill*, *Truman* und *Stalin* vom 17.7.-2.8.1945, weil die deutsche Kapitulation ein paar Monate vor der japanischen stattgefunden hatte, die wir als Koreaner sehnsüchtig erwarteten. Nun hatte ich unmittelbar den Raum der Konferenz des „Cecilienhofs" vor Augen! Hier wurde die politische und wirtschaftliche Behandlung des besiegten Deutschland, seine Entnazifizierung und Entmilitarisierung, die militärische Besetzung Deutschlands und die Übertragung der Regierungsgewalt an einen Alliierten Kontrollrat beschlossen.

Schon vom ersten Tag an spürte ich eine unheimliche Stimmung – wie die Stille vor dem Sturm. Die ganze Nacht klingelte ununterbrochen das Telefon des Hauses. Am nächsten Morgen ging die Hausfrau früh aus dem Haus mit dem Fahrrad. Am Frühstückstisch vertraute sie mir an: Letzte Nacht brachen drei Jugendliche aus der Nachbarschaft von ihrem Elternhaus in die Tschechoslowakei auf. Das war in Wirklichkeit eine Flucht nach Westen über die Tschechoslowakei oder Ungarn. Die allein erziehende Mutter befürchtete dies und bat ihren Nachbarn um Unterstützung, um ihren Sohn aufzuhalten. Die Ehefrau meines Gastgebers war in der Gemeinde wie auch in der Nachbarschaft mit Rat und Tat aktiv.

Am Sonntag, meinem letzten Tag in Potsdam, fand ein ökumenischer Gottesdienst statt, der besonders für Jungendliche gedacht war. Ich sollte predigen über den Text von Philipper 1,27-30: „Wandelt nur würdig des Evangeliums Christi, damit ihr in einem Geist steht und einmütig mit uns für den Glauben des Evangeliums und euch in keinem Stück erschrecken lasst von den Widersachern. Denn euch ist es gegeben um Christi willen, nicht allein an ihn zu glauben, sondern auch um seinetwillen zu leiden…“ Ohne Ahnung der neuen Spannung hatte ich die Predigt vorbereitet: „Spannung und Aufgaben der Christen in einer atheistischen und sozialistischen Gesellschaft“. Durch die massive Fluchtbewegung von Jugendlichen aus dem Land an den Vorabenden war der Besuch von Jugendlichen im Gottesdienst spürbar klein – jedoch die Spannung umso stärker. Angesichts dieser Situation musste ich das Thema der Predigt umkrempeln: „Die Entscheidung der jungen Christen auf dem Scheideweg zwischen Flucht und Reformen der Gesellschaft“. Zuerst versuchte ich, zwei Situationen vorzuführen: die erste vom Apostel Paulus damals, der ganz allein das Land von vielen Kulturen durchreiste und den Menschen das Evangelium Christi mit Wort und Tat verkündigte – und zweitens die der DDR in der Gegenwart, der sozialistischen Gesellschaft, die nur das Interesse von Bauern und Arbeitern wahrnahm. Dann fragte ich nach der Botschaft des Paulus im Kontext einer sozialistischen Gesellschaft und antwortete mit Philipper 2,4: „Ein jeder sieht nicht auf das Seine, sondern auch auf das, was dem anderen dient.“ Christen haben also die Spannung mit den Sozialisten nicht auszuweichen, sondern das Gemeinsame zu suchen, d.h. „nicht aus Eigennutz oder um eitler Ehre willen, sondern in Demut achte einer den andern höher als sich selbst“ (2,3).

Nach dem Gottesdienst saßen wir weiter zusammen und setzten die Diskussion fort. Ein großer Teil der Anwesenden war der Meinung, statt Flucht den schwereren Weg gehen zu müssen, um gemeinsam mit den Sozialisten eine noch menschlichere Gesellschaft zu gestalten.

Kaum eine Woche nach meiner Rückkehr aus Potsdam teilte die Regierung der Tschechoslowakei mit, dass sie gestatte, alle Deutschen, die in die westdeutsche Botschaft in Prag geflüchtet waren, in die BRD ausreisen zu lassen. Bald darauf wurden die Stacheldrähte und Wachtürme an der Grenze zwischen Ungarn und Österreich abgebaut. Die Öffnungspolitik von Ungarn und der Tschechoslowakei hatte weitreichende Folgen und führte schließlich zum Fall der „Berliner Mauer“ bzw. zur Grenzöffnung. Dieses geschichtliche Ereignis vollzog sich *am 9. November 1989*! Unaufhaltsam nahm daraufhin die politische Veränderung in Deutschland ohne Gewalt seinen eigenen Lauf. Am

2. Dezember 1990 fanden erstmals freie Wahlen im wiedervereinigten Deutschland statt.

Die rasante Öffnung von Osteuropa, die ja durch die deutsche Einheit bewirkt wurde, hatte wohl mit der „Perestroika" von Michail Gorbatschow begonnen. Da die fällige Reform des Sozialismus der Sowjetunion vernachlässigt worden war und später begonnen hatte, kam sie leider nicht zum Ziel. Der einmalige Versuch des Sozialismus in der Geschichte hatte kaum ein Jahrhundert überlebt und war gescheitert. „Wer zu spät kommt, den bestraft das Leben", – dieser Ausspruch von Gorbatschow Erich Honecker gegenüber betraf auch ihn selbst!

k) Hort für Flüchtlinge aus dem Süden

In meiner letzten Gemeindephase beschäftigten wir uns intensiv mit dem Problem von Flüchtlingen aus dem Süden. Da die Paul-Gerhardt-Gemeinde in unmittelbarer Nähe des Internationalen Flughafens liegt, war sie automatisch mit der Flüchtlingsproblematik konfrontiert und stand ständig in Verbindung mit dem Pfarramt und mit dem Sozialdienst im Flughafen.

Seit den 1980er Jahren nahm die Zahl von politischen und wirtschaftlichen Flüchtlingen aus Afrika in Frankfurt rasant zu – also aus Ländern, die politisch und wirtschaftlich instabil waren. Nach dem Zusammenbruch des Ostblocks war besonders die Bundesrepublik Deutschland von den Afrikanern als das „Land von Milch und Honig" begehrt. Deutschland war aber nicht imstande, all die zusätzlichen Flüchtlinge aufzunehmen bzw. „die große Völkermigration des 20. Jahrhunderts" zu regeln, da es mit der eigenen Wiedervereinigung noch sehr beschäftigt war.

Allein die Flüchtlinge aus den benachbarten Ländern des Ostblocks (einst Polen und Tschechoslowakei) machten es schwer genug. Aber anderseits musste die Bundesrepublik Deutschland das Flüchtlingsgesetz nach dem Geiste der UN-Charta revidieren. Das bedeutete, dass alle Flüchtlinge, die über die Grenze gekommen waren, zunächst einmal aufgenommen werden mussten; dann sollte geprüft werden, ob es sich um politische Flüchtlinge oder um wirtschaftliche handelte. Denn jedes Land war verpflichtet, politische Flüchtlinge aufzunehmen und wirtschaftliche zurückzuschicken. Das neue Gesetz hatte Mängel, denn die Grenzbehörden waren eigentlich nicht in der Lage, diese Unterscheidung, ob politisch motivierter Flüchtling oder nicht, begründet zu treffen. Trotz der Kritik der Kirchen und der Organisation für Menschenrechte hat der Bundestag das Gesetz aber so beschlossen.

Selbst wenn man zugesteht, dass die Situation der Bundesregierung zu diesem Zeitpunkt sehr schwierig war: angesichts des enormen Haushaltsvolumens im Kontext der Wiedervereinigung und angesichts der Unterbringung von 150.000 Kriegsflüchtlingen aus dem Balkan, waren wir nicht damit einverstanden, dass die Bundesregierung die politischen Flüchtlinge aus anderen Gegenden einfach in die wirtschaftliche Kategorie einstufte, um ihnen nicht Asyl gewähren zu müssen.

Um das neue Flüchtlingsgesetz in der Öffentlichkeit ernsthaft zu diskutieren, haben wir zusammen mit einigen anderen Gemeinden in Frankfurt eine Aktion angefangen und mit Hilfe von Pfarramt und Flughafen-Sozialdienst die abgelehnten politischen Flüchtlinge in den Gemeinden versteckt. Diese Aktion hieß „Sanctuary Movement". Sie wurde bereits in den USA praktiziert. Einige christliche Kirchen in den USA stellten den illegalen Migranten aus Mittelamerika in ihren Gemeinden Verstecke zur Verfügung. Sie handelten aus Gewissensgründen und aus der Erkenntnis heraus, dass die reichen USA sich den armen Menschen gegenüber, die über die Grenze kamen, nicht verweigern durften. Ihr Vorbild war die Kirche im Mittelalter, der vom jeweiligen Herrscher eine „Exterritorialität" zugebilligt wurde, um Sünder zu beherbergen.

Während das „Sanctuary Movement" in den USA hauptsächlich an die wirtschaftlichen Flüchtlinge dachte, hatte sich unsere Aktion in Deutschland und der Schweiz auf die politischen Flüchtlinge beschränkt.

In der Tat war es für die Industriestaaten höchste Zeit, das Problem der Dritten Welt als ihr eigenes ernst zu nehmen. Nun konnten sie aber die Flutwelle der Migration aus ärmeren Ländern nicht aufhalten, selbst wenn sie ihre Grenzen mit allen Mitteln dicht zu machen versuchten.

l) Die Probleme der Migration des Jahrhunderts – das Verhältnis zwischen Industrie- und Entwicklungsländern

Angesichts der größten Völkerwanderung der Menschheitsgeschichte hatte die Gemeinde viel zu lernen. Der „Arbeitskreis Ausländer" unserer Gemeinde hat dieses Phänomen und Problem folgendermaßen zusammengefasst:

1) Seit 1990 ist die Geschwindigkeit der Migration der Weltbevölkerung plötzlich schneller geworden. Bisher waren Nordamerika, West-Europa und Australien das Ziel der Migration. Nun geschieht sie innerhalb der drei Kontinente: Asien, Afrika und Lateinamerika. Nach einer Statistik von 1990 wanderten 80 Millionen Menschen aus ihren Heimatländern aus. 15 Millionen davon waren Kriegsflüchtlinge und 30 Millionen ziellos Arbeitsuchende.

2) Da die Einwanderungsgesetze bis 1970 in den USA, Kanada und Australien sehr rassistisch orientiert waren, wurden 12 Millionen der Wanderarbeiter aus Asien zum Ausbau der Petrolindustrie in Nahost eingesetzt. Wie vor 20 Jahren die BRD musste auch Japan ausländische Arbeitskräfte importieren. So folgten Singapur, Taiwan, Südkorea und Hongkong. Das waren die Anfänge der internationalen Migration.

3) Der Modus der Migration kann in folgende Kategorien eingeordnet werden: Import von bestimmten Arbeitskräften, Anstellung von besonderen Fachtechnikern, ausländische Studenten, Saison-Arbeiter, Flüchtlinge, Familien von Migranten und illegale Migranten.

4) Der Prozess der Migration nach West-Europa nach dem Zweiten Weltkrieg vollzog sich in folgenden drei Phasen:

a) Die Industrieländer in Westeuropa hatten bis zur Ölkrise 1973 viele ausländische Arbeitskräfte benötigt. Während die BRD ihren eigenen Bedarf an Arbeitskräften mit Flüchtlingen aus Osteuropa decken konnte, mussten England, die Niederlande und Frankreich die notwendigen Arbeiter aus ihren eigenen früheren Kolonien anwerben. Damit konnte der Bedarf aber noch nicht ausreichend gedeckt werden, und es wurden weitere Arbeitskräfte aus den europäischen Nachbarländern angeworben: So kamen die Arbeiter aus Italien, Spanien, Portugal und Jugoslawien in die BRD, die Schweiz, die Beneluxländer und nach Frankreich; aus Irland nach England; aus Finnland nach Schweden. Trotzdem reichte es nicht. So kamen sie auch aus der Türkei und Nordafrika.

b) In der Zeit zwischen 1973 und 1985 wurde die Wirtschaftstruktur so umgestaltet, dass die Produktionsanlagen, die viele Arbeitskräfte benötigten, in die Länder mit billigerem Lohn ausgelagert wurden, um den weiteren Import von ausländischen Arbeitskräften, die ja in Europa nun sesshaft und ethnische Minderheiten geworden waren, zu vermeiden. Ein großer Teil dieser Minderheiten sind heute noch in der europäischen Gesellschaft rechtlich, wirtschaftlich und rassisch diskriminiert.

c) Die letzte Phase der Migration nach 1985 wird als Migration „von Osten nach Westen" statt von „Süden nach Norden" bezeichnet. Nach dem Zusammenbruch des sozialistischen Ostblocks emigrierten 71 Millionen Menschen von Osten nach Westen.

5) Es ist zu bezweifeln, dass die Industrieländer die Kategorie der Migration angemessen umsetzen. Der Import von Arbeitskräften, die Flüchtlinge, die politischen Exilsuchenden und die Familienzusammenführung werden auseinander gehalten. Um die Umwandlung von einem befristeten Aufenthalt in einen unbefristeten zu vermeiden, verstoßen die Industrieländer gegen den Grundsatz der demokratischen Rechtsstaatlichkeit: Denn die Menschenrechte werden da verletzt, wo Familienzusammenführung, Sicherheit und Existenz des Lebens nicht gewährleistet werden. Das ist doch der elementare Anspruch der Menschenrechte! Es gibt auch ein Missverständnis, was Migration betrifft. Das weltweite Phänomen der Migration geschieht nicht aus individuellen Entscheidungen heraus. Das ist ein „kollektiver Prozess der Menschheit".

6) Der Hohe Flüchtlingskommissar (UNHCR) hat 1989 an alle Mitgliedstaaten der UN appelliert, nicht alle Flüchtlinge aufzunehmen, sondern die „echten" und „unechten" Flüchtlinge auseinander zu halten. Es ist aber dringend erforderlich, den Begriff „Flüchtling" neu zu definieren. Denn die Industrieländer, die die Globalisierung betreiben, haben die Verantwortung der globalen Migration zu tragen. Es ist ein Widerspruch der Industrieländer, dass sie einerseits für die Öffnung des globalen Marktes eintreten, aber anderseits ihre nationalen Grenzen zu

Entwicklungsländern dicht machen wollen. Auf der Basis der internationalen Kooperation und der Menschenrechte muss der Begriff der „Migration" gründlich neu definiert werden.

7) Um die Migration in die richtige Bahn zu lenken, ist es notwendig, sich mit dem Zuwachs der Weltbevölkerung und dem Hintergrund der Migration genau zu befassen. Seit 1990 wächst die Weltbevölkerung jährlich um ca. 100 Millionen. Wenn sich ihre Zuwachsrate weiter hält, würde sie 2025 auf ca. 8,5 Milliarden gewachsen sein; d.h. das Zweifache der gegenwärtigen Weltbevölkerungszahl. Dieser explosive Zuwachs der Weltbevölkerung geschieht hauptsächlich in den Entwicklungsländern. Um Arbeitsplätze für alle zu gewährleisten, müsste man jährlich ca. 36 Millionen Stellen neu schaffen. Das ist ein gewaltiges Unterfangen.

8) Die Bevölkerungsexplosion in den Entwicklungsländern bringt ein neues Phänomen der Migration innerhalb der armen Länder hervor: nämlich die „Flucht aus dem Land in die Stadt" bzw. „Verstädterung". 1970 gab es nur 20 große Städte der Welt, die über 5 Millionen Einwohner zählten. Fachleute schätzen, dass im Jahr 2000 etwa 44 solcher großen Weltstädte bestehen werden. Und die Gigaweltstädte wie z.B. Mexico City/Mexiko und Sao Paulo/Brasilien werden je über 24 Millionen, Calcutta/Indien 16 Millionen, Bombey 15 Millionen, Teheran/Iran 14 Millionen und Jakarta/Indonesien 13 Millionen zählen. Das heißt, dass die Explosion der Bevölkerung in den Entwicklungsländern zwangsweise und unaufhaltbar trotz der strengen Grenzüberwachung der Industrieländer die Zuwanderung von illegalen so genannten „wirtschaftlichen" Flüchtlingen in die Industrieländer verstärken wird.

9) Es ist noch ein besonderes Phänomen zu bemerken. Nach dem Zusammenbruch der „Zweiten" Welt – nämlich des sozialistischen Blocks – wird über eine Alternative zur Entwicklung der „Dritten" Welt nicht mehr intensiv weiter diskutiert. Das Abhandenkommen der Zweiten Welt deutet zugleich auf die Dritte Welt. Keine kleine Zahl der Bevölkerung der einst Zweiten Welt, die die Armut der Dritten Welt als Ausbeutung der Ersten Welt angelastet hatte, wandert nun in die Erste Welt aus.

10) Die Tatsache der Migration von Menschen aus armen Ländern in reiche Länder darf nicht allein mit dem Begriff der

Armut erklärt werden. Der noch wichtigere bzw. entscheidende Begriff ist dabei „Abhängigkeit“. Zum Beispiel wandern die Menschen aus der Karibik meistens nach England aus, weil das koloniale Verhältnis der Vergangenheit der beiden Länder in einer gewissen Form weiter existiert. Viele Koreaner emigrieren in die USA, weil die Amerikaner Südkorea über 60 Jahre besetzt haben. Mexikaner wandern hauptsächlich in ihr amerikanisches Nachbarland aus, weil die USA seit 1940 die Mexikaner über längere Zeit als Arbeitskräfte mit dem „Bracero Programm“ zu sich geholt haben, einer Abmachung, die heute nicht mehr gilt. Türkische Migration nach Deutschland dauert noch an, weil die BRD in den 70er Jahren Türken als Arbeitskräfte angeworben hat. Eine kleine Anzahl von Koreanern wandert noch in die BRD aus, weil man in den 60er und 70er Jahren Koreaner als Krankenschwestern und Bergbauarbeiter angeworben hat. So hängen Handelsbeziehungen und Migration eng zusammen. Je mehr deshalb die Kapitalmärkte der globalen Wirtschaft expandieren, desto mehr wird die Migration der Menschheit zunehmen.

11) Wissenschaftler und Fachleute sind davon überzeugt, dass die Migration zurückgehen wird, wenn sich die armen Länder weiter entwickelten. Aber die gegenwärtige Erscheinung der Migration wird noch einige Zeit andauern. Je mehr die Industrieländer den Entwicklungsländern mit Kapitalhilfe und Handelsbeziehung unter die Arme greifen, umso abhängiger werden die Entwicklungsländer von den Geberländern und ihrer Hilfe. Trotzdem ist „vernünftige“ Entwicklungspolitik die einzige Möglichkeit, die Migration in Grenzen zu halten.

V. Verbundenheit mit Korea

Selbst wenn ich mich über 40 Jahre ununterbrochen in Deutschland aufgehalten habe und seit 30 Jahren deutscher Staatsbürger bin, verfolgt mich noch ein gewisses Verantwortungsgefühl dem „Vaterland“ gegenüber. Denn ich kam ja nach Deutschland, um zu erfahren, wie gut die Deutschen trotz der Teilung des Landes miteinander umgehen, damit ich meinem Vaterland möglicherweise in dieser Hinsicht von Nutzen sein könnte.

Die Teilung des Landes und die Trennung von Millionen meiner Landsleute auf der koreanischen Halbinsel lassen mich nicht in Ruhe. Meine Sehnsucht nach der Wiedervereinigung des geteilten und getrennten Vaterlandes bleibt so intensiv, als wenn ich die Versöhnung meiner getrennt lebenden Eltern noch erleben wollte. Es ist für mich unsinnig, gefragt zu werden, welcher Elternteil mir mehr am Herzen liegt.

Ich konnte nicht abwarten, bis sie sich wieder miteinander versöhnen würden. Ich musste etwas dafür unternehmen. So haben Sun und ich im Jahr 1981 zunächst Nordkorea besucht, um uns zu erkundigen, ob und inwieweit Pyongyang bereit wäre, mit dem Süden ins Gespräch zu kommen. Wir wollten dann den Süden besuchen, um die positive Bereitschaft des Nordens weiter zu geben. Leider war Seoul noch nicht bereit, unsere Vermittlung zu akzeptieren. Wie jammerschade, dass die Machthaber in Seoul mehr auf die Interessen der fremden Mächte als auf das Wohl des eigenen Volkes achten. Unerträglich ist es, dass sie von der US-Amerikanischen Herrschaft, die das Land geteilt hat und die die Teilung des Landes weiter aufrecht erhalten will, abhängig und gezwungen sind, dafür die Selbständigkeit und Souveränität des Volkes zu opfern.

Trotz der Besatzung durch die vier Siegermächte praktizierten ja die Deutschen den Briefwechsel, das Telefonieren, gegenseitigen Besuch und sogar Handel unter den Besatzungszonen. Da ich in Deutschland lebe, wo man sich mit der Teilung des Landes nicht abfinden wollte und auf eine bessere Zukunft hinarbeitete, treibt mich einerseits die Last der Vergangenheit in Form der Teilung des Vaterlandes um – gleichzeitig bewegt mich die Hoffnung auf Wiedervereinigung.

1. Diktatur und Demokratie

Als ich im Jahr 1976 die deutsche Staatsangehörigkeit beantragte, dachte ich keineswegs an den endgültigen Bruch mit dem Vaterland, sondern an eine Zwischenlösung: Das Problem meines sich hinziehenden Aufenthalts in Deutschland aus politischen Gründen und das Heranwachsen unserer Kinder zwangen uns zu dieser Entscheidung.

Die Machthaber des Südens waren und sind seit der Teilung des Landes dem Norden gegenüber immer noch so unversöhnlich und so feindlich gesinnt, dass sie nur eine militärische Auseinandersetzung im Sinne haben. Und ihre Innenpolitik ist so diktatorisch, dass sie keine Opposition dulden. Da die parlamentarischen Oppositionsgruppen keine Rolle spielen, sind die außerparlamentarischen (APO) die einzige Hoffnung in diesem undemokratischen Land. Seit der Gründung 1948 hat die Studentenbewegung diese Republik ununterbrochen begleitet. Außerdem beteiligten sich an diesem demokratischen Prozess ab und zu einige Kirchen, Intellektuelle und zunehmend auch die Arbeiterschaft. Dieser demokratische Kampf kostete allerdings viel Blutvergießen und Opfer. Mein Verhältnis zum Süden ist darum in gewisser Weise „ambivalent“: Diese sehr lang bestehende undemokratische Republik ruft in mir *Hoffnungslosigkeit* hervor – anderseits weckt in mir die unerschrockene und ununterbrochene Opposition der Studentenschaft *Hoffnung* auf Demokratie in diesem Land.

Es gibt noch einen Anlass, weshalb ich auf den Süden nicht als Vaterland stolz sein kann. Südkorea ist bekannt als „Exportland von Waisenkindern“. Selbstverständlich gibt es keinen Staat in der Welt, der ohne eigene soziale Probleme ist. Aber es kommt darauf an, ob und wie man innergesellschaftlich solidarische Lösungen findet. Südkorea ignoriert das soziale Problem seiner „Waisenkinder“ und verweigert sich, es selbst zu tragen, indem es die Waisenkinder massenweise und organisiert ins Ausland „exportiert“.

Ich bin verwundert angesichts dieser Schamlosigkeit der südkoreanischen Gesellschaft.

Ich kenne ein anderes Beispiel: Während des Vietnamkrieges brachten die Medien jeden Tag grausige Bilder auf unsere

Mattscheiben, u. a. von verzweifelten durch Napalmbomben in Flammen stehenden Kindern! Viele karitative Organisationen in Europa verhandelten mit Vietnam, die Kinder aus der Kriegsgefahr nach Europa zu evakuieren und zu adoptieren. Die Ergebnisse waren erstaunlich und zu respektieren: „Unsere Kinder sind mit unserem Schicksal verbunden. Sie werden mit uns zusammen leben, oder wir werden zusammen sterben. Wir werden kein Kind ins Ausland geben!"

In der Tat kam es zu jenen Hilfsangeboten nicht allein aus Mitmenschlichkeit. Schon damals zeigte sich die Wirklichkeit der Wohlstandgesellschaft in Europa. Einerseits ging die Geburtenrate stark zurück. Anderseits schnellte das Interesse an Adoptionen von Kindern aus armen Ländern in die Höhe.

In dieser Zeit betrachtete es Südkorea als günstig, Europa eine große Zahl von Waisenkindern anzubieten. So kamen viele von ihnen zur Adoption nach Europa und Deutschland. Das Geschäft hat besonders die Organisation „Terre des Hommes" abgewickelt. In diesem Zusammenhang fanden zahlreiche Veranstaltungen von karitativen Verbänden und Kirchen für die Adoptionsfamilien statt. Dazu wurde ich oft eingeladen.

Meine Geschichte in Südkorea zählt kaum mehr als zehn Jahre. 1946 kam ich aus dem Norden nach Seoul, um Theologie zu studieren. Bis zum Ausbruch des Koreakrieges 1950 war ich in Taejon als Vikar tätig. Drei Monate vor dem Ausbruch des Krieges hatte ich geheiratet. Gleich nach dem Waffenstillstand kam ich nach Deutschland. Da mein Aufenthalt im Süden nicht auf einer ideologischen Entscheidung basierte, bin ich ziemlich frei davon, den Süden als eine „freie" und „demokratische" Gesellschaft krampfhaft zu verteidigen. Ganz im Gegenteil, ich war nicht überzeugt, dass die „vorübergehende" Besatzung der US-Streitkräfte wirklich eine Befreiung von den Japanern zur Folge haben würde. Tatsächlich war bei den Amerikanern nämlich überhaupt keine Entjapanisierung zu erkennen. Sie ließen sogar alle Kollaborateure weiter ihrer Militärverwaltung dienen, indem sie alle nationalen Kräfte als Kommunisten stufenweise „liquidierten". Von der ersten Republik bis zur Militärdiktatur fand und findet heute die ganze politische Entwicklung nach amerikanischer Regie statt, in der nationale Unabhängigkeit und Demokratie von Koreanern keine Chance haben. Wenn aber der nationale und demokratische Kampf dort nicht zu finden gewesen wäre, hätte meine „innere Emigration“ längst stattgefunden. Wo in der ganzen Welt gibt es *solch eine Studentenbewegung* wie in Südkorea, die sich über ein halbes Jahrhundert ununterbrochen gegen alle Ungerechtigkeiten widersetzte, während alle anderen der parlamentarischen Opposition versagten? Die studentische Opposition 1968 in Deutschland konnte auch nicht länger als zehn Jahre überleben. Die Stärke der studentischen Opposition in Südkorea liegt in ihrer „Gewaltlosigkeit“ und „Passivität“. Wenn es dort außerdem Vorbilder wie Ham Sunk-Hun, An Byung-Mu, Park Hyung-Kyu oder Mun Ik-Hwan – alle sind Christen – nicht gegeben hätte, hätte ich keinen Grund, auch Südkorea als mein Vaterland behalten zu wollen.

Nach meiner Beobachtung ist die südkoreanische Gesellschaft durch zwei gegensätzliche Interessen gespalten, die verkörpert werden: einmal von der Schicht der Kollaborateure, die in der kolonialen Zeit mit den Japanern zusammengearbeitet hat und nun weiter seit der Besatzung mit den Amerikanern kollaboriert – und zum anderen von jener Schicht des Volkes, die keine fremde Macht mehr duldet. Dazwischen befindet sich die dritte Gruppe: nämlich jene opportunistischen Intellektuellen, die wohl die gesellschaftlichen und nationalen Probleme zu erkennen vermögen, aber praktisch an der Seite der jeweiligen Herrschenden stehen. Südkorea hat international gesehen vielleicht die höchste Quote von Akademikern, die Ihren Hochschulabschluss im Ausland gemacht haben. Ich kenne persönlich Hunderte meiner Landsleute, die in Deutschland studierten und wieder nach Hause zurückgekehrt sind. Es würde mich sehr interessieren zu erfahren, in welcher Weise sie sich an den gesellschaftlichen Veränderungen hin zu mehr Menschenrechten und Demokratie beteiligt haben – oder ob es letztlich nur bei der „Vermittlung von ‚know how'“ blieb.

Südkorea ist im Kontext von Menschenrechten und Demokratie international – ähnlich wie die Türkei – noch rückständig. In der Gegenwart braucht es Zivilcourage. Das betrifft sowohl die Medien als auch die Intellektuellen in Südkorea. Für mich bedeutet der Begriff „Vaterland“ nicht so sehr das Land an sich, sondern ich verbinde damit Menschen, die die Gesellschaft vermenschlichen wollen. Die kleine Minderheit solcher Menschen im Süden ist die Hoffnung und der Grund meiner Solidarität (Identifizierung) mit Südkorea.

a) Studentenaufstand vom 19.04.1960

Alle Medien in der BRD brachten seit dem 19.4.1960 jeden Tag Berichte über den Aufstand der Studenten in Südkorea, die gegen die Diktatur vom Regime SyngMan Rhee protestierten. Die Bilder, die das Fernsehen übertrug, wie die Studenten vor die Residenz des Staatspräsidenten „Kyung-Mu-Dae" vorgerückt waren und sich vor den Schützenpanzern hinlegten, rissen mich aus der Gleichgültigkeit. Sofort musste ich etwas tun, um unsere Solidarität als Kollegen in Deutschland zu manifestieren. Mit KiWhan Choi, damals Student für politische Wissenschaft in Bonn, haben wir, Sun und ich, besprochen, alle etwa 60 in Köln und Bonn Studierenden zu mobilisieren. Auf unseren gemeinsamen Aufruf hin kamen aber nur etwa 20 Kommilitonen zusammen. In der Einschätzung der Lage des Landes waren wir uns grundsätzlich einig, aber eine Entscheidung, was wir nun hier in Deutschland als Akt unserer Solidarität tun sollten, war nicht so einfach. Höchstens für die Veröffentlichung unseres gemeinsamen Manifestes als Solidaritätsakt war die Mehrheit der Anwesenden zu gewinnen, aber für eine Demonstration auf der Straße nicht. Fast alle von uns waren abhängig von der monatlichen Überweisung von Zuhause in Höhe von 150 US Dollar – die uns allerdings durch einen oppositionellen Akt versagt werden würde. Auf alle Fälle wussten wir, dass wir unsere Reisepässe nicht mehr verlängert bekämen. Ich habe vorher dafür gesorgt, für den Notfall einen Rechtsbeistand für politisches Asyl und ein Stipendium zu erhalten. Trotzdem meldeten sich nur fünf Personen zur Demonstration! Eine solch kleine Zahl würde uns eher lächerlich erscheinen lassen. Der Versuch, Studenten in der BRD kollektiv dafür zu organisieren, war also gescheitert. Wir waren irgendwie ohnmächtig.

Da kam ein Engel: ein überraschender Besuch aus Köln. *Werner Höfer,* Direktor für politische Abteilung des Westdeutschen Rundfunks (WDR) schickte einen Mitarbeiter zu mir mit der Bitte, ich möge an dem „Internationalen Frühschoppen" am nächsten Sonntag in Köln teilnehmen, wo die Demonstration der Studenten in Südkorea das Hauptthema sein sollte.

Diese politische Sendung, an der jeweils fünf internationale Journalisten teilnahmen, und die jeden Sonntagmittag im Ersten Deutschen Fernsehen ausgestrahlt wurde, war sehr beliebt und wurde von einem Millionenpublikum gesehen. Es moderierte immer Werner Höfer.

Die Einladung brachte uns völlig aus dem Häuschen! Denn sie bot die Chance, die internationale Aufmerksamkeit auf unsere komplexe Situation zu lenken und darüber aufzuklären. Das war wirklich ein großartiges Geschenk! Am Samstag vor der Sendung schlug Werner Höfer ein Vorstellungsgespräch vor. Er plante als Thema für den Sonntag: „Warum demonstrieren die Studenten in Südkorea?" Da er keinen koreanischen Journalisten in Deutschland finden könne, sei er gezwungen, eine Ausnahme zu machen und zu dieser Journalisten-Talkshow einen Nicht-Journalisten einzuladen. Er versuchte weiter, bei mir einen Medienbezug herauszufinden und fragte dann, ob ich je für eine Zeitung geschrieben hätte. Trotz meiner Verneinung wurde abgemacht, dass ich am Sonntag teilnehmen sollte.

Meine Aufregung war groß. Ich war ja noch nie im Fernsehen aufgetreten. Ich hatte die Millionen von Zuschauer im Hinterkopf und fragte mich, ob mein Deutsch ausreichen würde, die Problematik der politischen Landschaft in Südkorea verständlich zu machen. So betrat ich den Sendesaal, in dem ein Halbkreis mit sechs Stühlen bereitstand.

Mir wurden alle Teilnehmer vorgestellt. Dazu zählten: ein Amerikaner von UP (United Press), ein Engländer von AP (Associated Press), ein Japaner von Mainichi-Shinbung und schließlich ein Deutscher, Gerd Ruge, aus Moskau. Alle waren sie während des Koreakrieges unmittelbar vor Ort und noch längere Zeit dort gewesen. Der Moderator Werner Höfer stellte mich zuerst vor. Er sagte, ich sei kein Journalist, sondern evangelischer Pfarrer.

Dann stellte er mir die erste Frage: „Was würden Sie tun, wenn Sie in Korea wären?" Ich antwortete: „Ich würde auch in der Reihe der Studenten vor der Residenz des Staatspräsidenten sein."

Er fragte mich weiter: „Wogegen und wofür protestieren die Studenten in Südkorea?"

Zuerst habe ich auf zwei Dinge hingewiesen: Der Staatspräsident Syngman Rhee sei ein antikommunistischer Diktator, der nur im Sinne habe, zusammen mit den amerikanischen Streitkräften eine gewaltsame Einheit des Landes gegen Nordkorea zu erzwingen. Er habe alle Oppositionellen, die für die nationale Selbständigkeit oder für die friedliche Koexistenz mit Nordkorea einträten – einen nach dem anderen – ausgeschaltet. Seine linke Hand, der Präsident des Parlaments, KiBong Lee, beherrsche das Haus mit Korruption und Ämterschacherei. Dann fuhr ich fort: „Rhee ist ein koreanischer Franko. Er ist aber ein protestantischer Diktator, während Franko in Spanien ein katholischer ist."

Alle Anwesenden haben meine Hinweise bestätigt und mit ihren eigenen Beobachtungen ergänzt. Es ist dabei deutlich geworden, warum und wie die Studentenschaft in diesem Land die oppositionelle Rolle einnimmt – in einer Situation, in der praktisch keine andere demokratische Opposition existiert. Ich habe dazu noch die stolze Tradition der Studentenbewegung aus der Zeit der japanischen Herrschaft erwähnt. Mit dem gesamten Ablauf der Sendung war ich sehr zufrieden, weil das, was ich in der deutschen Öffentlichkeit bekannt machen wollte, zum Ausdruck gekommen war.

In den folgenden Tagen kamen unzählige Briefe von Zuschauern als Zeichen ihrer Solidarität und Ermutigung. Diese erste politische Entscheidung für Öffentlichkeit hat unsere Familie allerdings einige Opfer gekostet. Wir mussten damit rechnen, dass unsere Reisepässe nicht mehr verlängert würden und wir dadurch gezwungen wären, politisches Asyl in der BRD zu beantragen. Darüber hatten wir bereits vorher mit Iwand bzw. Gustav Heinemann gesprochen. Eine baldige Rückkehr nach Korea mussten wir aufgeben. Schließlich wurde der Plan der Familienzusammenführung mit unseren Kindern aus Korea auf ungewisse Zeit verschoben.

Einige Wochen danach traf unerwartet eine zweite gute Botschaft aus Korea ein: Syngman Rhee war vom Staatspräsidentenamt zurückgetreten! Kibong Lee, seine linke Hand, hatte sich mit seiner ganzen Familie umgebracht. Wir atmeten sehr auf und begannen, von einem unerwartet früh eingetretenen Frühling in jenem Land zu träumen.

b) Studentenseminar (Toe-Su-Hoe, 퇴수회)

Um eine Wiederholung der Diktatur zu vermeiden und eine stabile Demokratie in Korea zu etablieren, waren vor allem die Einsätze von Intellektuellen vonnöten. Damals studierten etwa 200 unserer Landsleute in der BRD, die eine bessere Chance als ihre Kommilitonen in den USA hatten, da sie ihre Studien im Kontext eines geteilten Landes betrieben.

Durch den plötzlichen Tod meines Lehrers Iwand musste ich im August 1960 früher als geplant von Bonn nach Stuttgart umziehen, um die vorgesehene Tätigkeit als ökumenischer Referent an der Arbeitsgemeinschaft der Evangelischen Jugend Deutschlands aufzunehmen.

Da ich die Begegnung zwischen deutschen und koreanischen Studenten zusammen organisiert hatte, wollte ich angesichts einer anfälligen Demokratie in Korea ein regelmäßiges Seminar extra für koreanische Studenten einrichten. Im Sommer 1962 suchte ich Herrn ByoungMu Ahn in Heidelberg auf, wo er seine Dissertation schrieb, um zu beraten, solch ein Seminar einzurichten. Wir waren über Idee und Durchführung sofort einig. Zunächst versuchten wir, das Seminar jährlich zweimal mit einer Kapazität von 50 Studenten zu veranstalten. Organisierung und Finanzierung habe ich übernommen. Das Seminar haben wir etwas klassisch benannt: Toe-Su-Hoe (退修會).

Es war notwendig, in einem nächsten Schritt ein enges Vorbereitungsgremium zu bilden und in dessen Namen Einladungen zu verschicken. In Eile haben wir vier alte Bekannte dazu gewonnen und die folgende Einladung formuliert:

Liebe Kommilitoninnen und Kommilitonen in der BRD!

Angesichts der ernsten Lage des Vaterlandes, ob sich die Demokratie behaupten kann, sind wir, alle Studenten im Ausland, herausgefordert, der uns auferlegten Verantwortung und Aufgabe mit Ernst zu begegnen. Es ist die entscheidende Frage, ob alle Intellektuellen, die mehr oder weniger eine Führungsrolle in der Gesellschaft spielen werden, mit einem gesellschaftlichen Bewusstsein und mit einer Bereitschaft zum Dienst für das Land ausgestattet sind.

Wir haben uns gefragt, welche Dringlichkeit in der gegenwärtigen Situation von uns gefordert ist, in der das Land geteilt ist und in der innerer Gegensatz, Feindschaft und Streitigkeit immer heftiger werden.

Warum wird die Lösung der Probleme unseres Landes immer komplizierter und ständig aufgeschoben, während es andere Länder, denen weniger Intellektuelle als unserem Land zur Verfügung stehen, leichter haben?

Es fehlt uns einfach die demokratische und solidarische Praxis und Übung. Was sollen wir jetzt in Deutschland anfangen? Wir wollen uns öfter zusammen treffen, um den gesellschaftlichen Konsensus bewusst zu machen und unsere einzelnen Wissenschaften in den Zusammenhang des Gemeinwohls zu stellen. Auf Grundlage dieser Gedanken wollen wir ab diesem Jahr das Studentenseminar veranstalten. Wer unseren Vorschlag unterstützt, ist willkommen.

Den 10. Juli 1962

Die Initiatoren:

Byoung Mu Ahn

Hyuk Myun Kwon

Yong Un Tai

Il Schin

Ung Kim

Young Bin Lie

Das erste Seminar haben wir mit Finanzmitteln des Bundesjungendrings im Oktober 1962 im „Hause der sieben Brüder“ im Taunus vorbereitet. Das Interesse der Studenten war so groß, dass die Anmeldungen von über 80 nun auf 60 begrenzt werden mussten. Unter ihnen waren auch vier Studenten aus Nordkorea, die in der Zeit des Aufstandes in Ungarn 1956 dort studierten und nach Westen geflüchtet waren. *Isang Yun* nahm zum ersten Mal daran teil, der damals in Paris Komposition studierte. Er war der älteste unter uns. Als Hauptthema des Seminars wählten wir: „Volkswirtschaft in Korea“, um den Stand und das Problem der Volkswirtschaft zu analysieren. Referenten wurden aus unseren eigenen Wissenschaftsreihen ausgesucht. Das Seminar wurde in dem Bewußtsein durchgeführt, dass alle wissenschaftlichen Arbeiten von uns für den Aufbau einer demokratischen und solidarischen Gesellschaft Koreas dienlich sein sollten.

Aber dann geschah das Unglück, das wir vermeiden wollten. Am letzten Tag der Tagung tauchte ein Mitglied der koreanischen Botschaft auf und spendete eine Kiste Whisky, um sich unsere Gunst zu erwerben. Der große Teil der Teilnehmer war nicht so weit, diesen ungebetenen Gast samt seiner Geschenke abzuweisen. Der Alkohol wirkte total, und alles wurde auf den Kopf gestellt. Statt eines einmütigen Abschlusses der Tagung brach eine Meinungsverschiedenheit hinsichtlich der staatlichen Autorität bzw. Botschaft auf. Entsetzt reagierte Byung Mu Ahn mit einer eindeutigen Mahnung: Es sei von uns allen schon ein Fehler gewesen, den ungebetenen Besuch der Botschaft zugelassen zu haben. Die Botschaft pflege koreanische Bürger bzw. Studenten im Ausland als Objekte der Kontrolle statt des Dienstes zu betrachten. Die meisten Stundeten verstanden ihre Botschaft als der Obrigkeit zugehörig. Wir wollten nun aber gerade wirkliche Demokratie aufbauen, in der es weder „Obrigkeit“ noch „Untertan“ mehr geben sollte. Es war unsere grundsätzliche Einstellung, dass die Studentenschaft von aller staatlichen Autorität bzw. Botschaft unabhängig sein müsse und dass sie mit dem demokratischen Grundsatz kritisch zu begleiten sei – sogar in einer Zeit, in der die Studenten das autoritäre Regime Syngman Rhee zu Fall gebracht hatten. Mit anderen Worten, unser Seminar setzte sich das Ziel, in Zukunft unabhängig von irgendeiner Unterstützung und unabhängig von der Kontrolle staatlicher Organe selbständig zu handeln.

Das zweite Seminar wurde geplant und sollte im März des nächsten Jahres 1963 im Raum von Freiburg stattfinden. Trotz der Grundsatzerklärung hatte das gewählte Vorbereitungsgremium aber eine engere Zusammenarbeit mit der Botschaft vereinbart. Der Botschafter war ein Hauptreferent. Dadurch kam es natürlich zu thematischen und inhaltlichen Einflussnahmen von Botschaftsseite aus, so dass unser Plan eines selbstbestimmten Seminars von Anfang an zum Scheitern verurteilt war. Es gab zu viele aus unserem Kreis, die mehr an ihrer Karriere als an der Demokratie interessiert waren. Obwohl unsere Studenten nach dem Vorbild der demokratischen Studentenrevolution vom

19. April1960 handeln sollten, wofür wir dieses Seminar ja eingerichtet hatten, war die Mehrheit von uns noch nicht imstande, an der Schwelle zu einem demokratischen Wandel in Korea, ihrer intellektuellen Verantwortung gerecht zu werden..

Das Instrument, das wir gerade für die kritische Freiheit der Bürger dem Staat gegenüber geschaffen hatten, verrieten sie gleich. Nach dem Wunsch der Botschaft hat das Seminar die „Landsmannschaft von Koreanern in der BRD" konstituiert, dessen Satzung folgendermaßen lautet: „Der Sitz der LKiBRD ist bei der koreanischen Botschaft."

Das Verhältnis zwischen Obrigkeit und Untertanen steckt noch heute in den Köpfen von Akademikern. Tausende von Koreanern studierten inzwischen in der BRD, gingen nach Korea zurück und wurden Wissenschaftler – meistens an den Hochschulen. In der letzten dunklen Zeit der Diktatur in Korea habe ich kaum von jenen mir Bekannten aus Deutschland gehört, die ihre Stimme gegen die Diktatur erhoben hätten. Es tut mir heute noch weh, dass der Versuch mit dem Seminar gescheitert ist und umsonst war.

c) Seelsorge für Krankenschwestern und Bergleute aus Südkorea

1965 war ich in Göttingen noch damit beschäftigt, meine theologische Dissertation abzuschließen und beabsichtigte, anschließend nach Korea zurückzugehen. Eines Tages bekam ich ein unerwartetes Schreiben vom evangelischen Superintendenten aus Aachen. Er sei sehr überrascht, dass so viele Kirchen in Aachen und Umgebung jeden Sonntag plötzlich von koreanischen jungen Männern besucht würden. Sie seien alle Bergleute aus Südkorea – eingesetzt im Kohlebergbau in Aachen und im Ruhrgebiet. Wegen der sprachlichen Barriere könne er den Kontakt mit ihnen leider nicht sinnvoll gestalten. Eine für sie dringende Frage sei der Gottesdienst in koreanischer Sprache. Inzwischen habe er versucht, einen koreanischen Pfarrer ausfindig zu machen. Nach seinen Recherchen wäre ich der einzige Pfarrer hierzulande. Ich sollte ihm bzw. meinen Landsleuten helfen. Auf alle Fälle wollte er bald mit mir sprechen. Das war ja ein Hammer aus heiterem Himmel!

Es kam für mich ganz und gar nicht in Frage, verpflichtet zu sein, diese gemeinsame Aufgabe mitzutragen. Ich dachte aber, dass ich seine Anfrage beantworten sollte. Dafür wollte ich nach Aachen fahren und habe in diesem Zusammenhang Folgendes festgestellt: Bereits seit 1964 wurden etwa zweihundert koreanische Bergleute im Aachener Gebiet eingesetzt. Etwa einhundert evangelische Koreaner pflegten, jeden Sonntag den deutschen Gottesdienst zu besuchen. Auch im Ruhrgebiet waren über eintausend Koreaner eingesetzt. Die beiden Länder hatten vereinbart, bis 1965 dreitausend Bergleute und genauso viele Krankenschwestern einzusetzen.

Der Hintergrund dieser koreanischen Migration in die BRD wurde mir nachträglich klar: Die Entwicklung in der BRD ging mit der Modernisierung der Industrie rasch voran. Das bedeutete für die deutsche Wirtschaft, schleunigst vom Energieträger „Steinkohle“ auf „Atomenergie“ umzusteigen. Und für die deutsche Regierung bedeutete es im Zusammenhang ihrer Entspannungspolitik mit dem Osten, preiswertes „Erdgas“ aus Sibirien zu importieren. In diesem Umbauplan der Energie war vorgesehen, erstens das Kontingent des traditionellen Bergbaus schrittweise abzubauen, zweitens die entlassenen Bergleute auf andere Berufe umzuschulen. Für diesen Übergang war es notwendig, ausländische Bergleute nach Deutschland zu holen – zumal die Ausländer geringere Löhne erhielten als die deutschen Arbeitnehmer.

Gerade in dieser Zeit suchte das Regime von *Jung-Hee Park* den Weltmarkt, um einen Teil seiner Arbeitslosen abgeben zu können, denn Korea litt unter einer starken Arbeitslosigkeit von über 30 Prozent der Gesamtbevölkerung. So kam schnell eine Vereinbarung zwischen den beiden Ländern bzw. zwischen dem *Unternehmensverband Ruhrbergbau* und der *Exportcompany of Manpower in Korea* zustande, um Kontingente von dreitausend koreanischen Bergleuten alle drei Jahre auszuwechseln bzw. rotieren lassen zu können.

Noch dringender als der Energiesektor war in der BRD der Mangel an Krankenschwestern. Das Interesse bei den jungen Frauen am Beruf der Krankenschwester war sehr begrenzt, weil das Gehalt der Krankenschwestern im Verhältnis zu anderen Industriearbeiterinnen gering war. Da die meisten Krankenhäuser in Deutschland die Krankenpflege traditionell durch katholische Nonnen bzw. evangelische Diakonissen abgedeckt hatten, und diese die Krankenpflege als Glaubensdienst und nicht als Job ableisteten, stand die Vergütung der Krankenschwestern in einer ganz anderen Kategorie. Andererseits wuchsen die Krankenhäuser nach der Erweiterung des Sozialstaates rasch, so dass der Bedarf an Krankenschwestern längst nicht mehr ausreichend war. Also war man gezwungen, diese Fachkräfte aus dem Ausland zu importieren. Es war aber nicht leicht, solche spezifischen Fachkräfte im Ausland zu finden.

In Korea war dieser Beruf, und er ist es immer noch, sehr attraktiv und angesehen. Zur Ausbildung als Krankenschwester muss ein Mädchen das Abitur vorweisen können. Dafür bringt jede Familie viel materielle Unterstützung auf.

Wie es dem Bildungseifer der Koreaner entspricht, gab es bald ein Überangebot an ausgebildeten Krankenschwestern – auch weil der koreanische Staat nicht imstande war, den notwendigen Ausbau des eigenen Gesundheitswesens voranzubringen. So haben die *Krankenhausgesellschaft* und *die Gesellschaft von Krankenschwestern in der BRD* durch die koreanischen Ärzte, die in den deutschen Kliniken tätig waren, ausreichende Fachkräfte in Korea gefunden, und es wurde der erste Transfer von 3.000 koreanischen Krankenschwestern beidseitig geregelt. Ohne die koreanische Hilfe hätten viele Krankenhäuser in Deutschland damals schließen müssen.

Diese schnell abgewickelten Migrationspläne zwischen den beiden Ländern – es gab ja auch bereits eine Million ausländische Arbeitnehmer mit all den damit verbundenen sozialen und menschlichen Problemen – wurden in der deutschen Öffentlichkeit bzw. in den Kirchen nicht wirklich kommuniziert. Die Deutschen haben erst viel später erkannt, dass sie sich zunächst nur für Arbeitskräfte interessiert hatten, aber ja Menschen gekommen waren.

Also standen wir, die Kirche der BRD bzw. der Christenrat der Kirchen in Korea (KNCC) und ich vor der vollendeten Tatsache, dass 3.000 Krankenschwestern und 3.000 Bergleuten geholfen werden musste. Ich hatte eigentlich fest vorgehabt, bald nach Korea zurückzukehren, um mich dort an der Ausbildung von Theologen zu beteiligen. Nun war ich unerwartet mit einer dringenden pastoralen und sozialen Herausforderung konfrontiert. Um mir Klarheit zu verschaffen, pendelte ich drei Monate lang jeden Sonntag zwischen Göttingen und Aachen. Damit wurde das Schicksal meiner Landsleute zu meinem eigenen, denn ihre Situation berührte mich zutiefst!

Alle Bergleute hatten in Korea nie „unter Tage" gearbeitet! Alle waren Abiturienten und darüber hinaus mehr als 30% Akademiker. Ausnahmslos alle waren in ihrer koreanischen Heimat bereits arbeitslos gewesen. Von Beruf waren sie Lehrer, Anwälte, ehemalige Abgeordnete, Prediger, Psychologen oder große und kleine Unternehmer etc. Was für eine Arbeitslosigkeit hatte diese fähigen und qualifizierten Menschen zur Verzweiflung und schließlich aus dem Land getrieben! Sie wußten nichts von der harten, körperlichen Arbeit eines Bergmanns. Nein, viele waren nicht fähig, Untertage einen 70 kg schweren Stempel zu tragen! Es war mörderisch. Einige starben sogar durch Unfälle! Wie hatten sie sich nur auf dieses Abenteuer einlassen können?!

Hintergrund ihrer Entscheidung war die Hoffnung, mit der auf drei Jahre befristeten Anstellung genug Geld verdienen zu können, um damit eine andere Ausbildung – entweder in der BRD oder in den USA oder in Kanada, wo sie sesshaft werden wollten – zu finanzieren. Sehr wenige dachten an Zuhause zurück. Wie sollte ich für diese Landsleute eine pastorale Aufgabe übernehmen? Ich hatte ja keinerlei Erfahrung und keine Ahnung! Es gab aber keine Alternative, dass etwa noch jemand außer mir das hier im Lande tun könnte. Vor dieser Herausforderung konnte und durfte ich mich nicht drücken. Also wurde meine wissenschaftliche Arbeit für einige Jahre verschoben. Für zwei Jahre sagte ich ja! Offiziell haben mich sowohl die „Evangelische Kirche im Rheinland", wo die meisten meiner Landsleute ihren Wohnsitz hatten, als auch der „Nationale Kirchenrat in Korea" mit der doppelten Aufgabe von Seelsorge und sozialer Beratung beauftragt.

Ab September 1965 habe ich diese Aufgabe zunächst für zwei Jahre übernommen. Zuvor musste meine Familie von Göttingen nach Duisburg umziehen. Ich hatte ja überhaupt keine Information über die Niederlassungen all meiner Landsleute in der BRD. Mein erster Schritt sollte einer Erfassung der Anschriften durch eine persönliche Erkundung dienen. Zuerst besuchte ich die mir bereits bekannten Bergmannsheime: Alsdorf, Setterich, Würseln bei Aachen, und Duisburg-Hamborn, Walsum, Dinslaken, Gelsenkirchen, Castrop-Rauxel im Ruhrgebiet und Böggen-Bönen bei Unna, wo insgesamt etwa eintausend meiner Landsleute untergebracht waren. Im Übrigen hatten viele Koreaner ihre Unterkünfte bei privaten Familien.

Die Aufteilung der koreanischen Krankenschwestern war viel weiter auf die ganze BRD und West-Berlin bezogen. Etwa ein Drittel der 3.000 war in Nordrhein-Westfalen tätig, so dass mein Besuch in über 50 Krankenhäusern und ein Gottesdienst in zehn verschiedenen Städten monatlich einmal stattfinden konnte. Es gab z.B. Gottesdienste in Gelsenkirchen, Duisburg, Essen, Bochum, Dinslaken, Köln, Lüdenscheid und Alsdorf/ Aachen. Jeden Monat musste ich durchschnittlich 5.000 km mit dem Dienstwagen, einem VW Käfer, bewältigen, und ebenso Kliniken in West-Berlin, Hannover, Frankfurt/M. und Mainz besuchen, wo ein Großteil unsere Krankenschwestern arbeitete. Etwa nach zwei Jahren habe ich meinen Wirkungskreis auf Nordrhein-Westfalen beschränkt. West-Berlin und das Rhein-Main-Gebiet wurden von anderen Kollegen der jeweiligen Landeskirchen übernommen.

Bei den koreanischen Schwestern gab es anfangs ein wesentliches Missverständnis. Denn bei ihrer Vermittlung wurden sie über die anfallenden Aufgaben in deutschen Krankenhäusern nicht genau aufgeklärt. Als koreanische Krankenschwestern zum ersten Mal in deutschen Krankenhäusern eingesetzt wurden, dabei Krankenbetten machen und Urinal bereitstellen mussten, verweigerten sie die Arbeit mit der Begründung, dies sei Aufgabe der Hilfsschwester oder des Pflegers.

Sie mussten aber schließlich einsehen, dass sich das Berufsbild einer Krankenschwester in Deutschland von dem in Korea unterschied. Zur Ausbildung einer Krankenschwester in Korea wird – wie im amerikanischen System – die Hochschulreife vorausgesetzt.

Koreanische Krankenschwestern hatten zwei Vorteile mitgebracht: Menschenfreundlichkeit und Intelligenz. Sie lernten die deutsche Sprache schnell. Nach kurzer Zeit waren sie voll einsatzfähig – genauso wie ihre deutschen Kolleginnen. Außerdem waren sie bei den Patienten sehr beliebt, weil sie freundlich waren.

Im Unterschied zu ihren Landsmänninnen brachten die koreanischen Bergleute viel kompliziertere und schwierigere Voraussetzungen mit. Da zur ersten Gruppe (1964-67) eigentlich keine Bergleute gehörten, hatten sie unter Tage enorme körperliche Schwierigkeiten. Noch schwerer wog das mentale Problem für die Männer: nämlich Perspektivlosigkeit. Sie hatten sich um diesen ungewöhnlichen Job beworben in der Hoffnung, nach drei Jahren in Deutschland eine angemessene Ausbildung erhalten zu können und dann mit besseren Chancen auf den deutschen Arbeitsmarkt zu gehen. Bald wurde ihnen klar, dass keine Möglichkeit bestand, weiter in Deutschland zu bleiben, weil sie in einem dreijährigen Arbeitsvertrag an die „Rotation" gebunden waren. Nun standen die Männer vor der Frage: *Wohin dann? Wie kann ich diese Hölle ohne Perspektive bestehen?*

Das war wirklich eine große Herausforderung für meinen seelsorgerlichen Dienst. Womit konnte ich den perspektivlosen jungen Männern Lebensmut vermitteln? Wichtig war mir, und das sah ich sehr klar, in der Nähe ihrer Sorge und Ängste zu bleiben. Da unsere Männer ohne Erfahrung in die Gruben einfuhren, kam es bald zu vielen Arbeitsunfällen und Krankheiten. Die deutschen Arbeitgeber waren enttäuscht und kündigten den Arbeitsunfähigen im Einvernehmen mit dem Arbeitsattaché der koreanischen Botschaft, obwohl sie ja einen gültigen dreijährigen Arbeitsvertrag besaßen. Eines Tages kamen diese vertragswidrig entlassenen dreißig Landsleute in Gelsenkirchen zu mir, um meinen Beistand zu erbitten.

Sofort konsultierte ich *das Anwaltsbüro Heinemann jun.* in Essen, das mir *Gustav Heinemann* senior, den ich bei Prof. *Iwand* kennen gelernt hatte, höchst persönlich empfohlen hatte. Das Mandat brachte den Erfolg, die Kündigung ohne Einschalten des Arbeitsgerichts rückgängig zu machen. Danach passierte nie wieder so ein willkürlicher Vorfall von Seiten des Arbeitgebers. Durch diesen Vorfall wurde mein seelsorgerlicher Dienst bei allen Landsleuten auch als soziale Anwaltschaft bekannt und weiter beansprucht.

Die unterschiedlichen Interpretationen des Arbeitsvertrags einmal bei den Krankenschwestern und dann bei den Bergleuten brachten menschliches Unglück hervor. Falls eine Ehe zwischen einer Krankenschwester und einem Bergmann zustande kam, führte dies oft zur Trennung der Ehe. Alle Ehemänner mussten ja Deutschland verlassen, wenn sie drei Jahre als Bergleute gearbeitet hatten, während die Ehefrauen weiter unbefristet tätig sein durften, weil sie in ihren Krankenhäusern geschätzte Mitarbeiterinnen waren. Diese unmenschliche Situation habe ich beim Präsidenten des Landesarbeitsamts von Nordrhein-Westfalen, Herrn Degen, angesprochen. Sein Wohlwollen und der Geist der deutschen Verfassung über die Zusammenführung in der Ehe ermöglichten, eine Sonderregelung zu treffen, so dass der mit einer Krankenschwester verheiratete Bergmann weiter in Deutschland bleiben durfte, solange seine Ehefrau noch einen Arbeitsvertrag besaß. Diese neue Regelung ermunterte koreanische Bergleute, die unbedingt in Deutschland bleiben wollten, dazu, Landsmänninnen, die als Krankenschwester arbeiteten, zu heiraten. Die regelrechte Heiratswelle, zu der es nun kam, war nicht allein damit zu erklären, dass sich die Zuneigung der beiden Geschlechter gerade in fremdem Land als besonders ausgeprägt erweist. Je mehr und je länger unsere Krankenschwestern hier blieben, desto mehr entstanden junge Familien, so dass sich die koreanische Migration unerwartet zur Immigration in der BRD weiter entwickelte. Heute zählt man hierzulande etwa 20.000 Koreaner. Damit ist die koreanische Minderheit die kleinste unter den zwanzig Minderheiten in Deutschland. Die vierjährige pastorale Tätigkeit hat mich aus einer gewissen Entfremdung heraus wieder zurück zu meiner südkoreanischen Identifikation geführt.

d) „Ost-Berlin-Affäre“

Im Juli 1967 ereignete sich ein unglaublicher Vorfall: Das Regime der Militärdiktatur von *PARK ChungHee* wagte es, 18 südkoreanische Studenten, die zur nordkoreanischen Botschaft in Ostberlin einen Kontakt unterhielten, aus der Hoheit der BRD nach Seoul zu entführen.

Zu diesem Unternehmen war ein Dutzend südkoreanischer CIA-Agenten nach Deutschland eingereist und etwa 50 Bergleute mobilisiert worden. In diese illegale Aktion war vorher keine deutsche Behörde eingeweiht worden.

Wir waren gerade vom Kirchentag in Hannover zurückgekehrt, als dieser unheimliche Vorgang in Deutschland an die Öffentlichkeit drang. Wir wurden mit unzähligen Telefonanrufen von unseren besorgten Landsleuten bombardiert: „Wie geht es Ihnen? Ist Ihnen etwas zugestoßen? Frau und Herr *YUN Isang* sind seit Tagen spurlos verschwunden. Wissen Sie vielleicht, wo sie sind? Wir haben außerdem erfahren, dass mehrere Studenten aus verschiedenen Universitäten verschwunden sind!“ Wir konnten diesen Vorgang überhaupt nicht begreifen. Wir haben zuerst den damaligen Vorsitzenden der koreanischen Landsmannschaft *KWON Hyuk Myoung,* Prof. für Koreanistik in Bochum, angerufen und um eine Auskunft gebeten. Was er wusste, war Folgendes: Das Ehepaar Yun war zuerst zur koreanischen Botschaft in Bonn zitiert und dann nach Seoul gebracht worden. Auch die anderen Studenten wurden mit Hilfe der Bergleute unter Regie des südkoreanischen CIA vor Ort nach Südkorea entführt, und zwar aufgrund der Verdächtigung, einem nordkoreanischen Spionagering anzugehören. Diese Aktion sei mit dem Einverständnis des Bundesverfassungsschutzes geschehen. In totalem Widerspruch dazu berichteten deutsche Medien, diese Entführungsaktion sei ohne Mithilfe der deutschen Behörden durchgeführt worden und deshalb eine grobe Verletzung der deutschen Hoheit. Die meisten deutschen Medien akzentuierten die südkoreanische Aktion als eine schwerwiegende Verletzung der Souveränität der BRD. Bonn sollte sofort die Kapitalhilfe für Seoul einstellen. Andernfalls betrachteten sie die Entführten als Regimekritiker. Ich konnte meinerseits aber alle Anfragen seitens der Kirchen nicht klar beantworten, weil mir seröse Informationen fehlten. Auf jeden Fall wurde das Gremium der koreanischen Landsmannschaft einberufen, um beim Botschafter vorzusprechen.

Der Botschafter, *CHOI DukShin*, Ex-General, empfing uns in einem kleinen Saal der Botschaft. Da saß auch eine unbekannte Person dabei, die mit Botschaftsrat tituliert wurde. Wir haben sofort geahnt, dass er der Entsandte aus Seoul sein müsse, der diese geheime Aktion durchgeführt hat. CHOI machte zuerst den Mund auf und brachte zum Ausdruck, dass alle koreanischen Bürger – auch die im Ausland – den Wunsch hätten, besser zu verstehen, was die Regierungsmeinung sei und wie diese sich zu den Informationen verhalte, die in Deutschland verbreitet würden. Wer sich aber gegen die südkoreanische Regierung stelle, sei illoyal gegenüber dem Staat.

Sein anfänglicher Ton war total untypisch für ihn. Wir nahmen sofort an, dass er in Anwesenheit des CIA-Vertreters stark unter Druck stand. Das Gesagte ließen wir nicht einfach so stehen. Ich habe ihn an das Grundrecht der Demokratie erinnert, wonach jeder Staatbürger nicht nur das Recht hat, sondern auch verpflichtet ist, die Politik der Regierung zu kritisieren. Seine Aussage sei aus dem Rahmen gefallen. Wir forderten ihn zur Rücknahme seiner undemokratischen Aussage auf. Er entschuldigte sich umgehend. Auf unsere Forderung einer Erklärung für die Entführung unserer Landsleute aus Deutschland kam der CIA-Mann zu Wort. Die nach Korea „Zurückgeführten" seien diejenigen, die für Nordkorea Spionage getrieben hätten – dies sei seit langem beobachtet worden. Man hätte dafür Beweise genug. Er bestand darauf, dass wir als Staatsbürger verpflichtet seien, mit dem Staat gegen Spionage zu kooperieren. Das war eine unerhörte Frechheit! Wir stellten drei Fragen: 1. Wäre es nicht verfassungswidrig, wenn ein staatliches Organ ohne Gerichtsurteil einen Bürger beschuldigt und verhaftet? 2. Wäre es nicht eine Verletzung des internationalen Rechts, wenn ein koreanisches Staatsorgan ohne gerichtliches Urteil der BRD die koreanischen Bürger, die sich in der BRD aufhalten, verhaftet und nach Korea zurückführt? 3. Wäre es nicht auch eine Verletzung des Grundverständnisses unserer Demokratie, wenn die Justizbehörde bei der Ausübung der Verhaftung von Beschuldigten einen normalen Bürger dazu bewegt, unmittelbar bei der Entführung mitzuwirken? Der CIA-Mann versuchte, uns mit lauter Unwahrheiten zu beschwichtigen. Diese Aktion sei vorher mit deutschen Stellen abgesprochen gewesen.

Leider ging unsere Anfrage nicht soweit, das Anti-Kommunismus-Gesetz in Südkorea in Frage zu stellen, das jegliche Kontakte mit den Menschen aus Nordkorea verbietet und bestraft – was allerdings in der BRD undenkbar wäre. Das politische Bewusstsein unter uns war noch nicht soweit. Warum sollten wir uns mit der so genannten westlichen „Freiheit" nicht erlauben, uns mit sozialistischen Landsleuten zu treffen und zu diskutieren, sondern unsere eigene so kostbare Freiheit beschneiden lassen!

Die Reaktion der deutschen Öffentlichkeit auf die Entführungsaffäre von Koreanern aus der BRD war besonders heftig. Der Botschafter CHOI, der ja bereits vor dem Vorgang seine Amtszeit beendet und keine Ahnung hatte, wurde jeden Tag ins Auswärtige Amt einbestellt. Die Bundesregierung machte Seoul deutlich, sie werde die diplomatische Beziehung abbrechen, die zugesagte Kredithilfe zurücknehmen und den deutschen Botschafter aus Seoul zurückgebeordern, wenn die südkoreanische Regierung nicht unverzüglich die 16 Entführten nach Deutschland zurückhole und Bonn gegenüber eine entsprechende Entschuldigung zum Ausdruck bringe. Selbst dies war Bonn nicht genug. Außenminister Walter Scheel persönlich machte sich auf den Weg nach Seoul. Erst ein Jahr danach wurden alle entführten Koreaner wieder nach Deutschland zurückgeholt. Die Rückkehr des Ehepaares Yun Isang, das als Initiator des Spionagerings für Nordkorea angeklagt und zur Todesstrafe verurteilt worden war, fand nach über zwei Jahren statt.

Hinsichtlich dieses Entführungsfalles war die besonders empfindliche Reaktion der Bundesregierung und der deutschen Öffentlichkeit durch ein fremdes Geheimorgan damit zu erklären, dass die französische Geheimpolizei etwa ein Jahr zuvor einen französischen Bürger aus der BRD entführt hatte. Wegen der besonderen Beziehung der beiden Länder hatte man hierzulande die Entführungsaffäre bewusst heruntergespielt.

In Deutschland, das noch lange nach Kriegsende unter dem Diktat der vier Siegermächte stand, entwickelte sich in starkem Maß das Bewußtsein zu einem unmissverständlichen Ausdruck seiner Souveränität.

Die koreanische Entführungsaffäre hat deutlich gezeigt, dass Südkorea und die BRD eine völlig entgegensetzte Ost-Politik (bzw. Nord-Politik) verfolgten. Im Gegensatz zu der sich der West-Politik verschließenden DDR förderte die BRD eine offene Ost-Politik. Jeglicher Kontakt mit Bürgern der DDR war sehr gefragt und befürwortet. Nach der Teilung des Landes verschloss sich die Politik in Seoul konsequent gegenüber dem

Norden. Das so genannte „Anti-Kommunismus-Gesetz“ besteht noch heute, indem es den Briefkontakt der Angehörigen zwischen Süd und Nord verbietet und bestraft. Das Regime von *Park JungHee* hatte mit dem nachträglichen Einverständnis durch die Bundesregierung für die koreanische Entführung gerechnet – was allerdings niemals zu erwarten gewesen wäre.

Wir begriffen anfangs nichts von dem Hintergrund dieser Aktion des PARK-Regimes. Es hatte ja die Politik eines „Exportstaats“ auf den Kopf gestellt, z.B. dadurch, dass die heimische Landwirtschaft nicht mehr vor dem Weltmarkt geschützt wurde. Dadurch begann die „Landflucht in die großen Städte“, d.h. die jungen Bauern und Bäuerinnen verließen ihren „Grund und Boden“. Ebenso wurde jegliche Arbeiterbewegung untersagt. Auch alle Gesetze zum Schutz der Arbeitnehmer wurden abgeschafft.

Damit hat Park sich bei der breiten Bevölkerung unbeliebt gemacht. Alle sozialen Bewegungen und Organisationen, die sich seiner Politik widersetzten, wurden massiv mit dem Antikommunismus-Gesetz konfrontiert und mundtot gemacht, als ob deren Opposition im Interesse Nordkoreas sei.

In der gleichen Zeit, im Juli 1968, schloss die Staatsgewalt das „Institut zur Erforschung des Nationalismus“ an der Nationalen Universität.

Im April des nächsten Jahres wurde der „Lesekreis der Uni“ geschlossen. Im August desselben Jahres wurden die Personen des Verrats beschuldigt und verhaftet, die sich besonders mit der Wiedervereinigung beschäftigt hatten. Sie wurden kurz nach dem Militärgerichtsurteil hingerichtet.

Das Ereignis wurde „Vorfall der revolutionären Volkspartei für Wiedervereinigung“ genannt.

Mit solch willkürlicher Staatsgewalt wollte die Militärdiktatur Park allen Widerstand brechen. In dieser Zeit wurde auch Dichter *KIM ChiHa* verhaftet und zum Tode verurteilt, jedoch wurde das Urteil durch eine internationale Intervention in lebenslange Haftstrafe umgewandelt.

Es schien, als hätte das Gewaltregime einen Erfolg. Die Widerstandswelle ebbte für einige Zeit ab.

e) „Erklärung der koreanischen Christen in Deutschland gegen die Militärdiktatur in Südkorea"

Ich muss ehrlicherweise zugeben, dass ich in der Zeit meiner pastoralen Arbeit für meine Landsleute – für die Krankenschwestern und Bergleute in Duisburg (1965-69) und für die Studenten aus der Dritten Welt in München (1970-74) – zu wenig darüber informiert war, welch negative Entwicklung die Militärdiktatur Park nahm. Obwohl ich ständig mit meinen Landsleuten zu tun hatte, waren sie – genauso wie ich – an der negativen Entwicklung in der Heimat wenig interessiert.

Andererseits nahm ich doch auch in gewisser Weise die Vorhaben jener jungen Offiziere wahr, die an der politischen Macht waren: Was meinten sie mit „Korrektur der sozialen und ökonomischen Irrationalität"? Was verstanden sie unter „Erfüllung einer selbständigen nationalen Wirtschaft" oder unter „einem lernenden Kapitalismus"?

Ich war enttäuscht, als jene Übergangsregierung bald entschied, sich von dem „Internationalen Währungsfonds" (IWF) und von der „Weltbank" abhängig zu machen. Dann kam – wie erwartet – die Zwangsmaßnahme niedriger Löhne und längerer Arbeit. Trotz des Widerstandes der breiten Bevölkerung wagten sie es, die „demütigende Normalisierung zwischen Südkorea und Japan" zustande zu bringen – wobei nur dreihunderttausend US-Dollar frei verfügbar waren und zweihunderttausend Dollar als staatliche Darlehen sowie dreihunderttausend Dollar als Kapitalhilfe heraussprangen. Von einer Entschädigung für die 38-jährigen Kolonialherrschaft war keine Rede. Schließlich entsandte das Regime zwei Divisionen der koreanischen Armee nach Vietnam. Dafür wurde es von den USA mit einem Darlehen von hundertfünfzigtausend Dollar honoriert.

Um Kapital aus Japan und den USA ins eigene Land zu holen, bezahlte Park mehr für Dienstleistungen und nahm Nachteile inkauf. Statt des Aufbaus einer nationalen Ökonomie unterwarf er sich zugunsten des Wachstums gänzlich dem fremden Kapital.

Diese wirtschaftliche Regie stammte eigentlich nicht von Park, sondern von den USA. Während sie mit Westeuropa die NATO gegen den Warschauer-Pakt konstruierten, bauten sie

„den gemeinsamen Verteidigungspakt von USA, Japan und Südkorea“ gegen die Sowjetunion und China im Pazifischen Raum. Die japanische Bereitschaft zur Kapitalhilfe für Südkorea war also keine bilaterale Angelegenheit von beiden Ländern, sondern eine von den USA geforderte Machenschaft, die eine Stabilität Südkoreas fördern sollte.

Der in weiten Teilen der Gesellschaft entstandene Widerstand begann mit der Ablehnung der Normalisierung mit Japan. Im März 1964 organisierte das „Allnationale Kampfkomitee gegen die diplomatische Demütigung vor Japan“ eine große Demonstration. Danach folgten unzählige Demos von Monat zu Monat. Daraufhin verhing das Regime eine „Notstandssperre“. Da sich alle Medien gegen Park wandten, versuchte er dem Widerstand mit einem „Medienkontrollgesetz“ zu begegnen. Das Parlament verweigerte die Ratifizierung des Vertrags der Normalisierung mit Japan über ein Jahr lang. Da ließ er ihn vom Parlament ohne jede Opposition ratifizieren. Und dabei wurde auch über die Entsendung des koreanischen Kontingents nach Vietnam entschieden. Von solch unglaublich diktatorischem Agieren Parks, das alle demokratischen Spielregeln außer Kraft setzte und jeglichen Widerstand brutal niederschlug, erfuhr ich gelegentlich aus deutschen Medien – jedoch nur unvollständig.

Die Schere zwischen dem industriellen Wachstum einerseits und den Arbeitsbedingungen mit niedrigem Lohn und langen Arbeitsstunden andererseits ging immer weiter auseinander. 1960 betrug der Anteil der Arbeiterklasse an der gesamten Bevölkerung 11,8 %, 1970 war er auf 24,1 % angestiegen. Die sture Exportpolitik Parks, die keinen Ausgleich zwischen Kapital und Arbeit kannte, brachte unvermeidlich eine heftige Explosion der Arbeitnehmerschaft mit sich. Allein im Jahr 1970 fanden 1.656 Arbeitsstreiks statt. Diese Entwicklung führte zu einer neuen Stufe der Eskalation mit dem Selbstmord von CHUN Teil (전태일) vom 13. November, der als Schneider im Pyoung Hwa arbeitete. Im Februar 1971 verbrannte sich eine Köchin in einem renommierten Restaurant. Im September setzten 400 Arbeiter, die gerade aus dem Krieg in Vietnam zurückkamen, ein Verwaltungshaus von KAL (Korean Air Line) in Brand. – Der Arbeitskampf entwickelte sich zu einem Gewaltkampf.

Außerdem wurde das Problem der „Landflucht" immer schlimmer: Rapid zunehmende Landflüchtlinge hausten am Rand der großen Städte und bildeten so genannte „Slums". Die vernachlässigte Slum-Bevölkerung rebellierte im Streit um Wohnungs- oder Bauplatz-Probleme in den Städten. Vertriebene aus den unerlaubten Behausungen setzten Polizeireviere in Brand. In zehn Jahren wuchs die Slum-Bevölkerung um die Hauptstadt Seoul auf über drei Millionen. Kleine Händler auf Straßen wurden verklagt wegen unverhältnismäßiger Steuern.

Die Aufbruchsituation des Landes zu einem Industriestaat führte zu viel Unterdrückung und zu Ausbeutung von Arbeitern und Arbeiterinnen, von Bauern, von Menschen im Slum, von kleinen Händlern – vergleichbar mit der Misere des beginnenden Kapitalismus im Europa des 17. Jahrhunderts. Die bis dahin eher reservierten Intellektuellen und Gelehrten aus Medien und Justiz sowie die Akademiker erhoben öffentlich ihre Stimme.

Im April 1971 formierten sich 14 Medien und Tageszeitungen zur Bildung der „Autonomie der Medien".

Im Juli traten alle Kriminalbeamten Seouls, alle Richter und Staatsanwälte für Zivilangelegenheiten im Namen der strikten Einhaltung der Verfassung zurück.

Im August brachten alle Universitäts- und Hochschulprofessoren eine gemeinsame „Erklärung zur akademischen Freiheit" heraus.

Die Kirchen und Religionsgemeinschaften, die sich bewusst aus den politischen Entscheidungen herausgehalten hatten, meldeten sich angesichts der nie da gewesenen Menschenrechtsverletzungen und der gesellschaftlichen Ungerechtigkeit zu Wort und handelten.

Ende November 1972 kündigte Parks Militärregime „eine Reformpolitik" (Yu-schin) an, um das eigene politische Vorgehen zu legitimieren. Aber gleichzeitig verhing es „Notstandsgesetze", die die Auflösung des Parlaments und das Verbot jeglicher parteipolitischen Aktivität bedeutete. Am 23. Juni 1973 kündigte es „die Sondererklärung", mit Pyongyang vereinbart, deren Gegenstand die Wiedervereinigung der Nation als Zukunftsziel und die friedliche Koexistenz in der Gegenwart war. Dann veröffentlichte es die „Mitteilung über eine revidierte Verfassung zum Ziel der friedlichen Wiedervereinigung des Landes“. Damit untersagte das Regime der Öffentlichkeit jegliche Aktivität zur Wiedervereinigung des Landes und postulierte für sich selbst den Alleinvertretungsanspruch als das einzig legitimierte Organ der Wiedervereinigungspolitik.

Demnach forderte Park von der Öffentlichkeit die Aufgabe der Demokratie durch das konsequente Mittel der Gewalt. Nun wurden unzählige kritischer Stimmen verhaftet und wanderten ins Gefängnis. Der Höhepunkt der Verhaftungswelle war die Entführung von *KIM Dae-Jung* (김대중), dem prominentesten Fürsprecher der Demokratie und Vorsitzender der Demokratischen Partei, der sich in Japan im Exil aufhielt. Das Vorhaben der KCIA, ihn zu entführen und zu liquidieren, wurde im letzen Moment durch den CIA der USA vereitelt.

Einige Monate vor der Entführung von *KIM Dae-Jung* kam die „Erklärung der koreanischen Christen“ gegen die Diktatur Parks heraus. Sie war die wichtigste theologische und politische Erklärung und zugleich ein Ereignis in der koreanischen Kirchengeschichte. Die theologische Öffentlichkeit in Deutschland würdigte sie genauso wie die „Barmer Erklärung“ der *Bekennenden Kirche*. Die „Erklärung der koreanischen Christen“ wurde verfasst von den Theologen und Pfarrern, die sich bereits für das Recht der Arbeitnehmer und der Slumbevölkerung eingesetzt hatten.

Die Erklärung wurde Ostern 1973 beim Festgottesdienst auf dem Berg „Nam-San“ in Seoul als Flugblatt verteilt, wo jedes Jahr fast hunderttausend Gottesdienstbesucher teilzunehmen pflegten. Es wurde mir später berichtet, dass da mehr Polizisten als Verteiler mobilisiert worden waren, die die Verteiler der Flugblätter verhaften sollten. Der Inhalt der Erklärung lautete vor allem: Die Christen und die Kirchen seien bisher an den niedergeschlagenen, ausgebeuteten und armen Menschen auf den Straßen vorbei gegangen. Ein Christ habe aber in der Nachfolge Jesu die Schwachen vor den Gewaltigen zu schützen und zu verteidigen. Alle Christen seien deshalb nun aufgefordert, im Osterglauben das Bekenntnis abzulegen und zu handeln.

Pastor *PARK SangJung*, Mitarbeiter für Jugend vom Ökumenischen Rat der Kirchen in Genf, und Pfarrer *Paul Schneiss*, Missionar in Japan des Ev. Missionswerks in Südwestdeutschland, veranstalteten gemeinsam eine Tagung zur aktuellen Lage in Südkorea. Dazu kamen 29 koreanische Studenten, die bereits in Korea studentischen Widerstand geleistet hatten und über die heimatliche Entwicklung Bescheid wussten, sowie 11 deutsche Pfarrer, die als Ökumeniker in der Koreafrage involviert waren. Diese Tagung hat mir eine vollständige Information der politischen Lage vermitteln können und mich zugleich zur ersten solidarischen Aktion veranlasst. Von diesem Tage an waren meine Ruhe und meine Distanz gegenüber Südkorea endgültig dahin. Zum Abschluss kam die folgende Erklärung heraus, die an die kirchliche Öffentlichkeit in Deutschland und an die Ökumene gerichtet war.

Erklärung der koreanischen Christen in der BRD

„Wir glauben und bezeugen, dass Gottes Reich auf der Erde die Freiheit und Gerechtigkeit erfüllt, so dass wir Christen uns weigern, den ungerechten Gewalten zu gehorchen, indem wir im Glauben und Gewissen kritisch handeln.

Wir vertrauen auf Christus, unseren Herrn, der mitten in der Geschichte alle Unmenschlichkeiten herausgefordert hat, um den Menschen von ungerechten Gewalten und vom Leiden zu befreien. Vor ihm bekennen wir unsere Schuld, dass wir mitschuldig und mitverantwortlich sind, dass unser Vaterland unter einem antidemokratischen Zustand leidet.

Das Regime heute hat im Namen der „Oktober Erneuerung“ (Yu-Schin) die Verfassung unserer Demokratie über Nacht annulliert. Es beabsichtigt eine unbefristete Alleinherrschaft und unterdrückt den Widerstand von Stundenten, Intellektuellen und Gläubigen mit unmenschlichen Methoden. Den Bürgern sind die Freiheit und alle Rechte der Versammlung und Organisation mit einem System von Angst und Gewalt abgesprochen. Die Würde des Menschen wird mit Füssen getreten.
Die Wirtschaftspolitik des Regimes, die eine soziale Gerechtigkeit und eine gerechte Teilung ignoriert, führt zur Polarisierung von Reichen und Armen und zur Verarmung von Schwachen.

Systemimmanente Bestechung und Vetternwirtschaft vergiften den Anstand der Bürger und führen zum Scheitern der selbständigen Wirtschaft der Bürger. Hochschulen und Medien sind total überwacht und kontrolliert. Unter dieser totalitären Herrschaft kommen alle Potentiale der gesellschaftlichen Erneuerung langsam zum Ersticken.

Wir, koreanische Christen in der BRD, solidarisieren uns mit all denen, die sich für Menschenrechte und soziale Gerechtigkeit im Vaterland einsetzten trotz der Verfolgung und des Leidens.

Wir erklären hiermit, uns mit allen Kräften dafür einzusetzen, dass keine Diktatur in unserem Vaterland mehr an die Macht kommt. Da wir Gott mehr dienen wollen, verpflichten wir uns, uns keineswegs von der Ungerechtigkeit kompromittieren zu lassen und uns davor zu beugen.

Wir appellieren an alle Landsleute im In-und Ausland und an alle Mitgliedskirchen des Ökumenischen Rates der Kirchen für einen gemeinsamen Einsatz gegen diese Diktatur in Südkorea."

Beilstein/BRD, den 25.11.1973 *Alle Teilnehmer der Tagung der koreanischen Christen in der BRD*

Auf dieser Tagung erfuhr ich erst von der „Entführungsaffäre" *Dr. SungSu KIM* in Frankfurt/M. vom 25.10.1973. Der koreanische CIA manipulierte wieder einen so genannten „Spionagering im Ausland", um kritische Stimmen in Übersee zu ersticken. Dr. Kim wurde als die zentrale Figur des Spionagerings in Europa, der für Nordkorea arbeite, in allen Tagezeitungen in Südkorea erwähnt. Zur Verhaftung und Entführung Kims war ein Mann von KCIA eingereist und hatte alles organisiert. Kim entzog sich im letzten Moment der Einkreisung seines Hauses und rettete sich. Es war erneut eine ungeheure Provokation des Regimes Park der BRD gegenüber.

Zahlreiche koreanische Studenten, die in ihrer Heimat in der demokratischen Studentenschaft zusammen gearbeitet hatten und nach Deutschland gekommen waren, waren weiterhin aktiv.

Sie hatten ständig Kontakt mit ihren Kollegen zuhause. Mit ihrer Hilfe kam das „Komitee für demokratische Gesellschaft in Korea“ in der BRD zustande, an dem sich alle demokratischen Landsleute in Deutschland beteiligten. Das war die erste politische Solidaritätsbewegung der Koreaner in Deutschland.

Aus Anlass des 63. Jahrestages des Volksaufstandes vom 01.03.1911 gegen die japanische Herrschaft versammelten sich viele demokratische Koreaner in der BRD und Europa auf dem Münsterplatz in Bonn und veranstalteten öffentlich eine große Kundgebung für die Demokratie in Korea, an der viele prominente Deutsche teilnahmen.

Bei der Gründungsversammlung zeigte sich nun die erste Verständigungsschwierigkeit: Unter Demokratie verstand die eine Gruppe eine „liberale und kapitalistische“ Demokratie, während eine andere von einer „sozialistischen“ sprach. Den Begriff „Demokratie“ unter einen Hut zu bringen, war ja damals überall schwierig – in Korea wie in Deutschland. Die Mehrheit der Teilnehmer wollte entscheiden, die zum Sozialismus tendierenden Studenten, Bergleute und Krankenschwestern aus dieser Aktionsorganisation auszuschließen. Ich wies sie auf die Wirklichkeit der Demokratie der BRD hin, in der auch die „Kommunistische Partei“ zugelassen war. Es wäre ja keine liberale Demokratie, wenn sie anderen Ideologien gegenüber nicht tolerant sei. Das wäre ja nicht wesentlich anders als in Parks Regime. Wozu kämpften wir für die Demokratie, wenn die Demokratie den verschiedenen Ideologien und Meinungen keinen gemeinsamen Platz anbiete. Leider entschied sich die Mehrheit für die Ausschließung von sozialistisch denkenden Landsleuten. Sie begründete diese Entscheidung erstens mit der Solidarisierung mit allen nichtsozialistischen Organisationen in der Heimat und zweitens mit der Grenzziehung in der südkoreanischen Verfassung, die keinen Sozialismus zulasse.

Dieses mehrheitsdikatorisch organisierte Komitee, das bereits bei der Gründung die Gruppe „Forschung über den Zuzeismus“ (der nordkoreanische Sozialismus) ausschloß, vollzog bei der nächsten Generalversammlung auch den Ausschluß des „Vereins der koreanischen Arbeiter in der BRD“. Gegen eine Zusammenarbeit mit den Arbeitern machte sich besonders die koreanische Gemeinde unter Pfarrer *SungHwan CHANG* stark. Es war kein Zufall. Die Protestantische Kirche in Korea, die aus der Christianisierung der USA entstanden war, hatte eine tief verwurzelte Abneigung gegen den Sozialismus und war politisch sehr pro-amerikanisch. Obwohl das Komitee mit etwa 15 Jahren Geschichte überlebt hat, hat es keine Form von freier Diskussion zwischen anders denkenden Landsleuten zustande gebracht.

Beim dritten Mal traf das Ausschlußverfahren die christliche Gruppe aus dem Komitee und zwar ohne Generalversammlung und ohne Diskussion. Die christliche Gruppe nannte sich „Auslandchristen für die Wiedervereinigung Koreas", die für die nationale Versöhnung den Dialog zwischen Christen und Sozialisten begonnen hatte. Wir hatten bereits aus der Erkenntnis und Erfahrung der Christen in Deutschland vorgehabt, eine Vorreiterrolle hinsichtlich des Dialogs mit den Sozialisten in Nordkorea zu spielen.

Aus Anlass des Volksaufstandes in *Kwang-Zu* (광주) hatten wir zuerst im Ausland die Begegnung mit Landsleuten aus Nordkorea in die Wege geleitet. Die Idee zu solchen Begegnungen gab es im Süden schon, sie wurde aber noch kaum in die Praxis umgesetzt.

Das Ereignis 1980 vom Aufstand der Bevölkerung und dem Massaker in Kwang-Zu durch die Sondereinheit von *Chun DuHwan* brachte dem demokratischen Kampf eine grundlegende Wendung. Die offensichtliche Beteiligung der US-Streitmacht am Massaker zerstörte den Mythos, Amerikaner sei unser Befreier. Nun machte sich die neue Erkenntnis bereit, dass die Amerikaner in Wirklichkeit Besatzer unseres Landes waren. Ohne eine nationale Befreiung von der amerikanischen Herrschaft schien keine demokratische Zukunft möglich. Nun sollte die Anstrengung zur Wiedervereinigung neben dem demokratischen Kampf aktiviert werden.

Das Komitee war zwar mit dem Grundsatz ausgestattet: „Wir sind mit der Überzeugung und Bereitschaft zur Gemeinschaft zusammen gekommen, um eine wahre Demokratie in Korea aufzubauen". Der Vorstand des Komitees aber handelte wider den demokratischen Geist – nicht zu reden von der Aussage „mit einer demokratischen Methode zur friedlichen Wiedervereinigung". So hatte das Komitee seine Wirkung und seinen Sitz unter den Landsleuten bald verloren.

f) *Allianz der Auslandskoreaner für Demokratie und nationale Wiedervereinigung*

Die Entführung von *Kim DaeJung* vom 08.08.1973 durch die Militärdiktatur PARK JungHee veranlasste die demokratischen Koreaner in Japan, eine Rettungsaktion zu organisieren: Sie hieß „Nationales Aktionskomitee für die Rettung der Demokratie". Im Inland wurden die letzten führenden Persönlichkeiten, u.a. der Dichter *KIM ChiH* und der Pastor *Mun IkHwan*, im Gefängnis eingekerkert. Das letzte Potential der demokratischen Kräfte wurde mobilisiert, indem alle möglichen Demonstrationen und Hunderte von Streiks im ganzen Land stattfanden. Zur Rettung der Demokratie in Südkorea wurden alle demokratischen Auslandskoreaner in den USA, Kanada und Europa aufgerufen. Am 19.07.1978 kamen die Vertreter aller demokratischen Organisationen und Gruppen aus aller Welt nach Tokyo. Daran nahmen Sun und ich zusammen mit fünf anderen Vertretern aus Deutschland teil. Dort wurde die „Allianz der Auslandskoreaner für Demokratie und nationale Wiedervereinigung" geboren.

Da die japanische Regierung wie immer mit Park kooperierte, schikanierte sie unsere Teilnehmer bei der Einreise mit Bagatellen und ließ auch gewalttätige Gegendemonstration von regierungstreuen Koreanern zu: Etwa 80 Demonstranten mit Schlägern verschafften sich gewaltsam Eintritt in unseren Konferenzsaal und schlugen auf uns ein.

Im letzten Moment erschien eine japanische Sondereinheit, die die Gegendemonstration bewachte. Sie konnte der brutalen Aktion Einhalt gebieten. Ohne die Gegenwehr unseres Schutzpersonals wären unsere Verletzungen noch katastrophaler gewesen. Dieser Vorfall bestätigte uns, dass die japanische Politik – genauso wie die amerikanische – noch immer gegen die nationale Einheit Koreas gezielt war und ist.

Der Komponist *YUN Isang* (윤이상) wurde der Vorsitzende für die Sektion Europa. Er hatte nur die Funktion, uns alle Anordnungen vom Zentralbüro in Tokyo zu vermitteln.

Diese zentralistische Manier der koreanischen Demokratie, wie wir sie bereits bei dem Komitee in Europa erlebt hatten, führte bald zur Lähmung der lokalen Aktivität und Kreativität. Die Allianz dachte und formulierte den dreifachen Grundsatz so: „Demokratie, Volk und nationale Wiedervereinigung ... Wir haben vor allem die inneren und äußeren Elemente der Auseinandersetzung auf der koreanischen Halbinsel zu beseitigen, wo eine Front des Kalten Krieges zum explosiven Herd eskaliert. In diesem Zusammenhang wollen wir uns zuerst auf die nationale Versöhnung konzentrieren."

In diesem Geiste hatten wir als Mitglieder der Allianz und besonders als Christen 1980 die Vereinigung „Auslandschristen für die Widervereinigung Koreas" gegründet. Wir hatten erkannt, dass die innerste Spaltung unseres Volkes in der traditionellen Spannung zwischen Christen und Sozialisten zu suchen war, und wollten von uns – von christlicher Seite – aus die Hand reichen zur Versöhnung und zum ehrlichen Dialog mit den Sozialisten. Neben dem demokratischen Kampf, der weiter geht, hat die nationale Versöhnungsarbeit ihre Existenzberechtigung. Man sagte aus strategischen Gründen, zuerst Demokratie und dann Versöhnung oder umgekehrt zuerst Versöhnung und dann Demokratie. Wir waren davon überzeugt, dass beide Aufgaben gleichzeitig bearbeitet werden sollten. 1981 besuchten wir als Delegierte Pyongyang und schlugen den Dialog zwischen Christen und Sozialisten vor. Die Sozialisten begrüßten unseren Vorschlag sehr. Bereits im gleichen Jahr, im November 1981, fand in Wien der erste Dialog statt, der zweite 1982 in Helsinki, der dritte 1983 und der vierte 1985 wieder in Wien.

Selbstverständlich begannen unsere Auslandschristen diesen Dialog mit dem Einverständnis der Allianz. Im Laufe der Zeit aber entstand Unruhe in der Allianz, weil einige demokratische Organisationen im Inland die Allianz dahingehend kritisierten, dass ein Teil des aktiven Dialogs der Allianz mit Nordkorea alle demokratischen Gruppen in ihrer solidarischen Arbeit als pronordkoreanisch verdächtigte.

Die Allianz musste daraufhin ihren Grundsatz teilweise eingrenzen und vorübergehend die Versöhnungsarbeit mit dem Norden einstellen. Somit wurde unsere Organisation „Auslandschristen für die Wiedervereinigung Koreas“ aus der Allianz ausgeschlossen. Da uns aber immer mehr Persönlichkeiten nachfolgten, u. a. *Isang YUN*, der auch den Verein „Musiker für die Wiedervereinigung“ organisierte, und *Hong-Hee CHOI*, General und Erneuerer des Taek-Kwon-Dos, und die Zusammenarbeit mit Nordkorea anfing, blieb die Allianz zurück auf der Ebene, die an der Strategie von: „Erst Demokratie und dann Versöhnung“ festhielt.

2. Zuzeismus Nordkoreas

Während unseres dreiwöchigen Aufenthaltes in Nordkorea beobachtete ich, dass die Tageszeitungen, dass das Fernsehen und der Rundfunk jeden Tag darüber berichteten, was die internationalen Besucher taten, als ob die internationalen Angelegenheiten selbstverständlich dem nordkoreanischen Alltag gehörten. Das Volk dort versteht den Aufbau des Sozialismus nicht allein im eigenen Interesse, sondern auch im Interesse aller schwachen Völker der Welt. Es fühlt sich dafür verantwortlich, mit seinem Vorbild anderen Ländern der Dritten Welt voranzugehen. Das Volk war davon überzeugt, dass eine bescheidene, aber autarkische Errungenschaft den Aufbau des Landes betreffend auf einer geistig-ideologischen Grundlage basiere. Das nennt man dort den „Zuzeismus“.

Ich kam mir da sehr lächerlich vor, weil ich bis dahin Nordkorea als ein von der übrigen Welt isoliertes Land gesehen hatte, wie es uns ja alle Medien in der westlichen Welt suggerieren. Nein, Pyongyang war das Mekka der Dritten Welt!

In Pyongyang habe ich erst festgestellt, dass in der Zeit vom Ende des Koreakrieges (1953) bis 1980 viele hundert Staatsoberhäupter den Führer *Il-Sun KIM* besuchten. Während alle Staatsoberhäupter in Asien – außer die von Südkorea, Japan und den Phillipinen – Pyongyang konsultierten, suchten auch alle prominenten Staatsmänner aus Afrika, die für die Befreiung vom Kolonialismus kämpften, die Nähe Kims. Und sie nannten ihn „Führer der Befreiung der Dritten Welt“. Kim Il-Sung wurde auch in der Familie der Blockfreien Staaten neben *Indira*

Ghandi, *Tito*, *Sukarno*, *Castro* besonders „der aktive Führer der schwachen Länder“ genannt.

Myohyang-San ist das zweithöchste Gebirge in Nordkorea. Dort in einem grünen Tal steht das „Haus der internationalen Freundschaft“, worauf das Volk sehr stolz ist, und das es „den Tempel der schwachen Völker“ nennt. Der Tempel, der im Baustil der alten koreanischen Tradition gebaut ist, verfügt über 28.000 Quadratmeter Ausstellungsfläche in drei Stockwerken. Dort sind mehr als die Hälfte der 50.000 Exponate aus Ländern der Dritten Welt dem Führer Il-Sung KIM gewidmet. Sie bringen die Ehrung und Würdigung seiner Revolution und den Dank für seine Solidarität mit den Ländern zum Ausdruck. Außerdem findet man darunter auch die Geschenke von Stalin und Mao in einem anderen Raum. Stalins Geschenk, ein Eisenbahnwagon, mit dem Kim nach Moskau auf Besuch zu Stalin kommen sollte, steht außerhalb des Hauses. Während die Geschenke aus Moskau und Peking lediglich als Zeichen der Freundschaft dienen, dokumentieren alle Geschenke aus der Dritten Welt eindeutig die Ehrung Kims als Führer der schwachen Völker – wenn man die Würdigungsworte darunter in den Vitrinen liest.

Meine zweite Entdeckung in Nordkorea war die Tatsache, dass Pyongyang eine Unabhängigkeitspolitik von Moskau und Peking betreibt. Dies hat ja bis heute kein kleiner Staat geschafft, sowohl von den westlichen Industriestaaten als auch von der Sowjetunion politisch und wirtschaftlich unabhängig zu sein. Pyongyang war bei dieser Frage äußerst sensibel, so dass es Kuba und Vietnam, die gegen die USA gekämpft haben, gewarnt hat, sich zu stark an die Sowjetunion anzulehnen. Nordkorea kennt seine Dankbarkeit gegenüber Moskau, das es von Japan befreit und die Staatsgründung unterstützt hat.

Und Pyongyang vergisst nicht den dankenswerten Einsatz Chinas im Koreakrieg gegen die USA; es pflegt die nachbarschaftliche Verbundenheit mit China.

Nordkorea besteht aber strikt auf der Gleichberechtigung der sozialistischen Bruderstaaten. Da Pyongyang mehr Wert auf die nationale Souveränität legt als auf sozialistische Brüderlichkeit und von Moskau ständig unter Druck gesetzt war, sich der *COMECON = Wirtschaftsunion der Kommunistischen Staaten* anzuschließen, trat Pyongyang der *Allianz der Blockfreien Staaten* bei.

Man erzählte mir, dass die Arbeiterpartei Nordkoreas 1980 zu ihrem 8. Parteitag alle befreundeten Länder eingeladen hatte. Beim Festakt saßen die Staatsoberhäupter aus der Dritten Welt und der Allianz der Blockfreienstaaten vorne, aber die Delegationen aus Moskau und Peking nahmen in der zweiten Reihe Platz – das war schon ein bemerkenswerter Vorgang, selbst wenn Moskau und Peking mit seiner zweiten politischen Garnitur angereist war. Solche kleinen Geschichten machten mir einen starken Eindruck, wie souverän und sensibel sich Kim verhalten hat.

Eine weitere, ebenso aufschlussreiche Episode habe ich unmittelbar von der Person erfahren, die das Ereignis selbst geleitet hat. Sie war die Direktorin des Nationalen Geschichtsmuseums. Leider kann ich mich an ihren Namen nicht mehr erinnern. Sie war also in erster Linie Archäologin und Historikerin. Sie hat uns höchst persönlich durch ihr Museum geführt, da wir seltene Gäste und Landsleute aus dem Westen waren. Als sie zu einer Abteilung kam, wo ihre archäologischen Funde ausgestellt waren, erzählte sie uns etwas aufgeregt und stolz zugleich folgende Vorgeschichte: Die Differenzen der Geschichtsschreibung zwischen China und Korea über eine gemeinsame Grenze im Altertum wurden bis in die Gegenwart hinein nicht beseitigt. Koreanische Geschichtsschreiber behaupten, dass das koreanische Reich im Altertum „Bal-Hae“ (潑 海) hieß und bis nach Nord-China bzw. bis zum Osten der chinesischen Mauer reichte. Das wollten die Chinesen nicht akzeptieren. Nordkorea hat China vorgeschlagen, in einer gemeinsamen Forschungskommission diese strittige Frage zu klären. Frau Direktorin leitete damals das koreanische Team. Das Ergebnis war eine eindeutige Bestätigung der koreanischen Hypothese durch gemeinsame archäologische Ausgrabungen. Daraufhin vereinbarten beide Staaten, sich zu verpflichten, diese geschichtliche Tatsache nun offiziell in ihre Schul- und Geschichtsbücher neu aufzunehmen.

Auch diese Episode imponiert mir, weil mir klar wurde, wie sensibel und klug die Koreaner mit den Chinesen umzugehen wissen und dem traditionellen Stolz Chinas als Großmacht mit sachlicher und wissenschaftlicher Zusammenarbeit begegnen.

In diesem Zusammenhang erinnere ich mich an das gespannte Verhältnis Vietnams mit China in der Zeit von *Ho Chi-Minh*. Er war genauso dabei wie Kim Il-Sung, das Verhältnis mit China auf der Ebene von Gleichberechtigung neu zu ordnen. Vietnam war wie Korea über viele Jahrhunderte als Satellitenstaat von China gedemütigt worden. In der neuen Zeit während des Vietnam-Kriegs wollte China Ho Chi-Minh mit einem militärischen Einsatz beistehen. Aber der lehnte ihn ab, obwohl er in einer großen Bedrängnis steckte. Damals hatte ich großen Respekt davor, wie konsequent Vietnam von China unabhängig sein wollte. Nach dem Krieg war Ho Chi-Minh auch nicht bereit, die Nachbarbeziehung mit China neu zu gestalten. Stattdessen ereigneten sich mehrere kleine Zwischenfälle an der Grenze der beiden Länder. Insofern fand ich Kim viel aktiver und kreativer als seinen Kollegen Ho in Bezug auf ihren gemeinsamen Riesennachbarn.

Als wir uns im „Botong-Gang-Hotel“ aufhielten, waren auch Gäste aus China da. Eine chinesische Theatergruppe von etwa hundert Personen besuchte Pyongyang und kam als Gegenbesuch des kulturellen Austauschprogramms beider Länder. Etwa ein halbes Jahr zuvor, sagte uns unser Begleiter, besuchte ein koreanisches Opernensemble Schanghai und Peking und zwar „in *gleichem* Umfang“. Wir haben sofort gemerkt, wie penibel Pyongyang nicht nur auf die Qualität des Kulturaustausches, sondern auch auf die Quantität achtete.

Für einige Tage machten wir einen Ausflug nach *Gumgang-San* (Diamanten Gebirge) an der Ostküste, das als internationales Erholungsgebiet bekannt ist. Dort begegneten wir vielen ausländischen Gästen, die aber ausschließlich aus Osteuropa kamen. Es handelte sich um von sozialistischen Staaten organisierte Reisegruppen, zu deren Programm das Thema „Freundschaft unter sozialistischen Ländern“ gehörte. Da erklärte uns unser Begleiter: „Wir nehmen keine Touristen aus dem Westen, obwohl sie wollen. Westliche Touristen betrachten wir als eine ‚Einbahnstraße‘. Das Phänomen des modernen Tourismus im Westen erscheint wie ein neues Kolonialverhältnis mit dem jeweiligen Land. Die Menschen in den reichen Ländern können arme Länder besuchen, aber umgekehrt nicht. Der Tourismus im Osten findet in gleichberechtigter Gegenseitigkeit statt.“

Nordkorea ist in der Existenzfrage der Würde und Souveränität des Volkes sehr sensibel, so dass es auch im Verhältnis mit sozialistischen Bruderstaaten und auch im kulturellen Austausch jedwede Abhängigkeit vermeiden will. Im Gegensatz zu Nordkorea fehlt im Süden die nationale Identität völlig. Die herrschende Klasse der südkoreanischen Gesellschaft, die aus ihrer japanischen Vergangenheit nahtlos in die amerikanische Abhängigkeit überging, befindet sich weit abseits eines nationalen Bewusstseins. Mit einem Wort: Dort im Norden besteht der *unabhängige* Sozialismus und im Süden der *abhängige* Kapitalismus. Das war die erste Bilanz meines ersten Besuchs in Nordkorea.

Man versteht in Nordkorea unter nationaler Befreiung nicht allein die vom kapitalistischen Imperialismus, sondern auch die vom „sozialistischen Imperialismus". (Man wird bald das Wort offen aussprechen, man spricht im Augenblick von „einem sozialistischen Großmachtsgetue"). Damit sind Sowjetunion und China gemeint. Als die Sowjetische Armee in Afghanistan einmarschierte, übte Nordkorea öffentlich Kritik an Moskau. Nach dem Tod Titos war eine heiße Diskussion über seine Nachfolge innerhalb der „Allianz der Blockfreienstaaten" entbrannt. Nordkorea votierte aber dabei gegen Castro, einen möglichen Kandidaten, weil der damals sehr von Moskau abhängig war. Ein solch konsequenter Grundsatz und eine solch klare Haltung Pyongyangs hinsichtlich der Selbständigkeit kleinerer Länder – das meint nämlich das Wort „Zuzeismus" – machten den Staaten der Dritten Welt einen starken Eindruck. Darum pilgerten sie nach Pyongyang. Darum nannte man Pyongyang das „Mekka der Dritten Welt".

Der Grund, warum Pyongyang gegenüber Moskau und Peking eine gewisse „freundschaftliche Distanz" hält, liegt nicht nur am Prinzip, sondern kommt auch aus der Erfahrung mit den Großen. Was Pyongyang an notwendiger Hilfe bzw. Solidarität von den großen Brüdern erwartete, wurde oft verweigert. Zum Beispiel: Gleich nach dem Koreakrieg brauchte Nordkorea vor allem eine schnelle Lösung des Nahrungsproblems. Also benötigten die Menschen auf der verbrannten Erde viele Traktoren. Diese wollte der Führer Kim Il-Sung nicht alle aus Bruderstaaten importieren, sondern im Land selbst produzieren. Dafür brauchte er nur einen „Bauplan" des Traktors. Aber kein Bruderstaat war bereit, ihn zur Verfügung zu stellen. Daraufhin kaufte er ein Exemplar und nahm den Traktor auseinander, um einen Bauplan zu entwerfen. Damit hatten Techniker innerhalb von 45 Tagen ein Modell hergestellt. Er hieß „Zeullima Nr. 1". Zu seiner Probefahrt war der Führer Kim persönlich anwesend. Der Prototyp bewegte sich, aber rückwärts! Alle Anwesenden waren schockiert. Die Techniker und Gäste waren sprachlos! Nur einer freute sich: Führer Kim. Er beglückwünschte die Konstrukteure und ermutigte sie: „Sie haben doch die Maschine in Bewegung gesetzt. Das ist doch die Hauptsache. Die Rückwärtsbewegung in eine Vorwärtsbewegung zu ändern, ist wohl kein großes Problem?!"

Jene Stunde nennt man in Nordkorea „die Geburtsstunde der Revolution der Autarkie". Während unseres Besuches dort haben wir diese Episode aus verschiedenen Mündern gehört. Das Volk war enttäuscht von den Bruderstaaten. Nun ist es stolz auf die eigene Kraft. Im Zuzeismus – der Bibel Nordkoreas – liest man folgenden Satz: „Auch im Sozialismus muss das Volk Herr über das eigene Schicksal werden, damit es kreativ und selbstverantwortlich handeln kann."

3. Dialog zur Aussöhnung

Am 8. November 1972 gab es eine große Wende in den Beziehungen zwischen der BRD und der DDR. Der „Grundvertrag" der beiden Staaten war abgeschlossen. Diese geschichtliche Wendung bekräftigte die realistische Hoffnung zur Koexistenz für die Menschen des geteilten Landes mit Ausnahme der kleinen Minderheit, die noch auf dem Kalten Krieg beharrte. In Wirklichkeit aber eskalierte der Kalte Krieg, der die „eiserne Mauer" mitten in Berlin bauen ließ, indem beide Staaten gegenseitig die andere staatliche Existenz ignorierten.

Es gab eine Minderheit der Christen, die von Entspannung, Versöhnung und Dialog träumte. Sie gingen ständig über die Grenze zwischen Ost und West und versuchten, die christliche Mehrheit für Entspannung zu gewinnen und einen Dialog mit den Sozialisten zu praktizieren, um damit das traditionelle Verhältnis zwischen Christen und Kommunisten zur Koexistenz hin zu entwickeln. Die Arbeit solcher Christen und Theologen tat seine Wirkung nicht nur bei den Kirchen, sondern auch in der politischen Landschaft und in den internationalen Beziehungen.

Eine kleine Zahl von koreanischen Theologen und Christen in der BRD hat durch die deutsche Praxis gelernt, dass christliche Hoffnung geschichtliche Veränderung hervor zu bringen vermag. Die christliche Hoffnung, die im Glauben an das Wunder der Liebe und der Versöhnung besteht, sei imstande, Realitäten zu verändern. Wir kamen zu der Überzeugung, dass der christliche Traum gegen alle Unmenschlichkeiten der politischen Wirklichkeit Widerstand zu leisten vermag und zur Vermenschlichung der Gesellschaft beiträgt.

So haben wir uns die politische Erkenntnis zu Eigen gemacht, dass die politische Ideologie vom Kapitalismus und vom Sozialismus keinen absoluten Anspruch besitzt. Es ist uns klar, dass, solange die „Freiheit" des Einzelnen im Kapitalismus nicht als verantwortliche Freiheit für den anderen, sondern in egoistischer Weise verstanden wird, der „sozialistische Gedanke" immer als Alternative vorkommen wird, der sich mit den schwachen Menschen solidarisiert. Genauso lange wird aber auch ein Sozialismus, der die Freiheit des einzelnen Menschen ignoriert, dem Kapitalismus seine Existenzberechtigung nicht nehmen können. Für einen Christen sind beide Vorstellungen, nämlich Freiheit und Solidarität, ein untrennbarer Zwilling der Wahrheit.

Gleichzeitig erkannten wir, dass Nordkorea innerhalb der Dritten Welt durch das Prinzip und durch die Praxis des Zuzeismus eine zentrale Rolle zugewachsen war – durch eine Maxime, die die Selbständigkeit des Volkes der gesellschaftlichen oder ideologischen Frage voranstellt. Für die Theologie der Befreiung von fremder Herrschaft und für die Selbständigkeit des Volkes erwies sich Nordkorea also als positiver Gesprächspartner.

In dieser theologischen Einstellung hatten etliche koreanische Christen und Theologen aus Europa, USA und Kanada im Jahr 1977 zusammen gefunden. Sie beschlossen, Kontakt mit den Christen in Nordkorea herzustellen, um die feindselige Beziehung zwischen Süd- und Nordkorea aufzulockern und sie zur Versöhnung zu führen. Anfang 1978 wurde ein Schreiben im Namen von 29 der „christlichen Landsleute im Ausland“ nach Pyongyang abgeschickt. Es lautete wie folgt:

An die Brüder und Schwestern in Christus in Nordkorea!

Erst nach unserer 33-jährigen schmerzlichen Trennung senden wir Mitchristen im Ausland unseren lieben Brüdern und Schwestern in Christus herzlichste Grüße.

1. Wir glauben, dass sich unser Gott in Jesus Christus mit der ganzen Menschheit versöhnt hat, dass er den Zaun zwischen uns abgebrochen und uns eins gemacht hat, als er uns die Botschaft des Friedens brachte.

Wir haben nun die Verantwortung, seinem Willen gegenüber gehorsam zu sein.

2. Unser Land ist seit 1945 durch die Mauer am 38. Breitengrad in den südlichen und nördlichen Teil geteilt. Wir haben inzwischen gegenseitig nur Misstrauen und Angst, Hass und Ignoranz erzeugt und eine schreckliche Feindschaft vermehrt. Christen aber haben die Botschaft der Versöhnung und des Friedens zu verbreiten haben. So bekennen wir hiermit unsere große Sünde vor Gott und unserem Volk.

3. Wir beten und wollen versuchen, unsere sündige Vergangenheit zu bereuen und zu reflektieren. Wir beten und wollen versuchen, unser Verhältnis nun zu einem wahren geschwisterlichen Verhältnis zu verändern, um zu einem Volk zu werden, das sich gegenseitig zuhört, zuschaut, lernt und miteinander kooperiert.

4. Wir unterstützen den konkreten friedlichen Vorschlag in „der gemeinsamen Erklärung von Nord und Süd vom 04.07. 1972“. Wir bedauern aber sehr, dass der Dialog zwischen den beiden Teilen gleich nach dem Anfang gescheitert ist. In diesem Zusammenhang wollen wir Christen nun eine solide Voraussetzung schaffen, um den abgebrochenen Dialog fortzusetzen. Wir sind davon überzeugt, dass dies aktuell die allerdringlichste Aufgabe ist, die wir Christen im Ausland haben.

5. Es ist selbstverständlich, dass christliche Begegnung in unserem eigenen Land stattfinden sollte. Angesichts der politischen und kirchlichen Situation schlagen wir vor, unsere Begegnung vorläufig in Prag stattfinden zu lassen.

Mit herzlichsten Grüßen in Christus zum Neujahr 1978

Die Initiatoren von „Christen im Ausland“
Im Namen von drei aus Kanada, 18 aus den USA
und acht aus der BRD

Zu unserem Bedauern blieb unser Schreiben zwei Jahre lang von Pyongyang unbeantwortet. Zur Sicherheit baten wir den Generalsekretär der Christlichen Friedenskonferenz in Prag um die Weiterleitung unseres Schreibens an die „Christliche Föderation in Nordkorea“. Denn die Delegation der Föderation aus Pyongyang war als Beobachter immer anwesend.

Als wieder keine Antwort kam, analysierten wir zuerst, dass der Adressat unseres ersten Schreibens eigentlich die Arbeiter-Partei sein sollte, die für die politischen Entscheidungen verantwortlich war. Für die Sozialisten waren die Christen insgesamt Antikommunisten und Pro-Amerikaner. Ohne das Einverständnis der Sozialisten aber konnte es keinen Kontakt der Christen untereinander geben – ähnlich verhielt es sich ja in Europa zwischen West und Ost. Wir mussten unseren Fahrplan umstellen. Wir korrigierten ihn nun dahingehend, dass wir unseren Dialog zuerst mit den Sozialisten beginnen wollten.

Ostern 1980 haben einige engagierte koreanische Theologen und Laien in Europa die Organisation „Auslandschristen für die Wiedervereinigung Koreas“ gegründet und eine monatliche Zeitschrift namens „Wiedervereinigung und Christentum“ herausgegeben, um den Antikommunismus bei den Christen abzubauen und das Verhältnis zwischen Sozialismus und dem Evangelium Jesu konstruktiv zu verstehen. Der Grundsatz der Organisation lautet wie folgt:

1. Das Verlangen unseres Volkes nach nationaler Wiedervereinigung hat sich nach fast einem halben Jahrhundert noch nicht erfüllt. Das Schicksal der Teilung verschlechtert sich immer weiter. Die Teilung ist durch fremde Mächte hervorgerufen

worden. Die Minderheit von Reaktionären, die mit den fremden Mächten zusammen gegen das nationale Interesse arbeiten, trägt dazu bei, die Möglichkeit unserer selbstständigen Wiedervereinigung weiter zu verzögern.

Unser christlicher Glaube gründet in der Verheißung Gottes, Menschen aus der Sklaverei zu befreien (2. Mose 25,1), und er gründet im Evangelium Jesu, das die Gefangenen und Unterdrückten aus aller Abhängigkeit herausruft. Darum sind Ziel und Aufgabe der Christen die Befreiung von fremder Herrschaft.

2. Die große Mehrheit der Christen in unserem Land ist in der unchristlichen Ideologie des Antikommunismus tief gefangen. Dieses antikommunistische Christentum behindert die Entwicklung zur Wiedervereinigung von Süd und Nord.

Der Friede Christi bedeutet die Versöhnung von Menschen, die verfeindet sind. Wir Christen wollen dafür arbeiten, diesen Antikommunismus zu überwinden, und wir wollen aktiv zur Versöhnung und Wiedervereinigung beitragen.

3. „Befreiung und Selbständigkeit" verkörpern den Grundinhalt des Evangeliums. Darum ist es für einen Christen selbstverständlich, an der Bewegung der Länder der Dritten Welt zur Befreiung und Selbständigkeit teilzunehmen. Wir wollen zum Prozess der Wiedervereinigung beitragen, indem wir mit der „Theologie der Dritten Welt" in einen Dialog treten und entsprechend handeln.

4. Wir suchen eine konkrete Orientierung hinsichtlich der Verwirklichung der Wiedervereinigung unseres Landes bei den drei Grundsätzen der „gemeinsamen Erklärung von Süd- und Nordkorea vom 4. 7. 1972", die da lauten:
(1) Weder Abhängigkeit noch Einmischung von fremden Mächten, sondern Selbständigkeit auf Basis nationaler Souveränität.
(2) Ohne Gewalt, also mit friedlichen Mitteln.
(3) Durch nationale Einigkeit die Differenz von Denken, Ideologie, System und religiösem Glauben überwinden.

5. Um das gegenseitige Misstrauen, die Feindseligkeit und die Unkenntnis voneinander zu überwinden, fordern wir den geistigen und kulturellen Austausch zwischen Nord und Süd. Des Weiteren wollen wir uns mit allen Kräften für die Wiedervereinigung unseres Landes solidarisch einsetzen.

Zum Dialog mit den zuzeistischen Sozialisten in Nordkorea mussten wir unseren theologischen Standpunkt klarstellen. Die Sozialisten hatten von der „westlichen" Theologie „die Nase voll". Denn diese „westliche Theologie" hatte ja den Kolonialismus und den Imperialismus die ganze Zeit unkritisch begleitet. Sie gründete eher in der bürgerlichen als in der biblischen Vorstellung von Freiheit, so dass sie von vornherein kein Verständnis für alle sozialen oder politischen Bewegungen hatte, denen es um die Rechte von Besitzlosen ging, – demnach war sie antikommunistisch. Darum zielte unsere theologische Vorarbeit darauf ab, die Freiheit des Kapitalismus und der bürgerlichen Demokratie von der biblischen Freiheit zu trennen. Die Freiheit Jesu Christi ist die „teilende Freiheit" mit Anderen und nicht die Freiheit, von Anderen zu nehmen. Aus dieser christlichen Sicht haben wir zu lernen von der *Theologie der Befreiung*, der *Kairos Theologie* und *der Minjung Theologie*.

Unsere Zeitschriften haben sich anfangs mit folgenden Themen beschäftigt:

- Relation zwischen der Theologie der dritten Welt und der Theologie zur Wiedervereinigung.
- Befreiungstheologie in Lateinamerika
- Minjung Theologie in Südkorea
- Dialog zwischen Christen und Marxisten in Europa
- Zuzeismus in Nordkorea und Evangelium
- Befreiungstheologie von Ernesto Cardenal in Nicaragua

Aufgrund der Verkündigung Jesu vom kommenden Reich Gottes wollten wir mit dem Sozialismus neu ins Gespräch kommen. Wenn Christen das Evangelium Jesus als Befreiung von Unterdrückten und Ausgrenzung verstehen und sich mit dem Minjung solidarisieren, kann es nicht sein, dass die Christen im Süden den Sozialismus im Norden nur verleumden und ignorieren.

Vielmehr wäre es folgerichtig die andere Seite zu respektieren und zuzuhören, damit ein friedlicher Dialog zustande kommen kann und eine Zusammenarbeit für die nationale Widervereinigung ermöglicht würde.

Mit solch einem programmatischen Ansatz haben wir noch mal versucht, den Dialog zwischen Christen und Sozialisten zur Wiedervereinigung beim „Komitee für die friedliche Widervereinigung Koreas“ in Pyongyang aufzunehmen. Daraufhin kam innerhalb kurzer Zeit überraschend eine positive Antwort aus Pyongyang. Man wollte uns näher kennen lernen und lud uns ein.

Im Mai 1981 wurde eine Delegation unseres Kreises in die Hauptstadt Nordkoreas entsandt, der der Vorsitzende Pfarrer *Hwa Sun Lie*, meine Frau als Geschäftsführerin und ich als Redakteur der Zeitschrift angehörten. Der Empfang war sehr herzlich, als ob wir uns bereits gekannt hätten. Gastgeber war das „Komitee für die friedliche Wiedervereinigung des Vaterlandes“, wozu alle politischen Parteien und gesellschaftlichen Institutionen gehörten. Zu unseren Gesprächspartnern zählten die Vertreter der Arbeiter-Partei, der Christenföderation und der sozial-demokratischen Partei. Da haben wir zum ersten Mal erfahren, dass es in Nordkorea zwei Oppositionsparteien gibt: die „Chung-U-Partei“ und die „sozialdemokratische Partei“. Die eine ist das Sammelbecken der Chundonationalen Religion, die konsequent Widerstand gegen den japanischen Kolonialismus leistete. Und die andere besteht hauptsächlich aus Christen und Intellektuellen.

Die ersten Tage konzentrierten wir uns auf Themen, die unsere Zeitschrift bisher veröffentlicht hatte. Unsere Gesprächspartner wollten sicher sein, wie ernst es unsere theologische Intention mit der Koexistenz bzw. Zusammenarbeit meint, was schließlich die Basis einer föderativen Wiedervereinigung von Nord und Süd sein konnte.

Die letzten zehn Tage zeigten sie uns viele Objekte, die ihren zuzeistischen – d. h. selbständigen – Sozialismus demonstrierten, nämlich die Unabhängigkeit von Moskau und Beijing. Außerdem waren sie sehr stolz auf ihre Solidarität mit der Dritten Welt. Ihre Projekte bezogen sich nicht nur auf Afrika, sondern auch auf Mittelamerika. Damit hat der Gastgeber uns überzeugt, dass die politische Intention Nordkoreas zum Zuzeismus – nämlich die Unabhängigkeit der kleinen Staaten von den großen, seien sie kapitalistisch oder sozialistisch – mit der Praxis von „Autarkie“ sehr fortschrittlich entwickelt war. Darum kamen so viele Afrikaner und Lateinamerikaner nach Nordkorea, um das Beispiel zuzeistischer Praxis kennen zu lernen.

Der zweiwöchige Aufenthalt hat uns auf beiden Seiten zu der Überzeugung geführt, dass unser theologischer Ansatz, dem Evangelium Jesu als Botschaft vom kommenden Reich Gottes für die Armen zu folgen und kritische Distanz zu der abendländischen Theologie zu halten, und dass der zuzeistische Sozialismus Nordkoreas für die Befreiung von kleinen Staaten in der Dritten Welt eine ehrliche Alternative darstellen – und schließlich, dass zuzeistische Sozialisten in Nordkorea und Auslandchristen, die für die Befreiungstheologie in der Dritten Welt eintreten, auch hinsichtlich ihres gemeinsamen Ziels der Befreiung Koreas von fremden Mächten übereinstimmen. So kamen wir schließlich überein, den Dialog zwischen Auslandschristen und Nordkoreanern beginnen zu wollen. Wir gaben folgende gemeinsame Erklärung ab:

Gemeinsame Erklärung

„1. Korea muss möglichst bald wieder vereinigt werden.

2. Die Wiedervereinigung soll im Dreierprinzip: Selbständigkeit, Frieden und Einigkeit, verwirklicht werden.

3. Die Wiedervereinigung schließt jegliche fremde Herrschaft oder Intervention aus.

4. Für eine friedliche Wiedervereinigung muss die militärische Diktatur im Süden aufhören und Demokratie zurückkehren.

5. Für eine friedliche und selbständige Wiedervereinigung sollen sich alle Koreaner im Inland und Ausland verbünden.

6. Für die ‚föderative Wiedervereinigung Koreas‘ sollte eine konsultative Institution eingerichtet werden. In diesem Zusammenhang wären vielseitige Dialoge zwischen Inland- und Auslandskoreanern sehr förderlich. Als Anfang findet nach dem

Vorschlag der ‚Auslandschristen für die Wiedervereinigung Koreas' im Oktober dieses Jahres ein ‚Dialog zwischen Nordkoreanern und Auslandskoreanern und -christen für die Wiedervereinigung Koreas' statt."

Den 29. Juni 1981, Pyongyang
„Komitee für die friedliche Wiedervereinigung des Vaterlandes" und
„Auslandschristen für die Wiedervereinigung Koreas"

Diese gemeinsame Erklärung wurde sofort im Netz der Staatssicherheit in Seoul wahrgenommen und dürfte für das Regime der Militärdiktatur von *CHUN Doo Hwan* von brisanter Bedeutung gewesen sein, da es keinerlei Berührung und Begegnung zwischen Nord und Süd auf ziviler Ebene duldete: Das Regime der Militärdiktatur beanspruchte in der Frage der nationalen Wiedervereinigung das politische Alleinvertretungsrecht. Der Kontakt von uns Auslandschristen mit Nordkorea kam der Militärdiktatur in Seoul vor wie der Nadelstich in einen Damm. Denn unser Kontakt machte die „Kontaktlosigkeit" der südkoreanischen Politik mit einmal durchlässig. CHUN war gezwungen, die Flucht nach vorne anzutreten, und bekannte sich schließlich zur „Wiedervereingungspolitik".

Als die Staatssicherheit in Seoul die Information unserer Erklärung in Pyonyang bekam, fand dort gerade die Konsultation der deutschen und koreanischen Kirchen statt. Daraufhin kam ein Mitarbeiter der Staatssicherheit zur Sitzung und fragte, ob die zwei Pfarrer, die die Delegation nach Pyongyang leiteten, bekannt seien und ob sie einer Landeskirche der EKD angehörten – was die deutschen Gäste bejahten.

Gleich nach der Rückkehr nach Deutschland berichtete ich dem Kirchenpräsidenten und dem *Referat Ökumene und Mission der EKHN* über den Erfolg in Pyongyang. Anschließend fuhren Sun und ich zusammen nach Genf zum *Ökumenischen Rat der Kirchen*. Dort sprachen wir mit *Erich Weingartner* – Leiter des Referats für internationale Angelegenheit – über unser Vorhaben und das Ergebnis in Nordkorea. Wir baten um Unterstützung. Er war sehr begeistert und schätzte unseren Einsatz hoch ein. Längst habe Genf vor, sagte er, eine Brücke über die getrennten Teile Koreas für Versöhnung und Frieden zu schlagen. Am meisten fürchtete der ÖRK dabei, dass die südkoreanische Seite nicht nur auf Distanz gehen, sondern gleich seine Mitgliedschaft in der Ökumene grundsätzlich aufkündigen könnte. Er sei deswegen abwartend. Umso mehr freue er sich, dass wir als unmittelbar Betroffene im Ausland es selbst in die Hände nähmen, diesen schweren Anfang zu wagen. Im Augenblick würde Genf dazu keine offizielle Stellung nehmen, uns aber inoffiziell sehr unterstützen. Sofort telefonierte er mit der Kanzlei der protestantischen Kirche in der Schweiz und empfahl mit besonderem Nachdruck, man möge uns die Tagungsmöglichkeit zur Verfügung stellen.

Anschließend fuhren wir nach Bern, um uns der Kanzlei vorzustellen und für die Unterstützung zu danken. Unverzüglich stellte uns der Präsident der Kanzlei einen Tagungsort in *Gwatt am Thuner See* zur Verfügung, wo unsere Tagung mit etwa 60 Teilnehmern kostenlos stattfinden konnte. Wir waren hingerissen von diesem unerwarteten Glück und der atemberaubenden Geschwindigkeit der Abwicklung zur Vorbereitung. Gleich auf dem Heimweg besichtigten wir den Tagungsort und lernten den Leiter des Hauses kennen, so dass wir persönlich und unmittelbar miteinander korrespondieren konnten.

Wir berichteten dem Gremium unseres Kreises über unsere Reise in die Schweiz, die einen maximalen Erfolg erzielt hatte. Damit war der Plan für eine Konferenz im Oktober bereits perfekt. Unsere schriftliche Einladung konnte bald nach Pyongyang und an unsere Landsleute in den USA und Kanada abgeschickt werden.

Einige Wochen danach kam es zu einer bösen Überraschung. Der Heimleiter des Tagungsorts teilte uns mit, dass sein Haus seit einer Woche täglich von einer koreanischen Demonstration umlagert sei, die gegen die Tagung von „roten Pseudo-Christen" mit den Kommunisten protestiere. Zum großen Bedauern müsse die schweizerische Kirche ihre Zusage an uns rückgängig machen. Ich setzte mich unverzüglich mit dem Präsidenten der Kanzlei in Verbindung, der bereits bei seiner Zusage über die antikommunistische Grundtendenz der Kirchen in Südkorea und über den Grund der inoffiziellen Mitarbeit des ÖKR an unserem

Vorhaben unterrichtet war. Als Grund seiner Rücknahme gab er an, dass der Präsident des Nationalen Rates der Kirchen in Korea (KNCC) die schweizerische Kirche und zugleich die EKD telegraphisch darum gebeten habe mit den Worten: „Ich bitte Sie um Distanz zu dem geplanten Dialog von den Auslandschristen mit den Kommunisten in Nordkorea." Offiziell sei er an die ökumenischen Gepflogenheit gebunden, Bitten oder Empfehlungen nationaler Kirchen zu respektieren, auch wenn er theologisch nicht immer damit einverstanden sei. Persönlich bedauere er dies uns gegenüber sehr. Das war seine Antwort, die wir hinnehmen mussten. Wir konnten es uns ohne weiteres gut vorstellen, dass der Absender des Telegramms *Dr. Won Yong Kang* war. Er war ein prominenter Theologe in Südkorea. Ende der 1960er Jahre hatte er mit Entwicklungshilfe aus der BRD die „Evangelische Akademie" aufgebaut, um dem Defizit der gesellschaftlich-politischen Dienste der Kirche in Südkorea abzuhelfen. Leider kooperierte er zunehmend mit den Militärdiktatoren ohne jeglichen kritischen Abstand. Oft war er beim Staatspräsidenten zur Frühstücksandacht zu Gast. Wir nehmen mit großer Wahrscheinlichkeit an, dass er von der Staatssicherheit gezwungen wurde, solch ein Telegramm nach Bern und Frankfurt am Main (damaliger Sitz des Außenamts der EKD) zu schicken. Außerdem saß er bis 1998 im Zentralkomitee des ÖRK und wurde wegen seiner unsolidarischen Haltung zur demokratischen Bewegung in Südkorea abgewählt.

Es blieb uns lange ein Rätsel, wer die Nachricht von unserer inoffiziellen Vorbereitung zur Tagung weitergab, und noch dazu so schnell nach unserem Reisebericht über die Schweiz, so dass die Staatssicherheit die fundamentalistischen koreanischen Christen in Europa schnell auf die Beine stellen und eine Demonstration vor dem Tagungsort aufmarschieren lassen konnte. Erst etwa ein halbes Jahr danach erfuhr ich durch *Herrn Simpfendörfer*, wer der Informant sein konnte. Simpfendörfer war Vorsitzender der *Evangelischen Akademikerschaft in Europa e.V.* und half mir aus der Patsche, als die Absage aus der Schweiz etwa sechs Wochen vor dem geplanten Tagungstermin kam. Aus seinem Wirkungsbereich vermittelte er uns die *Evangelische Akademie in Wien* im neutralen Österreich, in das Nordkoreaner einreisen durften. Noch am gleichen Abend fuhr ich nach Wien und sprach mit dem Leiter über diesen ganzen Vorgang. Er schätzte die Bedeutung unseres nationalen Dialogs sehr hoch ein. Er freute sich über die Gelegenheit, seine Akademie für die koreanische Aussöhnung zur Verfügung zu stellen. Es fiel mir ein großer Stein vom Herzen. Er versicherte mir, dass solch ein Vorfall wie in der Schweiz nicht wieder vorkommen könne. Die Evangelische Akademie sei eine unabhängige Einrichtung, die der kirchlichen Institution gegenüber frei sei. Keine politische und kirchliche Macht vermöge der Akademie diese Freiheit zu nehmen.

Herr Simpfendörfer erzählte mir später, dass die koreanische Botschaft ihn kurz darauf telefonisch davor gewarnt habe, jene unseriöse Pseudo-Christengruppe zu unterstützen. Daraufhin habe er dem koreanischen Diplomaten unmissverständlich zu verstehen gegeben, dass er diese unerhörte Einmischung der koreanischen Botschaft in die deutsche Hoheit als einen schwerwiegenden Vorfall der entsprechenden Stelle weiterleiten und den Verantwortlichen zur Rechenschaft ziehen würde.

Diese zwei Vorfälle – einmal jene Demonstration der Koreaner vor dem bereits gebuchten Tagungsort in der Schweiz kurz nach unserem Bericht in unserem Gremium und zum anderen die koreanische Intervention bei Herrn Simpfendörfer direkt nach der Besprechung unseres Kreises – erhärteten unseren Verdacht, wer der Informant sein könne, nämlich der Vorsitzende unserer Organisation selbst. Es war in unserem Kreis bekannt, dass er immer den Standpunkt vertrat, alle Pläne unseres Dialogs mit Nordkorea in der Öffentlichkeit transparent zu machen, selbst wenn das Anti-Kommunismus-Gesetz in Südkorea jeglichen Kontakt mit Nordkorea verbot, und selbst wenn das Gremium unseres Kreises beschlossen hatte, nicht schon im Vorfeld ein Kommunique über unseren Besuch nach Pyongyang abzugeben, sondern erst nach der Vereinbarung mit Nordkorea. Trotz des Beschlusses blieb der Vorsitzende bei seinem Standpunkt und weigerte sich, auf diesen Zug aufzusteigen.

Um allen möglichen Störaktionen der südkoreanischen CIA bei unserer ersten Begegnung in Wien mit den Landsleuten aus dem Norden entgegen zu treten, suchte ich die politische Abteilung des österreichischen Innenministeriums auf, informierte über unseren christlichen Dialog mit den Sozialisten aus Nordkorea für Frieden und Wiedervereinigung und bat um Unterstützung. Damals regierte der sozialdemokratische Kanzler Kreisky das Land, das als neutrales Land auch mit Pyongyang eine gute Beziehung unterhielt.

Wir richteten das Kontaktbüro in einem Hotel ein, um einzelne Teilnehmer aus den USA und Kanada dort zu versammeln und mit der Delegation aus Nordkorea, die vor Beginn der Tagung eingetroffen war, zusammen ins Tagungshaus einzuziehen. Die entsandten Mitarbeiter der *KCIA*, die bereits auskundschafteten, wo wir unser Kontaktbüro einrichteten, mieteten ein Zimmer in einem mehrstöckigen Haus gegenüber unserem Hotel, von wo aus sie alle Bewegungen unserer Teilnehmer genau beobachten konnten. Anfangs drohten sie Sun andauernd telefonisch mit unmöglichen Schimpfwörtern. Sun hatte die Verantwortung des Verbindungsbüros mit den Teilnehmern übernommen. Sie erwiderte mit einer Drohung, dass nämlich das österreichische Innenministerium bereits von der Infiltration durch die KCIA informiert sei und Südkorea durch die Verletzung der Neutralität des Landes zur Rechenschaft gezogen werden würde.

Schließlich erwogen sie als letztes Mittel: meine Entführung. Ich war ja verantwortlich für die ganze Organisation der Tagung. Sie dachten, dass die Tagung ins Wasser fallen würde, wenn ich entführt würde. Plötzlich kam ein Telefonanruf von einem vermeintlichen *Herrn Chung Lim CHUN* aus Kanada, Herausgeber der „New Korean Times“, der einzigen koreanischen Zeitung für die Exilanten im Ausland. Er sei eben auf den Flughafen Wien gelandet und fühle sich bedroht von mehreren unsympathischen Landsleuten, die ihn umgäben, als ob sie ihn entführen wollten. Er bat uns dringend, ihn am Flughafen abzuholen. Sun sagte ihm, er sollte ein Taxi nehmen, da wir im Augenblick keinen Mitarbeiter zur Verfügung hätten. Trotzdem wiederholte er seine Hilferufe. Sun konnte sich außerdem telefonisch nicht vergewissern, ob die Stimme des Herrn CHUN authentisch sei, weil wir ihn zuvor nie persönlich kennen gelernt hatten. Schließlich fuhr ich zum Flughafen, aber glücklicherweise in Begleitung eines Teilnehmers aus Schweden, des Tekkwondo-Meisters *LIM*. Als wir dort ankamen, war keine Spur von einem angeblichen Herrn CHUN zu finden. Stattdessen standen einige unsympathische Landsmänner herum. Daraufhin setzte ich mich mit Sun in Verbindung und teilte ihr seine Abwesenheit mit. Sie sagte mir aber, er habe sich eben bei ihr aus einer Polizeistation telefonisch gemeldet und ich solle ihn dort abholen. Erst da ging mir auf, dass alles nur ein Trick der CIA sein könnte. Bald darauf traf der richtige CHUN aus Kanada im Hotel ein. Gott sei Dank, bin ich darauf nicht rein gefallen!

Als letzte Störaktion mobilisierte der KCIA wieder die antikommunistischen koreanischen Christen aus allen Ländern in Europa wie einst in der Schweiz, um vor der Evangelischen Akademie unserer Tagung in Wien zu demonstrieren.

Trotz aller Störmanöver der KCIA konnte unsere erste Begegnung zwischen den Sozialisten aus Nordkorea und unseren Auslandschristen stattfinden, wie geplant vom 3. bis zum 5. November 1981 in Wien.

Aus Nordkorea kamen 35 Teilnehmer begleitet von den Prominenten:

Frau Chung-Suk HEU, Vorsitzende des Komitees für die friedliche Wiedervereinigung Koreas,

Herrn Dr. Gum-Chul CHUN, stellvertretender Vorsitzender des Komitees,

Pastor Duk-Yong KIM, stellvertretender Vorsitzender der Christenföderation der DVRK,

Herrn Kuk-Lyul YEUM, Vorsitzender der sozialdemokratischen Partei, stellvertretender Vorsitzender des Zentralkomitees der Christenföderation.

Frau Yeun-Ku YEU, stellvertretende Vorsitzende des Komitees für Auslandskoreaner

Aus den USA nahmen 15 Landsleute im Exil teil, u. a.:

Ex-General Duk-Sin CHOI, ehemaliger Außenminister u. Botschafter in der BRD im Militärregime Parks,

Ex-General Hong-Hee CHOI, Präsident der Internationalen Association Taekkwondo.

Prof. Dr. Hak-Won SEUN-WOO, i. Em. für internationale Politik an der Universität Missouri.

Prof. Dr. theol. Wi-Jo KANG, i. Em. für Religionsgeschichte an der luth. Universität Ohio.

Herr Chung-Lim CHUN, Herausgeber der koreanischen Zeitung für Exilanten in Toronto / Kanada

Schließlich waren 20 Teilnehmer aus Europa dabei, die fast alle Mitglieder unserer Organisation „Auslandschristen für die Wiedervereinigung Koreas" waren. Als Veranstalter haben sie nicht nur die Organisation, sondern auch die gesamte Finanzierung der Tagung aus eigener Tasche gemeinsam getragen.

Wir waren sehr stolz – schon allein auf das Gelingen der Begegnung zwischen den koreanischen Christen im Ausland und den Sozialisten aus Nordkorea. Das politische Verhältnis zwischen Süd- und Nordkorea war ja seit dem Ende des Koreakrieges fast drei Jahrzehnte lang eisig und sprachlos gewesen. Keiner aus dem Norden, keiner aus dem Süden wagte es, miteinander ins Gespräch zu kommen. Wir, die Auslandschristen in der BRD, waren die Ersten, die zur nationalen Aussöhnung die Hände ausgestreckt und den Dialog zur Koexistenz von Nord und Süd vorgeschlagen haben. Wir Auslandschristen haben von den Deutschen und Europäern viel darüber gelernt, dass der lockere Dialog zwischen Christen und Marxisten die politische Landschaft auf diesem Kontinent hin zu einer friedlichen Koexistenz verändert und diesen Prozess befördert hat. Für Korea waren dies allerdings fremde Gedanken.

Wir Auslandschristen waren also sehr stolz auf diesen Dialog mit den Sozialisten in Nordkorea – bis dahin ein einmaliger Vorgang in der koreanischen Geschichte. Christen waren die notorischen Feinde der Sozialisten bzw. Kommunisten gewesen, und umgekehrt was es genauso. Wer hatte im Süden die feindselige Stimmung gegen den Norden erzeugt und die Ideologie des Antikommunismus legalisiert? Es waren die Christen. Umso wichtiger war dieser Dialog mit den Sozialisten aus dem Norden. Sie hatten bis dahin nur negative Erfahrungen mit Christen gemacht, und nun saßen sie mit ihnen an einem Tisch zusammen.

Wir hatten vereinbart, unsere erste Begegnung vor allem als Beitrag zur Vertrauensbildung zu betrachten. Darum nannten wir unsere Begegnung „Dialog“ statt Diskussion. Wir wollten einander zuerst zuhören, jedem Gesprächspartner Respekt zollen und uns zurückhalten hinsichtlich der sonst üblichen Verurteilung anderen Denkens. Und wir Christen wollten noch einen Schritt weiter gehen: Wir haben diesen Dialog in christlicher Selbstkritik gegenüber dem Sozialismus geschichtlich und ideologisch angefangen, um Aussöhnung und Koexistenz herzustellen. In diesem Geist wurden die folgenden Vorträge von beiden Seiten gehalten:

- „Verantwortung der Christen zur Teilungsgeschichte Koreas“ von *Prof. Dr. theol. Wui-Ju KANG*, Warteburg Universität / USA,
- „Wiedervereinigung und fremde Mächte“ von *Yeum-Kuk YEUL*, stellvertretender Vorsitzender des Zentralkomitees der Sozialdemokratischen Partei der DRVK
- „Aufgaben der Christen für die Wiedervereinigung“ von Pfarrer *Young Bin LIE*, Redaktion von „Tongil und Christen“ der Auslandschristen für die Wiedervereinigung Koreas
- „Nationale Aufgabe zur Verwirklichung und zum Plan der koreanischen Föderation“ von *Dr. Kum-Chul CHUN*, stellv. Vorsitzender des Komitees für die friedliche Wiedervereinigung des Vaterlandes
- „Sozialismus und Christentum“ von *Pastor Ki-Jun KO*, Generalsekretär der Christenföderation der DVRK.

Da alle Teilnehmer während der ganzen Tagung unter einem Dach lebten, kamen sich alle, die über 35 Jahre nach der Teilung des Landes einander fremd geworden waren, schnell näher. Da flossen viele Tränen. Der deutsche Leiter der Akademie, der unsere Begegnung aus der Nähe beobachtete, fragte mich, ob Koreaner solche schwierigen politischen Probleme allein mit Tränen zu lösen gedenken.

Der Erste Dialog war ein großer Erfolg und legte das Fundament des Vertrauens. Hier manifestierte sich mehr die nationale Gemeinsamkeit als die ideologische Differenz. Der konstruktive Geist des Ersten Dialogs ermöglichte es, den Zweiten

Dialog bereits im nächsten Jahr in Helsinki/Finnland fortzusetzen.

Das Tagungsthema in Helsinki lautete „Die Hauptaufgabe des Volkes". In diesem Zusammenhang wurden die folgenden vier Referate vorgetragen:

- „Die Selbständigkeit, friedliche Wiedervereinigung des Vaterlandes und Aufgaben zu ihrer Verwirklichung" von *Dr. Gum-Chul CHUN*, stellvertretender Vorsitzender des Komitees der friedlichen Wiedervereinigung des Vaterlandes,
- „Demokratisierung in Südkorea und Rettung von Kim Dae-Jung" von *Dr. pol.. Gi-Hwan CHOI*, Geschäftsführer der Auslandschristen für die Wiedervereinigung Koreas,
- „Zuzeismus und Wiedervereinigung" von *Dr. Hyung-Sub YANG*, Direktor des sozialwissenschaftlichen Instituts,
- „Verantwortung der Christen für nationale Aussöhnung und Wiedervereinigung" von *Dr. theol. Pastor Dong-Gun HONG*, Gemeinde „Vom Guten Samariter" in Los Angeles / USA.

Da wir einen nationalen Konsensus suchten, kam hier die Diskussion über den gesellschaftlichen Unterschied beider Teile des Landes nicht vor. Stattdessen fand ein intensiver Dialog zwischen dem selbständigen und sich mit den Benachteiligten solidarisierenden Christentum einerseits und dem zuzeistischen Sozialismus andererseits statt, so dass wir die Überzeugung gewannen, der ideologische Konflikt könne kein bleibendes Hindernis zur Überwindung der Teilung des Landes sein.

In der Zeit von 1981 bis 1986 fand der Dialog vier Mal statt, und zwar in Westeuropa (Österreich, Finnland und Schweden). Zusammenfassend darf ich sagen, dass unser Dialog sein Ziel erreicht hat. Damals, als nicht nur zwischen den beiden Staaten Windstille herrschte, sondern sich auch in der Bevölkerung nichts bewegte, niemand etwas wagte, vernahmen unsere Auslandschristen ihren „Kairos", den Dialog zu eröffnen, damit die Potentiale im Inland ermutig würden, sich in Bewegung zu setzen.

Dieser vertrauensbildende Dialog der Auslandschristen mit den Sozialisten in Nordkorea hat auch im Norden bald Früchte getragen. 1985 wurde in Pyonyang die „Bongsu-Kirche" erbaut, die über dreihunderte Sitzplätze verfügt. Fünf Jahre später wurde die „Zilgog-Kirche" fertig, der einst die Mutter des Vorsitzenden KIM Il-Sung angehörte.

1983 hat die „Christenföderation in Nordkorea" das Neue Testament in einer neuen Übersetzung und im folgenden Jahr auch die revidierte Fassung des Alten Testaments herausgegeben. Das bedeutete eine gewaltige und explosive Anstrengung der dortigen christlichen Minderheit. Woher kam die neue Kraft der kleinen christlichen Gemeinde, die nur auf eine sich selbst erhaltende Minderheit eingestellt war? Die Initiative von uns Auslandschristen zum Dialog mit den Sozialisten und zur Wiedervereinigung vermittelte den skeptischen Sozialisten an der Macht eine neue Wahrnehmung für die Wirklichkeit der Christen, nämlich dass nicht alle Christen in die Kategorie von „Revanchisten" oder „Pro-Amerikaner" einzuordnen seien. Durch unseren Dialog wurde Nordkorea in der ökumenischen und internationalen Öffentlichkeit neu entdeckt – und sozusagen „salonfähig" gemacht. Die Vertreter der „Christenföderation" repräsentierten Nordkorea im Westen eher als ihre eigene Diplomatie. Schließlich war die christliche Minderheit im Land plötzlich als eine wichtige Kraft zur Wiedervereinigung des Landes gefragt.
Indem wir den Dialog zwischen Christen und Sozialisten fortsetzten und nun zum nationalen Dialog erweiterten, haben wir die theologisch-zuzeistische Diskussion nicht vernachlässigt. Wir haben einen Theologen-Kreis neu formiert. Er hieß „Auslandstheologenkolleg für die Theologie der Wiedervereinigung" (해외통일신학동지회).

Bald wurde eine "Inlands-Sektion des Theologenkollegs" (국내통일신학동지회)in Südkorea etabliert. Pastor *MUN Ik-Hwan* (문익환)übernahm dessen Vorsitz. Damit haben wir die Verständigung zwischen dem christlichen Glauben und dem Zuzeismus vertieft und gleichzeitig die Quartalszeitschrift „Wiedervereinigungstheologie" (통일신학) herausgegeben.

1988 hat der Vorsitzende der DVRK, *KIM Il-Sung*, *Pastor MUN Ik-Hwan* persönlich nach Pyongyang eingeladen, der ja im Süden als Christ und als eine integrative Person für die Aussöhnung mit dem Norden bekannt war, um die nationale Einheit voran zu bringen und besonders die nationale Zusammenarbeit zwischen Christen und Sozialisten zu bekräftigen. Pastor MUN nahm die Einladung sehr gerne an trotz des Verbotes nach dem Antikommunismus-Gesetz im Süden. Er wurde vom Staatschef sehr herzlich als „Bruder“ empfangen. Die beiden Männer haben einen offenen Meinungsaustausch geführt und dadurch ein tief greifendes Vertrauen zueinander gewonnen.

Dieses Ereignis kann man ohne Frage als geschichtlich bedeutsam bezeichnen hinsichtlich der Entwicklung des Verhältnisses von Christen und Sozialisten in Korea. Pastor MUN, der den verbotenen Weg bewusst gewagt hat, musste nach seiner Rückkehr in den Süden eine Gefängnisstrafe von 2 ½ Jahren absitzen. Sein mutiges Eintreten hat das Volk und skeptische Christen enorm für die nationale Aussöhnung interessiert und eingenommen. Im Gegenzug dazu hat der sozialistische Staatschef *KIM* an der *Kim-Ilsung-Universität*, in der die Kader der Arbeiter-Partei ausgebildet werden, die neue Fakultät „Religionswissenschaft“ eingerichtet und *Pastor Dr. HONG Dong-Gun (홍동근)*aus Los Angeles/USA, den Vorsitzenden unseres Auslands-Theologen-Kollegs, zum Gastprofessor berufen. Er sollte dort Vorlesungen zur christlichen Religion halten, zunächst vor dem Lehrerkollegium exklusiv für zwei Semester und danach für alle Studenten. Diese sensationelle Öffnung der Sozialisten hin zum Christentum hat nicht nur uns koreanische Christen, sondern die ganze Welt angenehm überrascht. Die Pionierarbeit von Pastor *HONG* dauerte bis zu seinem plötzlichen Tod in Pyongyang 1995 an. Sein Beitrag zum christlich-zuzeistischen Dialog kann nicht hoch genug bewertet werden.

a) Aktivität des Ökumenischen Rates der Kirchen (ÖRK)

Parallel zu der kleinen Pionierarbeit von uns Auslandschristen hat der ÖRK in Genf endlich seit 1986 die Initiative zur Vermittlung zwischen dem „Nationalrat der Kirchen in Südkorea“ (KNCC) und der „Christenföderation in Nordkorea“ (CFD VRK) ergriffen. Er hat zur „Konferenz der ökumenischen Kirchen in Ostasien“ in Dosansho (都山所) / Japan zum ersten Mal eine Delegation aus Nordkorea eingeladen und den Mitchristen aus Nord- und Südkorea damit die erste Begegnung nach 40 Jahren offiziell ermöglicht. Diesen Schritt hätten die koreanischen Christen von sich aus wohl nicht gewagt. Hier wurde ein großes Stück Eis gebrochen. In den folgenden Jahren hat dann der ÖRK zwei- oder dreimal die beiden Delegationen der Kirchen nach Glion/Schweiz eingeladen. Dadurch wurden die Berührungsängste der Christen im Süden mit ihren Mitchristen im Norden abgelegt. Obwohl nun die Zusammenarbeit des KNCC mit der CFK zur normalen Tagesordnung gehört, weigern sich einige große evangelikale Kirchen im Süden noch immer, die offizielle Kirche im Norden, nämlich die „Christenföderation", anzuerkennen.

b) Aktivität der Studentenschaft im Süden

Den Anfängen der Auslandschristen folgte eine heftige Bewegung aus der Studentenschaft. „Der Nationalverband der Studentenschaft" im Süden entsandte 1999 seine Vertreterin *Frau IM Su-Gyung (임수경)*nach Pyongyang zur Teilnahme am internationalen Studentenfestival, indem er sich über eine hohe Strafe hinwegsetzte. Ihre Teilnahme wurde auf dem Festival als der Höhepunkt gefeiert. Als ein Symbol der nationalen Aussöhnung kehrte sie demonstrativ über die Grenze am 38. Breitengrad bei Pam-Mun-Jeum (판문점) zurück, wo niemand zuvor diese Grenze überschritten hatte. (Das Staatspräsidentenpaar *NO Mu-Hyun* nahm diesen Grenzweg 2007 offiziell. Das war genau 10 Jahre nach Frau IM). Frau IM wurde an der Grenze verhaftet und gleich ins Gefängnis geworfen. Sie musste für ihre Heldentat eine vierjährige Gefängnisstrafe absitzen. Damit war der offene nationale Kampf des Volkes für die Wiedervereinigung gegen die Militärdiktatur, die Handlager der USA war, voll entflammt. Durch seinen unerschrockenen demokratischen Einsatz hat das Volk im Jahr 2000 endlich einen demokratischen und nationalen Staatspräsidenten *KIM Dae-Jung* erkoren. Er blieb jedoch von der amerikanischen Gnade abhängig und konnte das Staatssicherheitsorgan (CIA) nicht unter seine Kontrolle bringen. Trotzdem wagte er mit seiner Politik „Sonnenschein" vorsichtig die Annäherung an Pyongyang. Schließlich hat er mit dem Vorsitzenden des DVRK *KIM Jong-Il* „die gemeinsame Erklärung vom 15.06.2000“ in Pyongyang zustande gebracht, die dem Volk alle nationalen Aktivitäten zur Einheit nicht nur erlaubt, sondern sie fördert.

„Endlich ist die Zeit der Finsternis im Süden vorbei“, dachten wir. Aber noch nicht! Vorsicht mit dem neu gewählten Staatspräsidenten *LEE Myung-Bak*, der sich noch mehr an Washington anlehnen will und der alles, was seine Vorgänger für das nationale Miteinander erarbeitet hatten, auf Eis gelegt hat! Das Volk ist aber inzwischen erwachsen geworden?

Als unsere Delegation 1981 in Pyongyang vor einer internationalen Pressekonferenz gefragt wurde, welche Vision wir mitgebracht hätten, antwortete Sun mit dem folgenden Satz: „Der Dialog von uns Auslandschristen mit den Sozialisten sollte wenigstens dazu beitragen, am Staudamm des Eisernen Vorhangs ein kleines Loch hervorzurufen, damit das Loch dann immer größer wird und der Damm schließlich zusammenbricht.“

Unsere Vision ist fast Wirklichkeit geworden. Wir sind glücklich über das, was wir getan haben und noch miterleben dürfen – nämlich wie das Volk im Süden immer mehr zur Aussöhnung und Zusammenarbeit mit dem Norden bereit ist.

VI. Eine lange Reise zu mir selbst und zu meinem Volk

von *Sun Whan Lie*

1. Neues Leben

Eines Tages kam ein langer Brief von meinem Mann aus Deutschland. Es war das vierte Jahr unserer Trennung. Da wir ausgemacht hatten, dass er vier Jahre in Deutschland studieren wollte, war ich sehr gespannt. Beim Überfliegen seines Briefes nahm ich wahr, dass sich für ihn eine neue Situation ergeben hatte: nämlich seinen Aufenthalt dort noch für ein paar Jahre zu verlängern. Sein Professor Hans Joachim Iwand empfahl ihm, die Leitung des Ökumenischen Instituts an der Universität in Bonn, das neu installiert werden sollte, zu übernehmen, wenn seine Dissertation abgeschlossen sei. Im ersten Augenblick war ich schockiert, aber mein Verstand begrüßte es andererseits auch, da seine Heimkehr keine sofortige Beschäftigung garantiert hätte, weil noch Nachkriegschaos herrschte. Millionen von Menschen, die den Krieg überlebt hatten, suchten Arbeit, obwohl der Waffenstillstand schon fünf Jahre her war. Mit zwei kleinen Kindern bei meinen Eltern, die selbst eine große Familie unterhielten, nur als eine Last zu leben, war unerträglich.

Die vergangenen vier Jahre kamen mir vor wie eine halbe Ewigkeit! So konnte es nicht weitergehen. Ich fragte mich: „Wo bleibe ich mit meinem jungen Leben, wo bleiben meine Träume, wo bleibt meine eigene Identität?“ Ich hätte am liebsten mein abgebrochenes Studium mit meinem Mann in Deutschland zu Ende gebracht! Wer aber würde dann die Fürsorge für unsere zwei Kinder übernehmen? Unmöglich! Andererseits war mir der Gedanke, noch vier oder fünf Jahre so weiter zu machen, auch unerträglich. Dieser innere Zwiespalt war nur schwer zu ertragen. Um mein Problem zu überwinden, suchte ich bei vielen Freunden und Freundinnen Rat. Eine tröstete mich: „Sobald dein Mann als Doktor heimkehrt, wird all deine Mühsal versöhnt mit einem neuen Leben und der entsprechenden Anerkennung als Frau eines Doktors.“ Oder eine andere: „Solange du noch ledig bist, darfst du studieren. Aber als Ehefrau hast du dich nun deinem Mann in allem zur Verfügung zu stellen.“ Oder: „Wenn du so starke Sehnsucht nach deinem Mann hast, kannst du ihn ja besuchen.“ Also mein soziales Umfeld vertrat die Meinung, dass es für Ehefrauen, die irgendwie mit Kindern überlebt hatten, eine Tugend sei zu warten, bis die Ehemänner heimkehrten. Außer dieser Sichtweise wurde mir keine andere Alternative aufgezeigt. Hoffnungslosigkeit breitete sich in meinem Inneren aus.

Meine Mutter durchschaute meine Unruhe und gab mir neuen Mut: „Es ist nicht gut, dass eine junge Frau so lange getrennt von ihrem Mann allein lebt. Ich stelle mir vor, dass wenn ein Mann zu lange im Ausland allein bleibt, er leicht einer Anfechtung erliegt, selbst wenn ich deinem Mann voll vertraue. Ich werde dir helfen, dass du bald zu deinem Mann nach Deutschland fliegst, und so lange werde ich mich um eure Kinder kümmern". Ihre Worte haben mich sehr ermutigt. Wie lieb und herzlich stand sie zu mir! Ich war meiner Mutter so dankbar, ob es nun umsetzbar sein würde oder nicht.

Unsere Einkommensverhältnisse waren sehr bescheiden. Ein „Tante-Emma-Laden" vor dem Bahnhof von Yongsan, den Mutter und ich unterhielten, war die einzige Einkommensquelle für die neunköpfige Familie. Der Bahnhof von Yongsan war ein Umschlagbahnhof für Soldaten, die als Posten an die Grenze wechselten. Während Mutter am Tage eingesetzt war, übernahm ich den Laden die ganze Nacht. Und anschließend musste ich zum Einkauf zum Großmarkt gehen. Insofern war als Schlafzeit nicht viel für mich übrig. Der Einsatz von uns zwei Frauen überstieg unsere Kräfte. Wir erlaubten uns damals nicht zu fragen, wie lange wir diese Übergangssituation noch durchhalten würden. Die große Mehrheit der Bevölkerung nach dem Krieg musste ja das Provisorische als das Unweigerliche hinnehmen. Dass Mutter in jener Situation ihr Versprechen mir gegenüber nicht so einfach in die Tat umsetzen konnte, wusste ich genau. Ihre Solidarität mit mir half mir aber, jene schwere Zeit an der Seite meiner Mutter zu überstehen.

Nachdem ich lange nichts von meinem Mann gehört hatte, kam endlich ein Brief in einem dicken Umschlag von ihm. Welche Überraschung steckte drin? Das war ein Flugticket für mich nach Bonn! Nein, das konnte nicht wahr sein! Mein Mann schrieb da, dass Iwand ohne sein Wissen dieses Ticket besorgt und ihm übergeben habe, mit den Worten: „Es dauerte lange genug für euch, getrennt zu sein. Es ist nicht gut, dass es weiter so bleibt. Mit diesem Flugticket musst du deine Frau sofort herholen.“ Was für ein Mensch war er, der meinen Mann nicht nur wissenschaftlich betreute, sondern der sich um ihn – wie um einen eigenen Sohn – auch privat kümmerte und sich um unser Wohl sorgte! Solch ein Mensch war mir in meinem Leben noch nicht begegnet! Für seine Freundlichkeit und Großzügigkeit habe ich ihm sofort ein Dankesschreiben geschickt.

In diesem unerwarteten Glück taumelte ich. Plötzlich begann sich mir eine neue Welt zu eröffnen. Ich hatte ja auch Sehnsucht nach Deutschland. Ich wollte dort mein abgebrochenes Theologiestudium fortsetzen. Und ich wollte die Wirklichkeit der Gleichberechtigung zwischen Frau und Mann in Europa kennen lernen. Während der Studienzeit an der theologischen Hochschule der Methodisten Kirche wurde ich von der Schulleitung, einer amerikanischen Missionarin, ein paar Mal disziplinarisch abgemahnt, weil ich mit Studienkollegen im Schulhof Kontakt aufgenommen hatte. Trotz meines Protestes, die theologische Hochschule sei kein Kloster, wurden Studentinnen besonders diskriminiert und gedemütigt.

Ich war mit dem Klischee der koreanischen Gesellschaft nicht einverstanden, es sei das Beste für Ehefrauen, wenn ihre Ehemänner im Ausland studierten, um dann zu Hause beruflich Karriere machen zu können. Ich war der Meinung, dass Ehefrauen das Recht haben sollen, eigene Träume zu verwirklichen, die durch die der Ehemänner nicht zu ersetzen sind.

Obwohl mein eigentlicher Traum, in den USA zu studieren, durch den Koreakrieg zunichte gemacht worden war, wurde ich mit einer unerwarteten anderen Chance, nämlich in Deutschland bzw. in Europa studieren zu können, hoffnungsvoll aufgerichtet und ermutigt. Wenn ich aber die Lebenswirklichkeit meiner Eltern betrachtete, kam ich nicht los von der endlosen Sorge, wie sie das alles ohne Hilfe alleine schaffen sollten. Bald schaltete sich Mutter in meine Gedanken ein: „Liebes Kind, es ist für Ehefrauen sehr wichtig, auch gleichwertiges Wissen zu erringen, wenn sie die Ehe mit gebildeten Männern aufrecht erhalten wollen. Überlasse mir alle deine Sorgen um eure Kinder und um unseren Existenzkampf. Wir schaffen das ohne dich, du musst deinen Weg gehen!“

Meine Mutter war als weitsichtige und entscheidungsfreudige Frau in unserem Bekanntenkreise berühmt, obwohl sie selbst keine höhere Schulbildung genossen hatte. Ich war ihr so dankbar! Als unser Schicksal erneut zuschlug und ich mit meiner ganzen Familie in Deutschland sesshaft wurde, luden wir sie mehrere Male zu uns nach Deutschland ein. Doch als sie im Alter von 82 Jahren (1990) in Seoul starb, durften wir bei ihrer Beisetzung nicht dabei sein, weil wir bereits auf dem Index in Seoul als „persona non grata“ standen.

Zum Abschied schenkte sie mir eine neue Garderobe, in der ich die Reise in das unbekannte Land antrat. Es war ein wunderschöner Frühlingstag. Warmer Sonnenschein, bunte Blumen und grüne Natur begleiteten mich bis zu meinem Flugzeug. Es war der 10. April 1959. Prof. Iwand aus Bonn hatte sogar für meine lange Reise einen guten Begleiter besorgt: nämlich einen Amerikaner, Dr. Schofield, der Missionar und ein guter Freund von Prof. Iwand war. Er war damals in Seoul zu Besuch. Zufällig erfuhr Prof. Iwand, dass Dr. Schofield in jener Zeit den Rückflug nach Europa geplant hatte, um ihn in Bonn zu besuchen. Prof. Iwand bat ihn um Begleitung seines höchst persönlichen Gastes bis nach Frankfurt. Was für eine perfekte Reiseplanung, die ich mir so nicht hatte vorstellen können!

Damals gab es in Südkorea ein sonderbares Verwaltungsgesetz, das die Ausreise der Ehefrauen zu ihren Männern, die im Ausland studierten, verbot. Diese Maßnahme wurde damit begründet, dass die Auslandsflucht von Akademikern und Wissenschaftlern verhindert werden müsse. Wir hatten gerade drei Monate vor Ausbruch des Koreakrieges kirchlich geheiratet und versäumt, uns unverzüglich beim Standesamt zu melden. Wir waren von Daejon (대전) nach Pusan (부산) geflüchtet. Dieser Zufall hat mir auf sonderbare Weise geholfen, als eine „Ledige“ die Auslandsreise genehmigt zu bekommen. Darum musste ich mich von meinen zwei Kindern zu Hause verabschieden, denn sie durften ja nicht auf dem Flughafen in Erscheinung treten.

Die Trennung von den zwei Kleinen überschattete meine Aufregung und schmerzte während der ganzen Flugtage. Dr. Schofield versuchte mehrmals, mich zu trösten, was ihm allerdings nicht gelang.

Meine Maschine landete nach drei Tagen endlich auf der Landebahn in Frankfurt. Zwei Männer haben mich mit einem Blumenstrauß empfangen. Es waren mein Mann und einer seiner Freunde, der in Würzburg studierte. Als mich mein Mann in seine Arme schloss, empfand ich ein unbeschreibliches Glücksgefühl und zugleich ein Stück Fremdheit! Ein grauer Himmel und Nieselregen erschienen mir abweisend und unfreundlich. Ich war ja den warmen hellen Sonnenschein und die bunte Umgebung der Natur aus Korea gewohnt. Die beiden Männer versuchten, mich damit zu trösten, man würde sich hier an die dunkle Jahreszeit in den Wintermonaten und an den Nieselregen schnell gewöhnen.

Mein Mann war inzwischen von der Familie Iwand weggezogen und hatte in der Nähe des Theologenheims ein Einzimmer-Appartement gemietet, in dem wir nach der vierjährigen Trennung ein gemeinsames glückliches Leben anfangen wollten.

Die Stadt Bonn war die Hauptstadt der Bundesrepublik Deutschland und zugleich Universitätsstadt. Viele Alleen, die vor allem mit Kastanien bepflanzt waren, machten auf mich einen starken Eindruck. In den ersten Frühlingstagen sprangen zarte grüne Blätter aus solch dunklen dicken Stämmen und brachten helle Blüten in eigenartiger Gestalt hervor, die dufteten. Mir wurde immer mehr Ruhe und Zeit gegönnt, auf den Promenaden am Rhein spazieren zu gehen, was in meinem hektischen Leben in Korea nicht möglich war. Je mehr ich zu mir kam, desto stärker wurde meine Sehnsucht nach den zurück gelassenen Kindern, so dass ich oft meine Tränen in den Rhein ausschütten musste. Ich fragte mich: „Warum bin ich hier? Was will ich? Wozu lebe ich?“ Mir wurde klar, dass ich diese Zeit, die mir geschenkt war, dankbar annehmen und mein Bestes tun sollte, solange meine Mutter unsere Kinder unter ihren Fittichen hatte.

Selbst wenn Young Bin mir sehr dabei half, das Leben im fremden Land möglichst bald zu meistern, musste ich ja vor allem sprachlich schnell selbstständig werden – zumal, wenn ich das abgebrochene Theologiestudium hier fortsetzen wollte. Unerwartet bot sich eine Gelegenheit, für ein halbes Jahr im Krankenhaus Bethanien in Frankfurt am Main ein Praktikum zu machen. Da ich schon immer großes Interesse an Medizin hatte – ich wollte eigentlich Medizin studieren! –, nahm ich das Angebot sofort dankbar an und zog in das Diakonissenheim in Frankfurt ein. Da ich an keine bestimmte Aufgabe gebunden war, wurde ich überall eingesetzt, was für mich sehr anstrengend war. Eines Morgens wurde ich ohnmächtig. Der Arzt diagnostizierte, meine Gesundheit sei nicht stabil genug und dieser Anstrengung nicht gewachsen.

Auch psychisch ging es mir nicht gut und das Klima machte mir ebenfalls schwer zu schaffen. So war der erste Versuch, die Übung der deutschen Sprache zu forcieren, gescheitert. Ich kehrte nach Bonn zu meinem Mann zurück.

Es kam der 60. Geburtstag von Prof. Iwand. Er wollte die Feier im Familienkreis begehen. Wir waren auch dazu eingeladen. Als Zeichen herzlicher Dankbarkeit bot ich einen koreanischen Tanz dar, der ihm eine besondere Freude bereitete. Ein paar Monate danach kam eine böse Überraschung aus heiterem Himmel über uns. Wir erhielten die Nachricht von seinem Tod. Er war einer Gehirnblutung erlegen. Wir waren sprachlos. Es wurde alles dunkel um uns herum! Es war eine der schrecklichsten und traurigsten Nachrichten. Sein plötzlicher Tod bedeutete für uns einen unersetzlichen Verlust. Er war für uns nicht nur Mentor, sondern auch Förderer. Er wollte meinem Mann nach Abschluss seiner Dissertation einen neuen Posten anvertrauen, und zwar am Ökumenischen Institut, das der Universität Bonn neu eingegliedert werden sollte. Darum hatte er mich ja nach Deutschland geholt. Ohne ihn waren wir bloß Waisen!

Sein plötzlicher Tod stellte auch unsere Uhren anders. Zu seinen Lebzeiten war ein Zeitplan besprochen worden, dass es gut wäre, wenn mein Mann nach der Doktorarbeit zunächst die Stelle der „Arbeitsgemeinschaft der Evangelischen Jugend Deutschlands“ in Stuttgart als ökumenischer Mitarbeiter antreten würde – bis das Ökumenische Institut in Bonn fertig eingerichtet sei. Diese Anfrage aus Stuttgart war bereits gekommen, als mein Mann 1958 die „Ökumenische Hochschule“ in Bossey / Genf absolviert hatte und nach Bonn zu Iwand gezogen war.

Im Sommer 1960 begann er seine neue Aufgabe. Er hatte die Evangelische Jugend über die Lage und Entwicklung in Asien, wo die Epoche der Entkolonialisierung angebrochen war, und über die Situation des Kalten Krieges in Korea, das auch dem geteilten Deutschland nahe stand, zu informieren. Er war ständig unterwegs; drei Wochen im Monat war er auf Reisen. Das jeweilige evangelische Landesjugendpfarramt organisierte seinen Besuchsplan für die eigene Landeskirche: Vorträge, Seminare, Gottesdienste, Missionstage und vieles mehr. So hat er alle Landeskirchen in der BRD durchreist. Jedes Jahr hielt er durchschnittlich 150 Vorträge. Ich konnte ihn auf all seinen Reisen nicht begleiten. Ich musste mich mit meinem Studium beschäftigen. Bald immatrikulierte ich mich in Tübingen. Jeden Tag fuhr ich mit dem Zug zur Vorlesung.

Eines Tages schrieb Mutter uns, dass wir unseren ältesten Sohn *Kyung Taek* möglichst bald nach Deutschland holen sollten, um sein gelähmtes Bein operieren zu lassen. Als er drei Jahre alt war, erkrankte er an Kinderlähmung am rechten Fuß. Anfangs erkannte der behandelnde Arzt dies nicht. Erst durch das körperliche Wachstum wurde deutlich, dass sein rechter Unterschenkel zurückblieb und das rechte Fußgelenk steif wurde. Die Chirurgische Klinik in Tübingen war bereit, unseren Sohn aufzunehmen und zu operieren.

Mit Hilfe einer ausgezeichneten technisch-medizinischen Operation wurde Kyung-Taek geholfen. Kaum zwei Monate später konnte er wie jedes normale Kind gehen. Wie glücklich und dankbar waren alle! Trotzdem blieb uns noch eine andere Sorge. *Kyung-Uk*, unser zweiter Sohn, lebte ja noch von uns getrennt allein bei den Großeltern. Wir hatten nicht vor, unsere ganze Familie nach Deutschland zu holen. Wir wollten möglichst bald nach Korea zurückkehren. Nach dem Tod Iwands suchte mein Mann einen anderen möglichen Doktorvater. Prof. *Gollwitzer* in Berlin war bereit, seine Arbeit bei Iwand zu übernehmen. Aber die Finanzierungsfrage wurde nicht geklärt. Prof. *Hermann Diem* in Tübingen wollte ihm auch entgegenkommen. Aber das Thema seiner Doktorarbeit gefiel ihm nicht. Schließlich bekam er das „Ja“ von Prof. *Ernst Wolf* in Göttingen. So zogen wir Ende 1963 nach Friedland bei Göttingen. Friedland war als „Übergangslager“ bekannt, wo alle Heimkehrer aus der sowjetischen Gefangenschaft vorübergehend aufgenommen wurden, und später ebenso alle Flüchtlinge aus Osteuropa. Da damals das Lager ziemlich leer war, stand uns eine Baracke als Dienstwohnung des Pfarrers zur Verfügung.

Nach dem Tod Iwands lief unser Leben wie ein Provisorium ab. Mein Studium war immer eine halbe Sache. Ich musste mich in Tübingen exmatrikulieren und in Göttingen wieder immatrikulieren, wohin ich fast bis zum sechsten Monat meiner neuen Schwangerschaft jeden Tag mit dem Zug zur Vorlesungen fuhr. Ich war eine auffallende Erscheinung in der theologischen Fakultät, nicht nur als Asiatin, sondern als Hochschwangere.

Am 21. April 1963, dem Tag, den ich in meinem ganzen Leben niemals vergessen werde, kam ich mit dem Zug spät nachmittags in Friedland an. Es regnete heftig. Ohne Regenschirm wartete ich eine ganze Weile. Es wollte nicht aufhören. Ungeduld trieb mich zum Rennen bis nach Hause. Ich hatte vergessen, dass ich hochschwanger war. Bald begannen die Wehen. Mit einer Ambulanz wurde ich in die Klinik in Göttingen gebracht. Gegen Mitternacht habe ich ein kleines Mädchen, Susanne, entbunden. „Sie wiegt 980 Gramm“ sagte die Hebamme und zeigte uns das in Watte gepackte Kind. „Sie dürfen sich aber trotzdem Hoffnung machen, dass es durchkommt, weil es ein Mädchen ist. Wenn Sie in einer Woche keinen Bescheid erhalten, können Sie es in der Abteilung für Frühgeborene besuchen. Es ist einmalig in der Chronologie unserer Abteilung seit zehn Jahren, dass ein Kind unter einem Kilogramm am Leben bleibt.“ Es war interessant, von einer Hebamme, die über eine entsprechende Statistik verfügte, zu erfahren, dass Mädchen bei Frühgeborenen mehr Überlebenschancen haben als Jungen.

Welch ein Glück, unsere kleine Tochter Susanne überlebte! Aber erst nach drei Monaten konnte sie den Brutkasten verlassen und kam nach Hause. Sie wog da knapp 3 kg. Nun bestand meine Aufgabe darin, das Kind mit allen Mitteln am Leben zu erhalten und es „hochzupäppeln“

Zwei Semester musste ich mich von der Fakultät beurlauben lassen. Wegen der Frühgeburt war es notwendig, das Kind hinsichtlich Nahrung und Hygiene mit besonderer Sorgfalt zu versorgen. Es kostete uns viel Einsatz und noch mehr Zeit, bis das

Kind sich so entwickelt hatte, dass es dem normalen Entwicklungsstand entsprach.

Kaum dass Susanne zwei Jahre alt war, wurde Johannes geboren. Plötzlich war unsere Familie durch zwei weitere Kinder bereichert worden. Dadurch rückte der Plan zum baldigen Abschluss der Doktorarbeit meines Mannes wieder in weite Ferne, besonders auch durch den Engpass im Haushalt. Und auch ich musste leider mein Ziel hintanstellen, das Theologiestudium in Deutschland abschließen zu können. Der unerwartete Tod von Prof. Iwand, die Geburten von Susanne und Johannes und die häufigen Wechsel meiner Studienorte versagten mir die notwendige Ruhe und Beständigkeit. Trotzdem kam ich zur Erkenntnis der richtigen theologischen Fragestellung in Deutschland, und zwar im Zusammenhang mit dem Kalten Krieg und mit der ökumenischen Verantwortung – beides fehlte in Korea sehr.

Ich wurde in einer christlichen Familie geboren und getauft, die engen Kontakt zu amerikanischen Missionaren hatte. Mit der Zeit wuchs ein Traum in mir, eines Tages in Amerika studieren zu können. Zugleich entstand in mir eine kritische Beobachtung. Es gab zwei gegensätzliche Pastorenkreise in der Kirche; einen Kreis, der sehr von der amerikanischen Mission abhängig war, und einen anderen Kreis, der der so genannten „nationalen Kirche“ (민족교회) zugeordnet werden konnte. Dieser Kreis wollte die Unabhängigkeit von der amerikanischen Kirche. Die Pastoren, die mit den amerikanischen Missionaren gut zusammen arbeiteten, hatten das Privileg, finanziell gut ausgestattete Gemeinden übernehmen zu können und ihre Kinder mit einem Stipendium nach Amerika zu schicken, um zu studieren, während die „nationalen“ Pastoren meistens in arme Gemeinden entsandt wurden. Ein gutes Beispiel dafür war der Pastor, der später mein Schwiegervater wurde. Er war ja bereits ein ständiger Gast in der japanischen Untersuchungshaft, weil er ein leidenschaftlicher Patriot war, der Widerstand gegen die japanische Herrschaft leistete. Ich konnte unmittelbar in der Nähe seiner Familie miterleben, was für eine unbeschreibliche Armut die Familie dafür ertrug!

In meiner Großmutter, der Mutter meiner Mutter, lernte ich schon früh eine überzeugte Christin kennen, die mir ein Vorbild war. Sie musste ihren reichen Ehemann ertragen, der noch zwei Konkubinen unter seinem Dach unterhielt. Nach seinem Tod teilte sie ihren Besitz auf und gab den zwei Frauen ihren entsprechenden Anteil. Ihren Anteil stellte sie zum Bau einer Kirche zur Verfügung. Meine Großmutter war auch charakterlich eine starke Frau, die die materielle und spirituelle Unterstützung für diejenigen Familien organisierte, die sich dem Kampf für die nationale Befreiung von der japanischen Herrschaft verpflichtet wussten. „Ohne Befreiung keine Zukunft unseres Volkes!“ Das war ihre kurze Formel, die in meinen Ohren klang. Und heimlich lehrte sie mich unsere Nationalhymne, indem sie sie auf ein Blatt schrieb. Dabei sagte sie: „Du musst sie schnell auswendig lernen und dann verbrennen.“ Diese zwei Geschichten haben mich in meinem ganzen Glaubensleben und später in der theologischen Reflexion begleitet.

a) Seelsorge für die koreanischen Krankenschwestern und Bergleute

Anfang 1965 erhielten wir ein Schreiben von Superintendent Fuhr aus Aachen, dass etwa 3.000 Bergleute aus Korea im Bereich von Nordrhein-Westfalen eingesetzt seien sowie ein Teil von 3.000 Krankenschwestern, die in der BRD und West-Berlin verteilt waren. Die Gemeinden seien sehr überrascht, dass viele dieser Koreaner, die kaum die deutsche Sprache beherrschten, jeden Sonntag ihre Gottesdienste besuchten. Ihre Landeskirche sei vorher über den koreanischen Einsatz in Deutschland überhaupt nicht unterrichtet worden. Sie seien total überfordert und hilflos. Sie brauchten unverzüglich unsere Mitarbeit, da mein Mann ja der einzige koreanische Pfarrer in der BRD sei. Das Schreiben schloss mit dem Satz: „Wir wären Ihnen sehr verbunden, wenn Sie mit uns zusammen arbeiten würden.“ Es klang wie eine Aufforderung.

Plötzlich standen wir vor der Entscheidung, entweder diese neue Aufgabe der beiden Kirchen in der BRD und Korea zu akzeptieren oder sie zu ignorieren und die Doktorarbeit abzuschließen.

Der Druck der Verantwortung für die dringende Seelsorge an unseren Landsleuten als Migranten hier in Deutschland war übergroß. Da mein Mann wirklich der einzige Pfarrer aus Korea in der BRD war, und da er bereits in Manchem mit der EKD zusammen gearbeitet hatte, konnte er diese Anfrage bzw. Aufforderung nicht ignorieren. Wir entschieden, sofort die Seelsorge und soziale Betreuung der koreanischen Bergleute und Krankenschwestern in Nordrhein-Westfalen zu übernehmen.

Die BRD brauchte viele „Gastarbeiter" aus den europäischen Nachbarländern seit 1960, als der Wiederaufbau Westdeutschlands schnell aufwärts ging. Aber im Bereich der Energieindustrie zwang die Alternative „Atomenergie", den Kohlebergbau stufenweise zu reduzieren. Im Zusammenhang mit dem Abbau deutscher Bergleute brauchte der Kohlebergbau nun für eine Übergangszeit ausländische Arbeitskräfte. Für diese befristete Migration interessierte sich Südkorea, das unter einer großen Arbeitslosigkeit litt. Mit einem Arbeitsvertrag, der alle drei Jahre eine Rotation beinhaltete, kamen anfangs dreitausend Koreaner nach Deutschland, die aber keine ausgebildeten Bergleute waren, sondern Abiturienten und arbeitslose Akademiker.

Der wachsende Ausbau des Gesundheitswesens in der BRD hatte einen Mangel an Pflegepersonal bzw. Krankenschwestern zur Folge, die im Vergleich mit anderen Arbeitsbereichen geringer bezahlt wurden, da der Großteil des Pflegepersonals in Krankenhäusern traditionell von Nonnen und Diakonissen gestellt wurde. Diese spezifischen Fachkräfte konnte man dann auf dem Arbeitsmarkt – wegen der Nachfrage – nicht mehr so leicht finden. Deshalb vermittelte die Gesellschaft der deutschen Krankenschwestern entsprechende Fachkräfte aus Korea nach Deutschland, und zwar eine große Anzahl – auch mittels des „Rotations-Vertrages".

Die anfängliche Migration von 3.000 wuchs später auf 7.000 an, die den Bedarf in großen Städten in der BRD und West-Berlin und auch an der Peripherie deckte. Diese Fachkräfte waren Menschen, die verschiedene Sorgen von Zuhause mitbrachten und hier neuen Problemen begegneten. Im September 1965 zogen wir nach Duisburg ins Ruhrgebiet, wo der große Teil unserer Landsleute arbeitete. Um sie vor Ort kennen zu lernen, musste mein Mann mit dem Dienstwagen jeden Monat ca. fünf- bis sechstausend Kilometer fahren: Er besuchte alle Bergmannsheime von Castrop-Rauxel, Dortmund, Gelsenkirchen, Essen, Bochum, Duisburg bis nach Dinslaken und im Gebiet von Aachen, und war in über 30 Krankenhäusern allein in Nordrhein-Westfalen. Es wurde gewünscht, einmal im Monat andere Kliniken in Frankfurt am Main, Hannover und schließlich in West-Berlin zu besuchen. Meistens fand der Besuch bei den Krankenschwestern nach ihrem Dienst auf deren Stationen statt, so dass er erst spät, nach Mitternacht, nach Hause kam.

Unsere Landsleute konnten jeder Zeit ohne Voranmeldung in unsere Dienstwohnung kommen. Dann hatte ich alle Sorgen für meinen Mann entgegenzunehmen. Da nach koreanischer Sitte jedem Besucher unbedingt ein gemeinsames Mahl angeboten werden musste, war ich ständig damit beschäftigt, den uns aufsuchenden Landsleuten den gemeinsamen Tisch zu decken.

Dazu kamen zusätzlich betriebliche Konflikte und soziale Spannungen, weswegen er häufig bei den Arbeitgebern und Behörden vorzusprechen hatte. Hier ein Beispiel: Eines Tages kam der Anruf einer Oberschwester eines Landeskrankenhauses. Sie bat um eine dringende Vermittlung zwischen ihr und einer koreanischen Krankenschwester, die in Tränen ausgebrochen und kaum ansprechbar sei. Mein Mann fand folgende Situation vor: In einer Krankenstation arbeiteten vier Schwestern. An einem Tag fehlten plötzlich zwei Mitschwestern: Eine befand sich im Urlaub, und eine war krank. Ohne Unterstützung mussten die Stationsschwester und die koreanische Schwester das Arbeitspensum der Station, was für vier Schwestern gedacht war, alleine bewältigen. Die Koreanerin war morgens erschienen, um sich krank zu melden. Sie hatte über Nacht eine fiebrige Erkältung bekommen. Da sie aber die besondere Situation auf der Station vorfand, schätzte sie schnell ein, dass die Stationsschwester allein die Arbeit auf der Station nicht bewältigen könnte. Darum ignorierte sie ihre Krankheit und arbeitete, statt sich krank zu melden. Die ahnungslose Stationsschwester ordnete etwas an, das die Koreanerin mit einer unfreundlichen Geste kommentierte. Daraufhin sagte die Stationsschwester etwas vorwurfsvoll: „Warum bist du heute so unkooperativ?“ Da brach die koreanische Kollegin in Tränen aus und beschwerte sich: „Deinetwegen arbeite ich ja heute trotz meines Fiebers!“ Da erwiderte die deutsche Schwester: „Wenn du mir nicht sagst, dass du krank bist, wie kann ich darauf Rücksicht nehmen?" – Damit war das kurze Wortgefecht bereits beendet. Die weinende Schwester zog sich auf ihr Zimmer zurück und wollte auch mit der Frau Oberin kein Wort mehr wechseln.

Dieser Konflikt zwischen der koreanischen und der deutschen Kultur war sehr exemplarisch: Es ist eine hohe Tugend für Frauen in Korea bzw. Asien, sich für andere in Not ohne Worte einzusetzen. Die nonverbale Kommunikation wird höher geschätzt als die verbale. Dafür ist eine höhere Sensibilität notwendig. In Europa ist es genau umgekehrt. Mein Mann musste also beiden Seiten den Zusammenhang dieser Differenz klar machen, um dem Vorkommnis des Tages den richtigen Stellenwert zu geben und um zu verdeutlichen, dass sein Grund nicht in einer bösen Absicht lag.

Angesichts des kulturellen Konflikts unserer Frauen in Deutschland begann ich, nachzudenken. Die Frauen werden in Korea nach dem Gebot der Urgemeinde erzogen: *Frauen sollen in der Gemeinde schweigen.* Darum überwiegt übrigens auch im Eheleben die nonverbale Kommunikation. Das übertriebene Gebot den Frauen gegenüber ist ein Produkt des Patriarchats, in dem die Kultur der „Partnerschaft" zwischen Mann und Frau fehlt. Wenn die nonverbale Kommunikation eine hohe Sensibilität unter Mitmenschen bedeutet, warum gilt das Gebot nur den Frauen? So begann bei mir eine feministische Kritik an der traditionellen koreanischen Kultur.

Außerdem gab es einen strukturellen Konflikt, der darin bestand, dass die Ausbildung der Krankenschwester in der BRD anders gestaltet ist als die in Korea: In Deutschland kann eine Frau mit Mittlerer Reife die Ausbildung zur Krankenschwester aufnehmen, während in Korea das Abitur vorausgesetzt wird. Hierzulande ist die Lohnskala einer Krankenschwester relativ niedrig, so dass junge Frauen lieber andere Berufe ergreifen, die besser als die im Krankenhaus bezahlt werden. Das war der Hauptgrund für den Krankenschwestermangel in Deutschland. Die Tendenz zur Niedrigbezahlung basierte darauf, dass traditionell der Pflegedienst in Krankenhäusern zum Großteil von Nonnen und Diakonissen übernommen wurde, die ihre Dienstleistung nicht von der materiellen Gegenleistung abhängig machten. In diese Situation hinein kamen die koreanischen

Krankenschwestern, die eine bessere Ausbildung hatten und hier einen mehr technischen Dienst erwarteten. Aber deutsche Krankenhäuser erwarteten von den Koreanerinnen genauso viele Pflegedienste auf den Stationen wie von den Deutschen. Die Enttäuschung bei unseren Frauen war enorm, zumal sich unter ihnen ein großes Kontingent an Oberinnen und Offizieren, die in Lazaretten gearbeitet hatten, befand. Diese setzten sich bald in die USA ab. Die Vertragspartner dieser Migration hatten versäumt, den Interessentinnen den Unterschied der Dienstleistung und die unterschiedliche Erwartungshaltung auf beiden Seiten genau zu erklären und zu vermitteln.

„Export der Arbeitskräfte" – das war das Schlagwort der koreanischen Politik damals um 1960, in einer Zeit, in der das Land unter einer extremen Arbeitslosigkeit litt. Die Politik, die sich nur für Devisen interessierte, kümmerte sich um menschliche und soziale Fragen der eigenen Bürger in Ausland überhaupt nicht. Und auch die BRD war mitverantwortlich für die auftretenden Probleme, weil sie es versäumt hatte, die soziale Frage der Migranten vorher zu prüfen und zu klären. Die Folgen der fahrlässigen Migration mussten wir als Seelsorger und soziale Betreuer vor Ort bitter erleben. Ich war von der Lebenskraft und Sparsamkeit unserer Frauen, die den größten Teil ihrer Arbeitslöhne nach Hause überwiesen, sehr beeindruckt. Anderseits entdeckte ich bei den Frauen aus Korea deren bewusste und unbewusste Abhängigkeit von der Familie und ihrem Umfeld, indem sie als Ehefrau oder als Mutter ihre Selbständigkeit und eigenen Entscheidungen wegen der Familiengemeinschaft zurückstellten.

Frauen haben von Geburt an auch eigene Namen wie die Männer. Aber sie werden in der Lebensgemeinschaft selten beim Namen genannt. Ohne Namen wurden sie als Funktionsträgerinnen betrachtet und so angesprochen: z.B. „Mutter von …", „Frau von …", „Frau Pastor" etc. Da empfand ich plötzlich ganz stark ein großes Identitätsdefizit der Frauen in der koreanischen Gesellschaft im Vergleich zu Europa. Seitdem versuche ich, meine Landsleute zu bewegen, mich bei meinem Namen zu nennen.

Auf Wunsch der EKD hat mein Mann diese besondere und schwierige Seelsorge und soziale Betreuung von koreanischen

Bergleuten und Krankenschwestern in Nordrhein-Westfalen vier Jahre lang (1965-69) ausgeübt, während ich ihm selbstverständlich (?) als unbezahlte Mitarbeiterin assistieren musste. Obwohl die EKD sich seinen weiteren Einsatz sehr gewünscht hat, hat mein Mann den Dienst gerne abgegeben, als der Nationalrat der Kirchen in Korea (KNCC) einen neuen Pastor nach Deutschland entsenden wollte. Mein Mann nahm die Berufung der Evangelisch-Lutherischen Kirche in Bayern zum Studentenpfarrer in München an. Ende 1969 zogen wir nach München. Damit war unsere Rückkehr nach Korea in noch weitere Ferne gerückt. In der Duisburger Zeit waren wir mit unserem zweiten Sohn *Kyung Uk* nach zwölfjähriger Trennung endlich im Schoß der Familie wieder vereint. Mein Herz, das so unter der Trennung der Kinder gelitten hatte, fand ab der Münchner Zeit Ruhe und Glück. Wir waren jetzt unter einem Dach zusammen – aber in welcher Konstellation? Die zwei Kinder, die lange von uns getrennt in Korea aufwuchsen, fanden schwer die Nähe zu den Eltern wieder, und auch die Kommunikation mit ihren in Deutschland geborenen Geschwistern war nicht leicht. Doch habe ich zum ersten Mal das mütterliche Glück erlebt, alle vier Kinder unter meiner Obhut zu haben.

b) Studentenpfarrer in München

Da mein Mann besonders die Studenten aus der Dritten Welt zu betreuen hatte, waren wir sehr gespannt. In München gab es neben der Universität und der Technischen Universität auch viele Fachhochschulen. Wir wurden darüber informiert, dass jeweils etwa eintausend Studenten aus Asien, Afrika und Lateinamerika eingeschrieben seien. Da die Studenten aus Lateinamerika naturgemäß von der Katholischen Hochschulgemeinde (KHG) betreut werden, gehörten etwa zweitausend Studenten aus Asien und Afrika zum Betreuungsbereich der Evangelischen Studentengemeinde(ESG). Nun wurde mein Mann von Anfang an mit einer total unerwarteten Realität konfrontiert. Ein Großteil der Bevölkerung in München weigerte sich, den schwarzen Studenten aus Afrika Zimmer zu vermieten. Fast alle Anzeigen der Vermietung in den Tageszeitungen brachten notorisch den Satz: „Zimmer an Studenten zu vermieten, aber nicht an Schwarze."

Jeden Morgen saßen Dutzende afrikanischer Studenten im Vorzimmer der ESG, wenn mein Mann da erschien. Um diese elementaren Probleme zu lösen, musste er alle Hebel – in Bezug auf Kirchengemeinden, Medien und Zeitungen – in Bewegung setzen. Schließlich veranstaltete er eine Aktionswoche mit der Unterstützung des Oberbürgermeisters Vogel. Durch seinen besonderen Einsatz für die benachteiligten afrikanischen Studenten wurde er bald von ihnen respektiert und geachtet. Mein Mann organisierte gleich zwei Studentenkreise: den „AK Afrika" und den „AK Asien", weil die zwei Kontinente ganz unterschiedliche Entwicklungen durchmachten, so dass man sie nicht unter einem Dach vereinen konnte. Da waren Studenten aus fast allen Ländern Afrikas vertreten. Besonders die Studierenden aus Guinea, Tansania, Kenia, Uganda und Zimbabwe brachten uns von Anfang an Sympathie entgegen. Das hing damit zusammen, dass in diesen Ländern Entwicklungshelfer aus Nordkorea waren, die im Wesentlichen die Wasserversorgung und landwirtschaftliche Genossenschaften zu organisieren halfen. Über eintausend Entwicklungshelfer aus Nordkorea waren seit 1965 in Afrika aktiv.

Diese Information war für mich eine große Überraschung. Nach der Teilung des Landes Korea und nach dem Koreakrieg waren wir in Südkorea von Informationen aus und über Nordkorea total abgeschnitten. Das Anti-Kommunismus-Gesetz verbot jegliche Kontakte mit Angehörigen im Norden. Politisch wurde durch die amerikanische Propaganda die antinordkoreanische Animosität verstärkt. Da wurden nur negative Gerüchte über Nordkorea verbreitet, Nordkorea sei international völlig isoliert und verarmt. Durch diese Studenten aus Afrika wurden unsere Augen geöffnet.

Ich habe angefangen, mich nach der Wirklichkeit Nordkoreas zu erkundigen. Nordkorea steht für einen autarkischen und selbständigen Sozialismus – unabhängig von Moskau und Peking. Das nennt man den „Zuzeismus (主體主義). Pyongyang hatte mit den Ländern der Dritten Welt einen „bündnisfreien Staaten-Bund" (뿔럭불가담국가연맹), vor allem mit *Tito*, *Castro*, *Indira Ghandi* und *Sukarno*, gegründet, um dem Kalten Krieg zwischen Ost und West eine dritte Position entgegenzusetzen und um die Unabhängigkeit und das Interesse der Dritten Welt wahrzunehmen. In diesem Geist solidarisierte sich Nordkorea mit den Ländern in Afrika, Asien und Lateinamerika durch Taten. Bald wurde der geistiger Führer *Kim Il-Sung* in der Dritten Welt populär, und Pyonyang wurde das „Mekka" der Dritten Welt. In Nordkorea studierten viele Studenten aus der Dritten Welt. Es ging ihnen darum, wie sie wirklich autark und unabhängig von ihren alten und neuen Kolonialländern in Bezug auf die wirtschaftlichen Verhältnisse werden könnten. Uns überraschte und beeindruckte dieser uns bis dahin nicht bekannte politische Ansatz aus Nordkorea. Wir waren stolz darauf!

Einmal pro Woche kam der „AK Afrika" in unserer Wohnung zusammen. Ich nahm auch daran teil und lernte viele Probleme Afrikas kennen; z.B wurde gesagt: „Die Industrieländer, von denen wir nun nominell unabhängig sind, beherrschen uns wirtschaftlich weiter. Sie beuten uns weiter aus unter dem Deckmantel der so genannten ‚Entwicklungshilfe'. Sie nehmen uns mehr als sie geben." Das war die Grundstimmung unter den afrikanischen Studenten. Dadurch kam ich immer mehr zu der Überzeugung, dass die wichtigste Aufgabe der Theologie in der Gegenwart die „Befreiung der Dritten Welt" sein müsste. Durch die Studenten aus der Dritten Welt wurde ich angeregt, mich mit der Weltfriedensfrage zu beschäftigen, die von Herrschaft und Befreiung handelt. Die Aktualität der „Theologie der Befreiung in Lateinamerika", der „Minjung-Theologie in Korea", der „politischen Theologie in der Ersten Welt" hat meinen Elan im Hinblick auf das theologische Studium noch mehr intensiviert. Ich und mein Mann waren ja mitten in der „Studentenbewegung von 68". Die kritische Studentengeneration war mit ihrer Vätergeneration nicht einverstanden, die ihre Nazivergangenheit nicht aufgearbeitet hatte, sondern sich mit der neuen Weltmacht USA verbündete und zur Eskalation des Kalten Krieges beitrug. Das bedeutete, dass die Vätergeneration andererseits noch der imperialistischen Ideologie verhaftet war und die so dringliche Aufgabe der Befreiung der Dritten Welt ignorierte. Der Sozialismus, der sich mit der Dritten Welt solidarisierte, besaß aber bei der Studentengeneration mehr Anziehung. Diese kritischen Studenten haben sich nicht nur theoretisch und wissenschaftlich mit der Befreiung der Dritten Welt beschäftigt, sondern gingen auf die Straße, um gegen die Invasion der USA in Vietnam und in Kuba bzw. in Lateinamerika zu protestieren.

Vor dem Hintergrund dieser Wirklichkeit in der Dritten Welt haben kritische Theologen angefangen, die Erlösung Gottes mit der politischen und wirtschaftlichen Befreiung der kleinen Völker von den imperialistischen Staaten in Zusammenhang zu bringen. Das war die „Befreiungstheologie“, die mich sehr stark geprägt hat. Nun verstand ich, dass Gottes Geschichte in der Bibel mit dem „Exodus der Israeliten aus der Sklaverei im Ägyptenland“ beginnt – worauf sich die Gebote Gottes gründen.

Als der Vietnamkrieg immer mehr eskalierte, fand eines Tages eine große Demonstration gegen den Krieg vor dem „Amerika-Haus“ statt. Mein Mann war als Studentenpfarrer einer von vier Rednern bei der Kundgebung. Am nächsten Tag bekamen wir ein Schreiben des bayerischen Innenministeriums. Es teilte uns mit, dass wir mit der ganzen Familie innerhalb von vier Wochen die Bundesrepublik Deutschland verlassen sollten, und zwar mit der Begründung, dass mein Mann gegen die Belange der BRD verstoßen habe; er habe nämlich in der Öffentlichkeit die USA wegen des Vietnamkrieges kritisiert. Da er aber andererseits als Pfarrer der Landeskirche von Bayern dem Beschluss der Ökumene bzw. der Evangelischen Kirche in Deutschland gefolgt war, der den Vietnamkrieg offiziell scharf kritisiert hatte, musste das Innenministerium die Ausweisung unserer Familie rückgängig machen.

In jener sehr bewegten Zeit war ich von allen Seiten herausgefordert: als Mutter von vier Kindern, als Ehefrau eines Studentenpfarrers für Studenten aus der Dritten Welt und selbst als Theologiestudentin – Ich spürte schmerzlich die Grenze meiner Zeit und meiner Kraft. Ich habe unter dem Konflikt zwischen meinem Wollen und der Wirklichkeit der mir vielschichtig auferlegten Verantwortung sehr gelitten.

Dieser Konflikt steigerte sich noch unerwartet. Etwa ein Jahr später besuchte uns eines Tages eine koreanische Krankenschwester, die in unserer unmittelbaren Nachbarschaft mit 20 weiteren Krankenschwestern im Schwabinger Krankenhaus tätig war. Sie hatten längst davon gehört, dass ein koreanischer Pfarrer als Studentenpfarrer in München angekommen war. Die frommen koreanischen Frauen praktizierten einen Gebetskreis ohne Pfarrer, aber auf Dauer ging das nicht. Sie fragte nun meinen Mann, ob er so freundlich wäre, einmal im Monat einen Gebetskreis für sie zu leiten. Er antwortete ihr, dass er von der Bayerischen Landeskirche zum Studentenpfarrer berufen worden sei und mit noch einer neuen Aufgabe überfordert wäre. Wir hatten ja bereits in Nordrhein-Westfalen vier Jahre lang Dienst getan. Es war unmöglich das, was hinter uns lag, hier weiter fortzusetzen. Meine Zeit wäre wieder sehr beansprucht worden. Allerdings hat uns der gute Wille unserer Landsfrauen, ohne Seelsorger im Ausland freiwillig ihre Gebetsversammlung weiterhin zu praktizieren, zutiefst bewegt und so haben wir dann doch unsere Zusage gegeben.

Wie wir schon befürchtet hatten, blieb es auf Dauer nicht bei unserem sehr persönlichen Dienst für unsere Krankenschwestern, und so war das Problem des „noch mehr“ wieder eingetreten. Da die Krankenschwestern anderer Kliniken in München den gleichen Wunsch bei uns angemeldet hatten, musste Young Bin einen Gottesdienst pro Monat für alle zusammen (etwa 60 Krankenschwestern) in der Kapelle im Olympiadorf abhalten.

Noch ein Jahr später erschien eine Gruppe koreanischer Lehrlinge aus einer Werkzeugmaschinen-Fabrik in Nürnberg und bat ebenfalls um einen Gottesdienst pro Monat in Nürnberg, was mein Mann ihnen nicht verweigern konnte. Ihre unangemeldeten Besuche in unserer Wohnung steigerten sich mit der Zeit immer mehr. Besonders unsere Frauen suchten Seelsorge und Beratung bei mir. Es ist üblich, dass Frauen ihre Fragen der Frau des Pastors vortragen, bevor sie den Pastor selbst aufsuchen.

Diese Zwangslage brachte uns in die typisch koreanische Diskrepanz, schwer „Nein“ sagen zu können, d.h. den Anderen einen Gefallen zu tun, aber die eigenen Grenzen zu übersehen. Die Deutschen, die im sozialen Umgang immer mit „Ja“ und „Nein“ deutlich ihre Absichten artikulierten, beneideten wir Koreaner. Bei uns wird „Nein“ als eine Negation oder Abwertung der anderen *Personen,* nicht der *Sache* verstanden. Die Differenz zwischen der koreanischen und der deutschen Erziehung verursachte bei der Kommunikation sehr oft Missverständnisse.

3. Entdeckung meines Volkes

Nach dem Abschluss des vierjährigen Studentenpfarramtes meines Mannes in München zogen wir nach Frankfurt am Main. Es war ein Privileg, genau in der Zeit der „68er Studentenrevolution“ Studentenpfarrer gewesen zu sein. Wir hatten von Anfang an die Bedeutung und die Chance eines Studentenpfarrers inmitten der gesellschaftlichen Veränderung der BRD begriffen und Anwalt für die Interessen der Studenten aus der Dritten Welt sein wollen.

Da aber die Spannung zwischen seinem Arbeitsgeber und ihm in seinen ganzen Dienstjahren nicht überwunden werden konnte, suchten wir nach einer anderen Landeskirche, die ökumenisch sensibel und nicht hierarchisch und provinziell wäre. Da wir den Kirchenpräsidenten der Evangelischen Kirche in Hessen und Nassau *Martin Niemöller* durch Prof. Iwand persönlich kennen gelernt hatten, wandten wir uns an ihn mit dem Wunsch, in seine Landeskirche kommen zu wollen. Ohne zu zögern, hieß er uns gleich willkommen. Er war ja die einzige große deutsche Persönlichkeit, die in der Ökumene der Nachkriegszeit respektiert und geachtet war. Er gehörte in der Nazizeit der *Bekennenden Kirche* an, die gegen die Rassenpolitik Hitlers opponierte, während sich die Gesamtkirche „Deutsche Christen“ (DC) nannte und mit Hitler konform ging. Da er als Pastor persönlich gegen Hitler protestiert hatte, wurde er dessen „persönlicher“ Gefangener im KZ Dachau bis zur Befreiung durch die Alliierten. Während alle DC‘s auch in der Nachkriegszeit weiter in den Kirchenleitungen der BRD blieben und die Restauration der Kirche anstrebten, war Martin Niemöller der einzige Kirchenpräsident bzw. Bischof, der sich um ein Sündenbekenntnis und einen Neuanfang der Kirche in Deutschland bemühte. Dass die Ökumene die EKD so schnell in die ökumenische Gemeinschaft aufnahm, war allein das Verdienst von Niemöller.

Zudem wurde uns durch die Freundlichkeit und das Fingerspitzengefühl des Propstes für Frankfurt am Main *Dieter Trautwein* die Paul-Gerhardt-Gemeinde vermittelt, die theologisch kritisch, ökumenisch offen und zur Zusammenarbeit mit meinem Mann bereit war. Die zwei Pfarrer, die seit 1945 die

Gemeinde neu gestalteten, gehörten wie Niemöller der Bekennenden Kirche an und arbeiteten für den Neuanfang der EKD brüderlich im Geiste des „Darmstädter Wortes". Es war für uns ein Glücksfall, dass die Gemeinde unsere Mitarbeit voll akzeptierte und mit uns schrittweise gemeinsam Neuland erschlossen hat, so dass wir 18 Jahre lang in dieser Gemeinde unser Zuhause gefunden haben – bis zum Ruhestand.

a) Studentenrevolution vom 19.04.1960 in Seoul

Nachdem wir nun eine Pfarrstelle in der Paul-Gerhardt-Gemeinde in Frankfurt-Niederrad übernommen hatten, die über sechstausend Gemeindeglieder hatte, wurden wir durch eine böse und akute Entwicklung durch die Militärdiktatur in Südkorea aufs Neue herausgefordert. Je mehr ich mich mit der „innerdeutschen" Frage beschäftigte, desto sensibler wurde ich in Bezug auf die nationale Frage meines Volkes. Ich beneidete die Deutschen in West und Ost, die sich mit ihren gemeinsamen Interessen trotz der Teilung des Landes oder gerade deswegen und mit dem Neuanfang der Europäischen Union (EU) intensiv beschäftigten, und war beschämt über die Misere meines eigenen Volkes, das für die Frage der Teilung des Landes noch kein gemeinsames nationales Interesse gefunden hatte. An dieser Stelle möchte ich deshalb *meinen Weg zur Findung meines Volkes* kurz zusammenfassen.

Am 19. April 1960, als ich gerade ein Jahr und eine Woche in der BRD war, hingen – typisch für Deutschland – dunkle Wolken am Himmel, und es nieselte wieder. Da träumte ich von warmen Frühlingstagen und bunten Blumen zu Hause. Spät am Abend kam mein Mann nach Hause mit einer sehr bedrückten Miene. Nicht wegen einer Sorge um unsere Kinder zuhause, sondern wegen einer traurigen Nachricht aus Seoul, wonach nämlich viele Studenten und Bürger, die sich vor der Residenz des Staatspräsidenten *RHEE Syng Man* versammelt und demonstriert hatten, von der Polizei niedergemäht worden waren. Der Diktator hatte die Präsidentenwahl manipuliert, um seine Diktatur über 15 Jahre hinaus zu verlängern. Das Volk war am Ende mit seiner Geduld. Die Opposition im Parlament funktionierte längst nicht mehr. Studenten waren traditionell die Stimme des Volkes und handelten diesmal auch danach. Obwohl ich weit weg vom Ort des Geschehens war, begleiteten meine Gedanken in dieser Zeit ständig den Aufstand und die Demonstration der Studenten. Mehr noch: Konnten wir möglicherweise für sie etwas im Ausland tun? Irgendein Zeichen der Solidarität musste von uns ausgehen, damit wenigstens die internationale Öffentlichkeit darauf aufmerksam würde. Eilig luden wir alle koreanischen Studierenden in Bonn und Köln nach Bonn ein, um über eine mögliche Aktion unserer Solidarität mit der Studentenrevolution zu diskutieren: nämlich über eine Demonstration. Aber nur vier der anwesenden 25 Studenten war dazu bereit. Fast alle Studenten wurden von ihren Eltern in Korea finanziert, die wiederum fast alle der Partei der Regierenden, der so genannten „Freien Partei“, angehörten. Außerdem erhielten nur die Studenten, die gegenüber der Politik der Regierung loyal waren, auch die Überweisung in US-Dollar von zu Hause.

Jeden Tag brachten der Deutsche Rundfunk und das Fernsehen die Nachrichten aus Seoul als „Topnews“. Das Interesse der deutschen Öffentlichkeit an Korea war groß, weil sie ein „koreanisches Beispiel“ in Deutschland vermeiden wollte. Bald meldete sich der „Internationale Frühschoppen“ bei meinem Mann. *Werner Höfer*, Leiter der Runde von internationalen Korrespondenten, die jeden Sonntagmittag in der ARD veranstaltet wurde, wollte ihn am nächsten Sonntag dabei haben. Das Thema lautete „Studentenrevolution in Seoul“. Er hatte vergeblich einen koreanischen Korrespondenten in der BRD dafür gesucht, weil es damals noch keine akkreditierte Presseagentur aus Seoul gab. Später erfuhren wir, wie Höfer Young Bin auf die Spur kam. Die deutsche Sekretärin des koreanischen Botschafters gab ihm den Hinweis auf meinen Mann, der der einzige koreanische Pfarrer im Lande sei und seinem Land politisch kritisch gegenüber stehe.

Die Einladung zum „Internationalen Frühschoppen“ überraschte uns sehr und bereitete große Freude. Denn die Teilnahme an der Sendung, die damals durchschnittlich etwa fünf Millionen Zuschauer hatte, bedeutete einen unglaublich großen Öffentlichkeitserfolg für uns im Vergleich zu der eigentlich geplanten Demonstration mit einer möglicherweise kleinen Zahl von koreanischen Studenten in Bonn!

Zu Beginn der Sendung machte Werner Höfer eine kurze Anmerkung: Diese Runde müsse eine Ausnahme machen, denn der koreanische Teilnehmer vertrete keine Presse, sondern sei evangelischer Pfarrer, denn es sei kein Korrespondent aus Korea in Deutschland zu finden gewesen. Dann fragte er meinen Mann, was er vorziehen würde, wenn er jetzt in Korea wäre? Er antwortete ohne Zögern: „Ich würde mich der Seite der Studenten anschließen, die gegen die Wahl-Manipulation des Staatspräsidenten *RHEE Syng Man* protestieren." Damit verkündete er öffentlich seine politische Opposition gegen den protestantischen Diktator. Er machte damit deutlich, dass der Diktator alle Oppositionellen mundtot gemacht oder liquidiert hatte, so dass die Studenten nun als einzige Opposition des Landes die Stimme des Volkes vertreten mussten. Alle anwesenden Korrespondenten stimmten seinen Ausführungen zu.

Kaum eine Woche danach dankte der Diktator ab. Plötzlich verschwand jener lange politische Winter aus dem Land, und früher als erwartet kam ein warmer Frühling über uns. Nun standen wir vor einer neuen Situation, anstatt zum Kampf gegen die Diktatur konnten wir nun zur Gestaltung der „demokratischen" Gesellschaft beitragen.

Wir suchten unverzüglich unseren Freund *Ahn Byung-Mu* in Heidelberg auf, wo er seine theologische Dissertation vorbereitete, um ein Forum der koreanischen Studenten in der BRD zu gründen, auf dem die zukünftigen Wissenschaftler für den Aufbau der Demokratie in Korea bereits hier würden gemeinsam diskutieren können. Wir stimmten darin überein, dass die praktische Arbeit vor Ort im Geist der „studentischen Revolution" fortgesetzt werden sollte.

b) Forum der Studenten – Tösuhö (退修會)

In diese Idee haben wir noch einige weitere Studenten eingeweiht, die als Initiatoren von „Tösuhö" (Forum der Studenten) allen Studierenden ein Einladungsschreiben schickten. Da mein Mann ja gerade als ökumenischer Referent in der „Arbeitsgemeinschaft der Evangelischen Jugend Deutschlands" (AEJD) arbeitete, konnte er leicht die finanziellen Mittel aus der Öffentlichen Hand für unsere Arbeit organisieren. Dieses Forum wurde anfangs von einer großen Zahl von Studenten mit großer Leidenschaft besucht. Es fand einmal im Jahr statt. Dort wurden aktuelle Fragen aus Politik, Wirtschaft, Gesellschaft, Kultur usw. behandelt.

Mit dem Zuwachs teilnehmender Bergleute und Krankenschwestern ging die inhaltliche Qualität des studentischen Forums leider zurück. Und im Lauf der Zeit ging sogar die Identität der Studenten verloren: am demokratischen Prinzip fest zu halten, dass nämlich das Subjekt der Demokratie der Bürger sei, nicht aber die Autorität der Institution. Die neue koreanische Botschaft versuchte wieder, alle koreanischen Bürger, Studenten, Krankenschwestern und Bergleute ihrer Autorität unterzuordnen, indem sie die „koreanische Landsmannschaft in der BRD“ organisierte.

Das Forum der Studenten, das mit dem Ziel angetreten war, die Souveränität der Bürger in der Demokratie zu behaupten, hatte sich selbst der Autorität der Institution untergeordnet. Wir waren als Gründer des Forums sehr enttäuscht von der Unreife des demokratischen Bewusstseins der Studenten bzw. der Intellektuellen allgemein. Es war deshalb nicht verwunderlich, dass unsere Studenten der bald auftauchenden Militärdiktatur von *PARK Chung-Hee* gegenüber unempfindlich waren und das Forum bald auflösten. Der neue Diktator entführte im Sommer 1967 achtzehn Studenten und Bergleute aus der BRD nach Seoul mit der Begründung, sie hätten Kontakte mit Pyongyang und Spionage betrieben. Unsere Landsleute in Deutschland waren von der Militärdiktatur in Seoul so stark eingeschüchtert, dass sie sich mehrere Jahre mit dieser Gewaltherrschaft nicht befassen wollten.

c) Forum für Demokratie in Korea (민건회)

Die Militärdiktatur, die sich als *Erneuerungsbewegung des Landes* (유신) ausgab, und damit Südkorea zu einem Exportland umkrempeln wollte, trieb eine feindliche Politik gegen die Arbeiter und die Bauern, die das Land verließen und in die Städte abwanderten. Die Ausbeutung der Arbeitnehmer wurde immer unerträglicher. Das führte im November 1970 zur Selbstverbrennung von *CHUN Tae-Il*, der gegen die unmenschlichen Verhältnisse der Arbeiterklasse durch die Unternehmer protestieren und die Gesellschaft zur Gerechtigkeit aufrütteln wollte. Da reagierte die Öffentlichkeit der Medien, Religionsgemeinschaften und des Rechtswesens heftig und formierte sich langsam gegen die zivilisationsfeindliche Politik der Militärdiktatur. Die Betroffenen organisierten sich und fingen an, politisch dagegen zu kämpfen.

Wir, kritische Landsleute im Ausland, beobachteten diesen Vorgang in Korea während der ganzen Zeit und wollten nicht mehr schweigen, sondern uns mit den Betroffenen in der Heimat solidarisieren. Aus Anlass des nationalen Unabhängigkeitstages am „1. März" 1974 versammelten sich die Solidarisierenden in Bonn, der Bundeshauptstadt der BRD, und demonstrierten gegen die inhumane Politik des Militärdiktators PARK vor der deutschen und internationalen Öffentlichkeit. Das war die erste Demonstration unserer Landsleute in der BRD. Daran beteiligten sich auch viele deutsche Sympathisanten. Anschließend blieben alle zusammen in Köln und beschlossen, eine Organisation „Forum für die Demokratie Koreas" zu gründen. Da kam es zu einer bösen Überraschung unter uns: Einige Christen votierten, dass Linke aus der Organisation ausgeschlossen werden sollten. Ich und mein Mann haben dagegen sogleich vehement unsere Stimme erhoben mit dem Argument: *Das wäre ja ein großes Missverständnis von „Demokratie"*. Demokratie sei nicht mehr Demokratie, wenn nicht alle Denkmodelle bzw. Ideologien zugelassen würden und zusammen arbeiten dürften. Aber dann gewann schließlich das „südkoreanische" Demokratieverständnis die Oberhand, denn in Südkorea waren alle sozialistischen oder kommunistischen Parteien verboten. Hierbei fiel mir auf, dass das Demokratieverständnis der Deutschen dem koreanischen weit voraus war. Denn in der BRD war die „Kommunistische Partei" zugelassen. Dabei bemerkte ich, wie tief der Antikommunismus bei den koreanischen Christen verwurzelt war. Umso mehr wurde mir meine theologische Verantwortung bewusst, zu der ich mich verpflichtet fühlte.

Die Spannung zwischen den christlichen und den sozialistischen Landsleuten ging auch nach der Gründung weiter. Die

Mitglieder der Organisation aus Bergleuten und Krankenschwestern waren zum großen Teil dafür, dass die Formulierungen der Satzung keine scharfe Differenzierung zwischen der sozialistischen und westlichen Demokratie zum Ausdruck bringen sollten. Andererseits beharrten aber die meisten Studenten und Christen auf eben jene Differenzierung.

Dem folgte unvermeidlich die Spaltung der Mitglieder. Die Bergleute gründeten eine neue Organisation, den „Arbeiter-Verband" (노동자연맹), und später folgte der „Frauenkreis" (여성모임) der Krankenschwestern und Studentinnen.

Nun wurden verschiedene Gruppenarbeiten unserer Landsleute organisiert und aktiv. Ich und mein Mann förderten und unterstützten sie, indem wir ihren Versammlungen unser deutsches Gemeindehaus zur Verfügung stellten. Glücklicherweise waren die Amtskollegen meines Mannes hinsichtlich der Sorgen und hinsichtlich des demokratischen Kampfes unserer Landsleute sehr solidarisch mit uns. Die Paul-Gerhardt-Gemeinde hatte auch Verständnis dafür, dass ich mich als Pfarrfrau der Gemeinde nicht ganz zur Verfügung stellen konnte, weil ich mich mehr um meine Landsleute kümmern musste.

d) Frauenkreis (여성모임)

Es gab viele Frauen unter den Mitstreitern des „Forums der Demokratie Koreas": Studentinnen, Krankenschwestern, Berufstätige und Hausfrauen. Sie waren genauso intelligent und fleißig wie die Männer. Aber wenn die Versammlungen stattfanden, verzogen sich die Frauen selbstverständlich in die Küche, um Mahlzeiten zuzubereiten. Sie fehlten darum während der Sitzungen und in den Diskussionen. Das geschah ohne irgendeine Anweisung von anderen, sondern „automatisch" oder „wie üblich".

Das entspricht eben der traditionellen Arbeitsteilung in der koreanischen Gesellschaft, wonach der Mann für die „öffentliche" Angelegenheit und die Frau für die Familie zuständig ist. Dementsprechend nennt der Ehemann seine Ehefrau in Korea „An-saram" (안사람 – zuständig für die Familie), während die Ehefrau zu ihrem Ehemann „Baggat-saram" sagt (밖앗사람 –

zuständig für den Bereich außerhalb der Familie). Inzwischen hat sich diese traditionelle Arbeitsteilung bei uns sehr verändert. Es kommt immer öfter vor, dass Männer beim Abtrocknen in der Küche oder beim Tischdecken mithelfen. Es ist ein Zeichen der Bewusstseinsveränderung der Männergesellschaft von „patriarchalisch“ zu „partnerschaftlich“. Aber oft halten unsere Frauen immer noch lieber an der traditionellen Stellung der Frau in der Gesellschaft fest. Ich war und bin der Meinung, dass eine demokratische Gesellschaft nicht patriarchalisch, sondern partnerschaftlich gestaltet sein sollte – genauso wie auch die eheliche Gemeinschaft.

Ich wollte hinsichtlich dieser Fragen nicht nur theoretisch bleiben, sondern mit dem eigenen Beispiel vorangehen. So fehlte ich bei keiner Diskussion und versuchte, mich jedes Mal daran zu beteiligen. Meistens gefiel meine Anwesenheit den Männern nicht, was ich deutlich zur Kenntnis nahm. Keiner konnte aber der Wahrheit widersprechen, dass der Entscheidungsprozess einer Gemeinschaft oder Gesellschaft nicht allein Sache der Männer, sondern einer Gemeinschaft von Männern und Frauen ist. Der Drang der Frauen, sich von der patriarchalischen Gesellschaftsordnung zu befreien und Gleichberechtigung zwischen Mann und Frau herzustellen, wurde immer stärker. Die demokratischen Frauen, die Gleichgesinnten, kamen 1975 nach Heidelberg und diskutierten über die Notwendigkeit der Gründung des *Frauenkreises*. Im darauf folgenden Jahr feierten wir die Gründung.

Ich war jedes Mal sehr bewegt und ermutigt, wenn junge Frauen mit kleinen Kindern aus großen Entfernungen anreisten und an den Tagungen unseres Frauenkreises fleißig und enthusiastisch teilnahmen. Ich war in diesem Kreis die Älteste.

Währenddessen hatten die arbeitenden Frauen in Korea unter der ausbeuterischen Politik PARKs mit der Parole „wirtschaftliches Wachstum“ gelitten. Mit Hungerlöhnen und langen Arbeitszeiten waren sie unbeschreiblich versklavt. Nun standen sie als Arbeitnehmerinnen zum Arbeitskampf auf. Sofort begannen wir Aktionen zur Solidarität mit den leidenden Schwestern zu Hause und gewannen viele deutsche Sympathisanten dazu. Zu unserem Solidaritätskampf gehörten auch die Menschenrechte, die Demokratisierung und die Arbeitsrechte für ausländische

Arbeitsnehmerinnen in der BRD. Unter anderem erhoben wir Protest gegen den Arbeitsvertrag der Rotation unserer Krankenschwestern in schriftlicher Form. Wir haben uns nicht nur mit unseren eigenen Problemen beschäftigt, sondern mit vielfältigen internationalen Frauenproblemen. Ich bin sehr stolz auf die lange und zahlreiche Aktivitäten umfassende Arbeit des Frauenkreises. Es scheint mir, dass dieser Kreis im Augenblick einen Generationswechsel durchmacht.

Da ich mit der Zeit mehr und mehr davon überzeugt war und bin, dass die Demokratisierung und die Emanzipation der Frauen in Südkorea in ihrer normalen Entwicklung gestört sind, und zwar solange, wie das Land Korea von fremden Mächten geteilt bleibt, habe ich meine Aktivitäten mehr auf die nationale Wiedervereinigung des Landes ausgerichtet.

e) Allianz der Überseekoreaner für Demokratie und Wiedervereinigung Koreas (민주민족통일해외한국인연합) (약칭: 한민연)

Wie unter uns in Deutschland gab es auch in Japan und den USA aktive Solidarität mit dem Kampf gegen die Militärdiktatur in Südkorea. Eines Tages kam ein Vorschlag aus dem Kreis der demokratischen Koreaner in Japan, der sich besonders für die Rettung von *KIM Daejung* einsetzte, wonach alle demokratischen Gruppen im Ausland ihre Kräfte in einer Organisation, nämlich in der „Allianz der Überseekoreaner für Demokratie und Wiedervereinigung Koreas", sammeln und sich verbünden sollten, um gegen PARKs Diktatur effektiver vorgehen zu können.

Unsere Gruppe begrüßte diesen Vorschlag und entsandte ihre Vertreter im August 1977 zur Gründung der Organisation nach Tokio. Der siebenköpfigen Delegation gehörten u. a. das Ehepaar *YUN Isang*, ich und mein Mann an.

Mitten in der Versammlung brach eine koreanische Schlägertruppe, die von Seoul aus organisiert war, in den Saal ein. Wir forderten eine Sondereinheit der japanischen Polizei an. Sie kam aber sehr spät an, nachdem wir bereits selber mit den Gewalttätern fertig geworden waren. Es wurde uns sofort klar, dass die japanische Sonderpolizei absichtlich ihren Einsatz verzögert hatte, da Seoul und Tokio bereits von unserer oppositionellen Aktivität unterrichtet waren, und uns gemeinsam hatten schikanieren wollen. Erst vor Ort erlebten wir auf bittere Weise die politische Realität der japanischen Zusammenarbeit mit der koreanischen Diktatur. Dieses Ereignis verstärkte die Notwendigkeit einer internationalen Kampagne.

f) Auslandschristen für die Wiedervereinigung Koreas (조국통일해외기독자회 : 기통회)

Die Menschen, die dem demokratischen Kampf gegen die Diktatur verpflichtet waren, kamen mit der Zeit zu der Erkenntnis, dass eine Demokratie auf der koreanischen Halbinsel kaum erreichbar war, solange die Fremdherrschaft das Land besetzte und beabsichtigte, die Teilung des Landes aufrechtzuerhalten. Die andauernde diktatorische Herrschaft im Süden war die Politik des Besatzers, der den Willen des Volkes zur Wiedervereinigung des Landes am meisten fürchtete. Diese Willensäußerung des Volkes wurde deswegen unter der Diktatur strikt verboten und unterdrückt.

Wir Christen und Theologen aus Korea in Deutschland haben unmittelbar beobachtet und miterlebt, wie die Kirche, wie die Christen hier in Deutschland für Entspannung, Versöhnung, Koexistenz und Dialog zwischen Ost und West mühsam arbeiteten. Sie haben mit den Sozialisten den Dialog praktiziert, indem sie die Grenze überschritten. Darum wurden sie „Grenzgänger" genannt. Damit war zunächst die Grunddisposition einer Feindschaft zwischen Christen und Sozialisten abgebaut.

Eine solche friedliche Offensive der Minderheit der Christen hatte Auswirkungen auf den politischen Umgang miteinander. Schritt für Schritt öffneten sich verschiedene Kommunikationsmöglichkeiten zwischen Ost- und Westdeutschland. So kamen wir zu der Überzeugung, dass der Dialog die Trennung unseres Volkes und die Teilung auch unseres Landes zu überwinden in der Lage sein müsste.

Im Jahr 1978 versuchten wir, einen Brief an die Christenföderation in Nordkorea zu adressieren, um Versöhnungsarbeit mit unserem verfeindeten Volk gemeinsam zu betreiben. Daran beteiligten sich auch Mitchristen aus den USA und Kanada. Wir haben darauf keine Antwort aus Pyongyang erhalten.

Andererseits hat unsere Initiative der Auslandschristen zur nationalen Versöhnung keine Zustimmung von unseren demokratischen Gruppen „Forum für Demokratie in Korea“ und „Allianz der Überseekoreaner“ gefunden, weil sie dem politischen Schema verhaftet war: Zuerst „Demokratie“ und dann „Wiedervereinigung“. Da unsere politische Strategie ihnen nicht gefiel, schlossen sie uns von ihren Gruppen aus.

Inzwischen hatte unsere Organisation „Auslandschristen für die Wiedervereinigung Koreas“ durch die Quartalschriften von „Wiedervereinigung und Christentum“ Aufklärungsarbeit betrieben, die von der Verständigung zwischen Christen und Sozialisten, der theologischen Kritik des Antikommunismus und der Perspektive der Befreiungstheologie in der Dritten Welt handelten, damit Pyongyang informiert war, wer wir sind und was wir wollen.

Unser zweiter Versuch, einen Dialog zwischen Christen und Sozialisten zu eröffnen, und zwar durch das „Komitee für die friedliche Wiedervereinigung des Vaterlandes“ in Pyongyang, gelang. Zur Vorbereitung war die Delegation unserer Organisation nach Nordkorea eingeladen. Ihr gehörten der Vorsitzende *HwanSun Lie*, mein Mann als Redaktionsleiter und ich als Geschäftsführerin an. Die Gastgeber empfingen uns sehr herzlich. Sie schätzten unseren Dialog als ein bedeutendes Ereignis in der Geschichte der nationalen Wiedervereinigung hoch ein. Wir haben vereinbart, diesen „Dialog zwischen Nordkorea und Auslandskoreanern und -christen für die Wiedervereinigung des Vaterlandes“ zu begründen und den ersten 1981 in einem neutralen Land Europas stattfinden zu lassen. Schließlich sollte unsere Organisation die Vorbereitung des ersten Dialogs übernehmen.

Gleich nach unserer Rückkehr haben wir unsere Landeskirche (EKHN) und den Ökumenischen Rat der Kirchen in Genf davon unterrichtet und inoffizielle Unterstützung und Ermutigung von anderen Seiten erhalten. Im Gegensatz dazu bekamen wir von Seoul eine heftige Reaktion bishin zu Störaktionen. Das Regime der Militärdiktatur *CHUN Doo-Hwan*, das von unserem gemeinsamen Kommunique in Pyongyang überrascht und erschreckt war, versuchte, unseren Dialog zu verhindern, indem sie eine Demonstrationstruppe an den Tagungsort nach Europa entsandte, mit der Absicht, uns zu entführen. Der „Nationalrat der Kirchen in Korea“ (KNCC) schrieb der EKD und dem Kirchenbund in der Schweiz, dass sie die uns zugesagte Tagungsunterstützung rückgängig machen müssten.

Das Regime aus Seoul versuchte auch, unsere Landsleute in der BRD gegen unseren Dialog mit Nordkorea zu mobilisieren und uns zu isolieren. Die Zeitung unserer Landsleute erschien in großer Aufmachung: „Pfarrer Young Bin Lie und seine Ehefrau sind Kommunisten!“ Unsere Krankenschwestern an den Uni-Kliniken in Niederrad/Frankfurt, die unsere lieben und vertrauten Nachbarn waren, wurden uns nach unserem Besuch in Nordkorea plötzlich zu Fremden. Sie grüßten uns nicht mehr. Wir kannten uns ja so gut seit unserer Betreuung und Seelsorge für unsere Krankenschwestern und Bergleute (1965-69)!

Eines Tages schickte mir mein Vater aus Seoul einen dicken Umschlag. Darin waren viele ausgeschnittene Artikel der Tageszeitungen zu sehen, die die Manipulation des Regimes veröffentlicht hatten: „Das Ehepaar Pastor Young Bin Lie seien die zentralen Figuren des Spionagenetzwerks in Europa für Nordkorea!“ Wie erschrocken und besorgt waren meine Eltern in Korea, als solche Machenschaften der Militärdiktatur die Öffentlichkeit manipulierten und ihre Tochter mit ihrem Theologen-Schwiegersohn, die eine Brücke zwischen Nord und Süd auf der koreanischen Halbinsel bauen wollten, so schlecht machten! Sie waren dennoch stolz auf unsere Absicht, uns in Frieden und Versöhnung auf die Seite Gottes zu schlagen.

Wir hatten zwar erwartet, dass irgendeine Reaktion von der Seite des Regimes CHUN kommen würde, wenn wir in Deutschland den strikt verbotenen Kontakt mit Nordkorea wagen würden. Wir wussten aber nicht, in welchem Ausmaß sie uns daran zu hindern versuchen würden. Unser Wagnis war möglich, weil die Theologen des Friedens trotz ihrer Minderheit in Deutschland uns mit ihrem Wagnis vorausgegangen waren. Und unsere Hessisch-Nassauische Landeskirche solidarisierte sich mit unserer nationalen Versöhnungsarbeit, als sei es ihre eigene. Für mich persönlich bedeutete dies eine unersetzliche Ermutigung, da ich als Geschäftsführerin dieser Organisation seit der Gründungszeit alle Widerstände überwinden musste.

g) Gegen die weiße Apartheidspolitik in Südafrika

Neben unseren koreanischen Aufgaben habe ich auch meine Solidarität mit dem Kampf gegen die „weiße Apartheidspolitik Südafrikas" zum Ausdruck gebracht. Die Weißen hatten etwa seit zwei Jahrhunderten das Land kolonialisiert, und die kleine Minderheit von 12% Weißen hatte als das Herrenvolk die 43 Millionen Schwarzen beherrscht. Um ihre weiße Herrschaft zu verewigen, schaffte sie die inhumane „Apartheidspolitik" bzw. Rassenpolitik, die die UN und die Ökumene nicht akzeptierten. So war Südafrika von der internationalen Öffentlichkeit ausgeschlossen und isoliert. Gott sei Dank hat die barbarische Herrschaft der Weißen 1991 durch den langen Widerstand der Schwarzen unter der Führung *Nelson Mandelas* und durch den konsequenten Druck der internationalen Öffentlichkeit ihr Ende gefunden. Damals haben die Frauen der evangelischen Kirchen in Frankfurt 15 Jahre lang eine zähe Kampagne durchgeführt unter dem Motto *Kaufe keine Früchte aus Südafrika!* Die Frauen standen jeden Donnerstag ohne Unterbrechung in Frankfurts Innenstadt vor dem südafrikanischen Reisebüro mit ihren Plakaten. Daran habe ich mitgearbeitet, worauf ich auch stolz bin.

h) Hungerstreik

Als wir die Nachricht erhielten, dass der Widerstand der Bürger in Kwangzu in Mai 1980 durch die Sondereinheit *CHUNs* und mit dem Einverständnis des amerikanischen Oberkommandos blutig niedergeschlagen wurde, veranstalteten wir mit etwa 20 koreanischen Landsleuten für drei Tage einen Hungerstreik in der Nikolai-Kirche am Römerberg in Frankfurt, um das Massaker durch die Militärdiktatur der USA vor der internationalen Öffentlichkeit anzuklagen. Dazu gab der damalige Präsident der USA *Jimmy Carter*, der als so genannter Menschenrechtspräsident bekannt war, die berühmte jämmerliche Stellungnahme ab: „In Korea geht Sicherheit vor Menschenrecht." Das Kwangzu Massaker machte mir deutlich, dass die USA keine Verbündeten Koreas, sondern Besatzer waren. Meine kindliche Illusion war endgültig verflogen, dass Amerika das von Gott gesegnete Land sei. Ich hatte ja einmal in diesem Land studieren wollen.

Ich bin nun sehr froh, dass ich nicht in die USA, sondern nach Deutschland gekommen bin. Von hier aus konnte ich das wirkliche Verhältnis zwischen meinem Heimatland und den USA besser durchschauen. Ja, ich bin hier so geprägt worden, dass ich für viele Ungerechtigkeiten in der Welt sensibel wurde. Ich beschäftigte mich immer mehr mit den verschiedenen Projekten der Friedensarbeit.

i) Ich bin eine schuldbeladene Mutter

Korea ist ohne demokratische Basis vom Feudalismus in die moderne Gesellschaft „hineingesprungen". Gleichzeitig ist das Land vom Kolonialismus Japans in die Anfänge des Kapitalismus versetzt worden. In diesen heftigen Zeitepochen bin ich aufgewachsen. Hier trifft die Strömung der neuen Emanzipation sehr heftig auf den Patriarchalismus. Anders als meine Großmutter und Mutter war ich davon überzeugt, dass ich mich nicht der Gegebenheit des Schicksals auszuliefern habe, sondern als ein gleichwertiger Mensch mein eigenes Schicksal selbst zu gestalten habe. Diese Selbsterkenntnis wurde in Deutschland noch verstärkt und kann nicht ohne Kampf verwirklicht werden.

Dennoch lagen auf diesem Weg zu mir selbst und zu meinem Volk viele Versäumnisse bzw. viel Schuld: Vor allem habe ich als Mutter meinen Kindern gegenüber viele Schuldgefühle. Als ich nach Deutschland zu meinem Mann kam, mussten *Kyung-Taek* und *Kyung-Uk* bis zum Alter von 12 Jahren ohne Eltern mit ihren Großeltern in Korea aufwachsen. Obwohl *Susanne und Johannes* hier geboren und mit der Familie zusammen waren, mussten sie einiges von unserer elterlichen Zuwendung entbehren, weil wir von der Verantwortung für unsere Landsleute, für die koreanischen Bergleute und Krankenschwestern in Deutschland, und von der Solidaritätsarbeit mit den Christen und Demokraten in Südkorea gegen die Diktatur total vereinnahmt waren. Ich bitte meine Kinder hiermit nachträglich um Verständnis und Entschuldigung.

Ich bin aber sehr dankbar, dass unsere Kinder alle gesund, selbstständig und mit eigenen Familien glücklich sind. Zum Glücklichsten gehört für mich, dass ich zusammen mit meinem Mann unser gemeinsames Leben für die Versöhnung des verfeindeten Volkes zwischen Süd und Nord und für die Wiedervereinigung des Landes geopfert habe.

Zum Schluss bin ich auch glücklich und dankbar dafür, dass unser ältester Sohn *Kyung-Uk* mit seiner *Frau Soheyn* unsere unvollendete Aufgabe der nationalen Wiedervereinigung weiter tragen, sich dafür engagieren – und dass auch die andern Kinder alle die Intention und den Einsatz unseres aktiven Lebens gut verstehen und akzeptieren.

VII. Das Jahrhundert der Freiheit

Die erste Auflage meiner Biographie habe ich mit folgenden sorgenvollen Überlegungen abgeschlossen:

„Ein großer Versuch der Menschheitsgeschichte, nämlich der Sozialismus, dauerte kaum ein Jahrhundert und scheiterte. Der Grund dafür ist, dass er nicht auf Freiheit, sondern auf Befehl und Zwang zur Solidarität basierte. Allerderdings scheint auch der Kapitalismus, der die Solidarität mit den Armen und Schwachen ignoriert, nur der Freiheit der Starken und Reichen nachzujagen. Das Gegeneinander und die Spaltung zwischen Reichen und Armen kann aber keine Zukunft haben.

Es ist höchste Zeit, dass der Mensch nicht nur bei dem Recht stehen bleibt, dass er sich selbst gegenüber beansprucht, sondern darüber hinaus auch seine Pflicht dem anderen gegenüber als wichtig erkennt und wahrnimmt. Dann erst wird der Mensch die *wahre* Freiheit erkennen und ihre *Tiefe* entdecken. Da werden viele Grenzen überflüssig und verschwinden.

Es wäre eine maßlose Selbsttäuschung des Kapitalismus, wenn er den ehrlichen Versuch und auch den eigentlichen Grund des Scheiterns des Sozialismus nicht erkennen und den Rückzug des Sozialismus einfach als Triumph des Kapitalismus bewerten würde.

In diesem Zusammenhang denke ich an die koreanische Chance. Auf der koreanischen Halbinsel existieren noch zwei gesellschaftlichen Systeme nebeneinander: die kapitalistische im Süden und die sozialistische im Norden. Ich hoffe sehr, dass beide Systeme weiter koexistieren, voneinander lernen und sich gegenseitig ergänzen. „Freiheit“ und „Solidarität“ – das sind Zwillinge der gesellschaftlichen Gerechtigkeit, die unzertrennlich zusammengehören.

Leider verpasste Deutschland seine geschichtlich einmalige Gelegenheit. Dem Prozess der Wiedervereinigung fehlte der notwendige gegenseitige Respekt. Die kapitalistische BRD annektierte die sozialistische DDR. Das ist ein großer Verlust nicht nur für die Deutschen, sondern für die Geschichte der Menschheit insgesamt. Siehe, die äußere Einheit Deutschlands hat eine tief sitzende innere Uneinigkeit des Volkes mit sich gebracht! Siehe, der so genannte Monopolkapitalismus nach dem

Rückzug des Sozialismus erzeugt mehr „Gewalt“ zwischen Völkern und Kulturen!

Umso mehr ist das koreanische Volk verpflichtet, den deutschen Fehler nicht zu wiederholen, sondern behutsam den Zwilling von Freiheit und Solidarität am Leben zu erhalten und gedeihen zu lassen.

1. Deutschland nach der Wiedervereinigung

Aus dem eben genannten Gesichtspunkt möchte ich auf die inneren Probleme in Deutschland heute 15 Jahre nach der Widervereinigung hinweisen. In den Tagen, als die Berliner Mauer zusammenbrach, bekamen die Ostdeutschen, die nach West-Berlin kamen, je 100 West-DM als Geschenk in die Hand. Bald konstituierte sich eine Übergangsregierung in Ost-Berlin. Dort wurde beschlossen, dass sich die Deutsche Demokratische Republik (DDR) an die Bundesrepublik Deutschland (BRD) anschließt. Diese souveräne Entscheidung wurde von den vier Siegermächten anerkannt. Somit wurde die Wiedervereinigung Deutschlands im Jahr 2000 vollzogen.

Der damalige Bundeskanzler Helmut Kohl versprach in Dresden „blühende Landschaften“ für den Osten. In kurzer Zeit wurde die Infrastruktur dort, wurden öffentliche Gebäude und Wohnhäuser, so modern saniert und aufgebaut, dass Besucher äußerlich kaum mehr einen Unterschied zwischen West und Ost erkennen konnten.

Aber viele Häuser stehen leer, da Bewohner in den Westen ausgewandert sind, um Beschäftigung zu finden. Die Genossenschaften der Vergangenheit auf dem Land wurden alle aufgelöst und in Privatbesitz umgewandelt. Da die neuen privaten Besitzer mit der kapitalistischen Markwirtschaft nicht vertraut waren, hatten sie große Schwierigkeit bei der effektiven Bewirtschaftung und liegen wegen der Konkurrenz mit ihren westdeutschen Landwirtschaftlern hinter ihnen. International renommierte Unternehmungen wie z.B. die „Leica Optikindustrie“ in Jena wurden von neuen erfahrenen Managern übernommen und mit kräftigem Kapital aufgestockt. Alle übrigen sozialistischen Fabriken oder Kombinate wurden geschlossen. Sozialisten bzw. der sozialistischen Bevölkerung wurde keine Chance gegeben, sich langsam an die kapitalistische Marktwirtschaft zu gewöhnen oder zu versuchen, die sozialistische mit der kapitalistischen zu kombinieren.

Die Geschichte und Überzeugung der Sozialisten, die über ein halbes Jahrhundert mit Leidenschaft versucht haben, eine sozialistische Gesellschaft aufzubauen, bleiben dennoch – selbst wenn ihr Versuch gescheitert ist. Gegenüber dieser inneren Wirklichkeit der gescheiterten Landsleute fehlte den übermütigen kapitalistischen Deutschen eine Portion Sensibilität, so dass die erwünschte „innere Wiedervereinigung" der Deutschen noch in weiter Ferne ist. Die äußere Mauer zwischen DDR und BRD ist verschwunden, aber die „innere" bleibt bestehen.

Seit die Freiheit anstelle der Solidarität dort eingezogen ist, passiert im neuen Osten Erschreckendes. An einem frühlingshaften Apriltag 2002 ereignete sich ein Blutbad in dem renommierten „Gutenberg-Gymnasium" in Leipzig. Ein 19-jähriger Schüler, der am Abitur gescheitert war, nahm eine Jagdflinte seines Vaters in die Schule mit und schoss 16 von seinen Lehrern und Mitschülern nieder – schließlich erschoss er sich selbst. Eine einmalige Geschichte!? Es ist erstaunlich zu beobachten, dass Gewalttaten von Schülern in der Schule, die bis jetzt nur in den USA bekannt waren, so schnell im „Osten" angekommen sind. Auch ist erstaunlich, wie schnell die amerikanische „Kultur" mit *McDonald's* im Osten sesshaft geworden ist.

Obwohl die „Freiheit des Kapitalismus" in die gescheiterte sozialistische Gesellschaft wie ein Retter eingedrungen ist, musste fast die Hälfte der Einwohner sein Zuhause im Osten verlassen und die Misere von „Arbeitslosigkeit" durchmachen, die sie früher nicht kannten. Die konsequenten Sozialisten formierten sich in dieser neuen Landschaft und bildeten eine politische Partei: die *PDS* (Partei der Deutschen Sozialisten). Und sie gingen noch weiter, indem sie gemeinsam mit den Linken der SPD eine neue Partei gründeten: „Die Linke". Bei der Bundestagswahl 2009 erzielte sie ein Wahlergebnis von 11,9 %.

Die SPD strebte eine Sozialreform an, indem sie mit den Grünen koalierte. Angesichts der Expansion der „Globalisierung" scheiterte diese Koalition an ihrem Versuch und musste ihren Platz der konservativen Partei CDU/CSU räumen. Die bewährte „Soziale Marktwirtschaft“ Deutschlands, wonach Kapital und Arbeit in einem harmonischen Verhältnis stehen, verändert sich im Zeitalter der Globalisierung. Deutschland sieht sich immer wieder mit hohen Arbeitslosenzahlen konfrontiert.

Aber selbst vor dem Hintergrund enormer Exportüberschüsse, ist das Problem der Arbeitslosigkeit nicht leicht zu bewältigen, weil ein Großteil der Produktion nicht im Inland stattfindet, sondern in die so genannten Billiglohn-Länder verlagert wurde.

Außerdem muss sich Deutschland damit auseinander setzen, dass die Geburtenrate weiter zurückgeht, während der Anteil der alten Menschen an der Gesamtbevölkerung zunimmt. Das hat zur Folge, dass alle bisherigen Sozial- und Altersversorgungen nicht mehr gewährleistet werden können. Ihr Umbau ist nicht einfach, aber unumgänglich. Trotz der grundlegenden Veränderung der Demographie des Landes hält Deutschland weiter an seiner restriktiven Migrationspolitik fest.

Außerdem kommt noch das Problem der Bildungspolitik hinzu. Nach den letzten PISA-Studien („Program for International Student Assessment“), die die OECD alle drei Jahre durchführt, sind die Leistungen der deutschen Schüler nur durchschnittlich. Etwa vor zwei Jahrzehnten lächelte man hierzulande darüber, dass 15% der Bevölkerung in den USA Analphabeten waren. Die Lage des Bildungsniveaus Deutschlands nähert sich der der USA an.

Dazu kommt der Exodus von Technikern und Wissenschaftlern aus Deutschland ins Ausland, wo eine bessere Besoldung garantiert ist. Das ist der „zweite“ Exodus von Wissenschaftlern seit der Nazizeit, in der wegen der Rassenpolitik eine große Anzahl renommierter deutscher Wissenschaftler, Künstler und Techniker in die USA geflüchtet war – wovon die USA noch heute aufgrund ihrer Vormachtstellung auf vielen Gebieten profitieren.

Gewiss muss man die zwei enormen Belastungen Deutschlands berücksichtigen: Erstens war im wiedervereinten Deutschland die Infrastruktur im Osten neu aufzubauen und siebzehn Millionen Bürger der ehemaligen DDR mussten in die Sozialversicherung integriert werden. Das alles entspricht fast 1/5 des bundesdeutschen Haushaltes. Zweitens hat die BRD aufgrund der Finanzkraft ihrer Volkswirtschaft und aufgrund ihrer Bevölkerungszahl einen erheblichen Teil des Haushaltsvolumens der EU mit zu tragen.

Die größte Herausforderung für die BRD wird aber zukünftig sicher in der demographischen Entwicklung liegen. Es besteht die akute Gefahr einer Überalterung der Gesellschaft.

2. Deutschland und Europa

Während meines 50-jährigen Aufenthalts in Deutschland habe ich unmittelbar Teilung und Wiedervereinigung des Landes miterlebt. Auch einen großen epochalen Umbruch von Europa durfte ich vor Ort beobachten: wie sich 25 verschiedene Völker und Staaten stufenweise unter dem Dach der „Europäischen Union" (EU) zusammenfanden – Länder, die in der Vergangenheit jeweils als glorreiche Nationalstaaten mit eigener Sprache und Kultur nebeneinander in Nachbarschaft oder gegeneinander existiert hatten. Das war und ist ein gewaltiges Vorhaben! Die europäischen Völker und Staaten, die in einem halben Jahrhundert zwei Kriege gegeneinander durchgemacht haben, erträumten ein Europa ohne Krieg. Dazu kam ein Zwang von außen: Im Zeitalter der Globalisierung hat ein einzelner Staat in Europa keine Chance zu überleben – das gelingt nur im volkswirtschaftlichen Verbund. Diese „europäische Vernunft", die aus der geschichtlichen Vergangenheit die entsprechenden Lehren zieht und versucht, einen gemeinsam menschlicheren Lebensraum zu schaffen, – diese „europäische Vernunft" – haben wir Asiaten zu lernen!

Deutsche und Franzosen wollten nach dem 2. Weltkrieg die geschichtliche Erbfeindschaft bereinigen und eine neue friedliche Nachbarschaftsbeziehung herstellen. Konkret gingen die beiden Länder ans Werk, worüber sie immer wieder in Konflikt geraten waren: Nach einem Vorschlag von *Robert Schumann,* damaliger französischer Außenminister, kamen sie darin überein, die „Europäische Gemeinschaft für Kohle und Stahl" – oder auch „Montanunion" genannt – 1952 zu schaffen, woran sich eben Frankreich und Deutschland sowie die Beneluxländer und Italien beteiligten. Diese Gemeinschaft war der Anfang der wirtschaftlichen Gemeinschaft Europas (EG). Bald danach,

1957, entwickelte sich diese Gemeinschaft zur „Europäischen Gemeinschaft für Wirtschaft und Atomenergie“, die besonders die Zollfrage vereinheitlichte. 1972 wurde daraus die „Währungsunion“, die aus der amerikanischen Dollarunion auf dem Weltmarkt hervor ging. Gleichzeitig wurde die „Europäische Zentralbank“ (EZB) gegründet.

1973 haben sich England, Irland und Dänemark der EG angeschlossen. 1979 nahm das „Europäische Parlament“ seine Arbeit auf, dessen Abgeordnete in den jeweiligen Mitgliedsländern direkt gewählt wurden. 1981 schloss sich Griechenland an. In der Zeit von 1985 bis 1992 entstand der „Binnenmarkt“. Mit der Eingliederung von Portugal und Spanien, 1986, wurde die EG auf 12 Mitgliedsstaaten erweitert.

1991 beschlossen die Regierungschefs der Mitgliedsländer in Maastricht/Niederlande, dass die EG bis 1999 eine eigene Währung kreieren sollte, damit sie nicht nur eine *wirtschaftliche* Gemeinschaft bleibe, sondern sich zu einer *politischen* Gemeinschaft weiter entwickeln könne.

1995 kamen Österreich, Schweden und Finnland dazu. 1998 wurde die Europäische Zentralbank in Frankfurt am Main eingerichtet und Anfang 2002 der „EURO“ als europäische Währung in Umlauf gebracht. Im gleichen Jahr traten weitere Staaten, nämlich Ungarn, Tschechien, Slowakei, Polen, Estland, Lettland, Litauen und Malta, der EU bei.

So wurde die EU im Laufe der Jahre stufenweise erweitert und verwirklichte immer mehr ihren Traum vom gemeinsamen Europa. Dieser Drang der Europäer, der von der Vernunft und der geschichtlichen Erfahrung geprägt war, wurde durch die neuen internationalen Herausforderungen beschleunigt.

Nach dem 2. Weltkrieg waren drei wichtige Industriezentren entstanden, die sich auf dem Weltmarkt behaupten konnten: die USA, Japan und Europa. In diesem Zusammenhang sahen die Europäer schnell ein, dass nationalstaatliches Denken in Europa nicht mehr in der Lage war, sich international zu behaupten – zumal wenn die Gefahr bestand, sich durch Konkurrenz auf dem europäischen Binnenmarkt gegenseitig zu schwächen. Diese Erkenntnis setzte sich in Europa durch und führte dazu, dass ein „europäischer Markt“ mit einer Bevölkerung von 350 Millionen Menschen geschaffen wurde.

Das seit 1949 bestehende NATO-Bündnis, dem zwölf westeuropäische Staaten sowie die USA und Kanada angehören, hat mittelbar zu diesem Prozess der Vereinigung beigetragen.

3. Islamismus und islamischer Terrorismus

Seitdem sich die EU mit den USA gegen den islamischen Terrorismus durch Entsendungen ihrer Streitkräfte in den Irak und nach Afghanistan solidarisiert hat, ist der islamische Terrorismus auch in Europa Alltag geworden. Die EU ist sozusagen ein Opfer des Unilateralismus der USA geworden.

Nach dem Ende des Kalten Krieges forcierten die USA als einzige Weltmacht ihren Anspruch, den Nahen-Osten für sich zu nutzen, in dem der Großteil der weltweiten Erdölproduktion stattfindet. Kritische Bevölkerungsteile in den arabischen Ländern, die gegen die Alleinherrschaft der absoluten Monarchie sind, griffen zu den Waffen und gingen in den Untergrund, weil die privilegierten Eliten den Reichtum der eigenen Länder – nämlich das Erdöl – in Kumpanei mit den USA für sich beanspruchen.

Al-Qaida, die führende Widerstandsbewegung in Saudi-Arabien, griff am 11.09.2001 das Internationale Trade-Center in New York an. George W. Bush's Regierung hat daraufhin sofort den Irak mit manipulierten Beweisen als das Zentrum des islamischen Terrorismus ausgemacht und die Streitkräfte der USA nach Bagdad entsandt – trotz des anders lautenden Beschlusses des Sicherheitsrates der UN. Diesen Alleingang von Bush machten fast alle Mitgliedsstaaten der NATO – außer der BRD und Frankreich – mit, indem sie ihre Kontingente auch in den Irak entsandten.

Seitdem sind islamische Terrorakte überall in Europa Alltag geworden: Am 11. März 2004 brachte eine islamische Terrorgruppe in Madrid 191 unschuldige Menschen von Pendlern um und es gab Hunderte von Verwundeten. Am 7. Juli 2005 explodierten Bomben in London gleichzeitig an vier Stellen der U-Bahn und Bushaltestellen, wodurch 55 Menschen getötet und Hunderte schwer verletzt wurden. Durch großes Glück wurde eine furchtbare Katastrophe im Kölner Bahnhof vermieden, weil Kofferbomben defekt waren.

Darüber hinaus verschwenden nicht nur die USA, sondern auch die Europäer ihre überstrapazierten Nerven und wehren sich gegen einen unsichtbaren Feind. Im Zusammenhang mit dieser Entwicklung schrieb eine prominente Zeitung in Seoul am 18. Juli 2005 im Internet einen Artikel mit der Überschrift: „Amerikanische Invasion im Irak züchtet islamische Terroristen". Demnach mache der Krieg in Irak immer mehr normale junge Menschen in arabischen Ländern zu Terroristen. „The Boston Globus" berichtete in seiner Ausgabe vom 17. Juli 2005 über Ergebnisse von Meinungsforschern in Saudi Arabien und in Israel hinsichtlich der Invasion von fremden Streitkräften. Demnach tendiere durch den Krieg im Irak die junge Generation in Nahost, die sich eigentlich gar nicht für Extremismus interessiere, plötzlich zum Terrorismus.

Viele islamische Geistliche, die den Terror vom 11.09.2001 in New York verurteilten, predigten dann den bewaffneten Widerstand gegen die Invasion im Irak als gerecht im Geiste des Korans. Und nicht wenige Araber empfanden den Krieg im Irak als den Krieg einer fremden Kultur gegen den Islam und die islamische Kultur insgesamt. Andererseits war die amerikanische Bevölkerung generell unempfindlich hinsichtlich der Erschütterung, die der Irakkrieg in der gesamten arabischen Welt hervorrief.

Die amerikanische Invasion in den Irak hat die EU entzweit. Der Meinungsunterschied zwischen Ländern wie Frankreich, Deutschland, Spanien und den Benelux-Ländern einerseits, die den Unilateralismus der USA und die illegale Invasion im Irak nicht akzeptieren, und Ländern wie England, Polen, Tschechien und den früheren Ostblockstaaten andererseits, die sich mit den USA solidarisierten, war bedrohlich groß, so dass die traditionell freundschaftliche Beziehung zwischen Europa und Nahost durch das militärische Einschreiten der USA mit der Absicht, das Erdöl zu sichern, erheblich gestört wurde. Die drei Strategien der amerikanischen Außenpolitik gegenüber Nahost – d.h. politische Stabilität, Absicherung des Erdöls und Sicherheit des Staates Israel – wurden zur militärischen Vergewaltigung durch die Bush-Regierung. Clinton ging in diesem Zusammenhang bis zur „Eindämmung" des Regimes Hussein im Irak. Bush wagte aber den „Regimewechsel" Husseins mithilfe der Gewalt. Hierin liegt die Ursache des islamischen Terrorismus in der Gegenwart begründet.

Selbst wenn die USA als alleinige Weltmacht nach dem Kalten Krieg vorhatten, die Weltordnung neu herzustellen, haben sie der Welt statt friedlicher Koexistenz vielmehr Unruhe und kriegerische Auseinandersetzung gebracht. Denn sie glaubten, die Welt allein befehligen und beherrschen zu können.

4. Kirche in einer Krise

Nach meinem Ruhestand von 1991 bis heute haben die evangelischen Kirchengemeinden in der Stadt Frankfurt zahlreiche Mitglieder verloren. Die Paul-Gerhardt-Gemeinde, der ich 17 Jahre lang als Pfarrer diente, hatte damals etwa 6.500 Gemeindeglieder. Nun ist sie mit ihrer Nachbargemeinde, der Zachäus-Gemeinde, zu einer einzigen Gemeinde zusammen geschlossen und trotzdem nur mit zwei Pfarrstellen ausgestattet, weil es insgesamt nicht mehr als 5.000 Gemeindemitglieder gibt. Dieses Beispiel ist sehr repräsentativ für den großstädtischen Raum in Deutschland. Womit ist diese Rückwärtsentwicklung der Kirche zu erklären?

- In der Zeit von der Kapitulation bis zur Wiedervereinigung des Landes (1945-2000) waren die Menschen in Deutschland demütig – Gott gegenüber und selbstkritisch gegenüber ihren Nachbarländern in Europa. Die Männer, die aus der Kriegsgefangenschaft heimgekehrt waren, und die Frauen auf den Ruinen, die „Trümmerfrauen“, mussten gemeinsam aus dem Nichts das Land wieder aufbauen. Sie waren Gott dankbar dafür, dass sie überlebt hatten. Die Kirchen waren gefüllt von den aus der Gefangenschaft Heimgekehrten und von zutiefst dankbaren Menschen.

- Zusammen mit den Landsleuten, die aus dem Osten geflüchtet waren, haben die Deutschen wieder eine funktionierende Wirtschaft aufgebaut. In der Regel haben Sie 10 % der zu entrichtenden Lohn- und Einkommensteuer als Kirchensteuer an ihre jeweilige Kirche abgeführt. Die EKD wurde nach den USA seit 1980 in der Ökumene eine finanziell starke Mitgliedskirche.

• Während der Teilungszeit des Landes in West und Ost leistete die reiche Kirche in Westdeutschland ihrer geschwisterlichen Kirche in der DDR nicht nur Glaubensbeistand, sondern auch starke materielle Unterstützung. Seit jener Zeit findet alle zwei Jahre der „Deutsche Evangelische Kirchentag“ statt. So konnte das evangelische Kirchenvolk aus Ost und West regelmäßig an wechselnden Orten im Land zusammenkommen. Dieses Miteinander in schweren Zeiten bestärkte die Gemeinden enorm. In dieser Phase unterhielten fast alle Ortsgemeinden im Westen eine „Patenschaft“ mit einer Gemeinde im Osten.

• Diese „Kirche im Wohlstand“ hat auch ihre Verantwortung gegenüber der „Dritten Welt“ wahrgenommen: Nicht nur durch die Aktion „Brot für die Welt“, sondern auch durch verschiedene andere Projekte der EKD mithilfe der jeweiligen Diakonischen Werke der Landeskirchen in den Entwicklungsländern
.

• Bis heute steht mehr als ein Drittel des Haushalts der jeweiligen Landeskirche für diakonische bzw. soziale Arbeit zur Verfügung. Solange die Kirche sich von der Gnade Gottes getragen wusste, war sie imstande, die Mitmenschen zu sehen und sich mit ihnen zu solidarisieren. Mit dem Andauern des Wohlstandes aber haben viele Christen ihre spirituelle Mitte verloren und sind hinsichtlich ihrer Verantwortung für den Mitmenschen nachlässiger geworden. Nach der Wiedervereinigung Deutschlands triumphierte die „Globalisierung des Marktkapitalismus“, während die „Soziale Marktwirtschaft“ auf dem Rückzug ist. Die Volkskirche, die der bürgerlichen Freiheit nichts im Sinne der christlichen Freiheit entgegen zu setzen weiß, wird immer mehr von den „Wohlstandskindern“ verlassen, die bisher Kirchensteuern gezahlt haben.

Die wesentliche Krise der Kirche liegt darin begründet, dass sie nicht in der Lage ist, ihre eigene Situation theologisch zu reflektieren und zu analysieren. In der Zeit der politischen Konfrontation zwischen Kapitalismus und Sozialismus bzw. der ideologischen Auseinandersetzung zwischen Freiheit und Solidarität waren Theologie und Kirche herausgefordert, das Wesen der Freiheit und der Solidarität theologisch zu definieren. In Zeiten des Unilateralismus und der bürgerlichen Freiheit hat es die Kirche leichter, auf der Seite der Besitzenden und Stärkeren zu stehen, wie sie dies im Laufe der Geschichte meistens zu tun pflegte. Seit Konstantin stand die etablierte Kirche fast immer auf der Gegenseite von Jesus, der proklamierte: „Was ihr getan habt einem von diesen meinen geringsten Brüdern, das habt ihr mir getan“ (Mt. 25,40). Bereits in Zeiten des Kalten Krieges stellte sich die etablierte Kirche zumeist auf die Seite der westlichen Freiheit und ließ das Verständnis der christlichen Freiheit außen vor. Wo nur allein die bürgerliche Ideologie von „Freiheit“ gilt, kennt die Kirche keine Distanz zur und keine Kritik an der bürgerlichen Freiheit mehr.

„Ihr aber, liebe Brüder, seid zur Freiheit berufen. Allein seht zu, dass ihr durch die Freiheit nicht dem Fleisch Raum gebt; sondern durch die Liebe diene einer dem andern“ (Gal. 5,13). Die Kirche, die biblische Freiheit und bürgerliche Freiheit nicht auseinander halten kann, ist unfähig, gegen die alleinige Herrschaft jener Kräfte der Globalisierung, die im Namen der „Freiheit“ den Reichtum der Welt für sich akkumuliert und die Verarmung der Schwachen ignoriert, zu streiten und zu kämpfen. (Die 9. Vollversammlung des Ökumenischen Rats der Kirchen brachte das Problem der „Globalisierung“ erst 2005 in Puerto Alegre/Brasilien zur Sprache!).

Ganz im Gegenteil zur Solidarität mit Schwachen und Armen mobilisieren die besitzenden Kirchen – z.B. die fundamentalistischen Kirchen in den USA – den modernen Kreuzzug gegen die kleinen Widersacher im Namen der Demokratie und des Weltfriedens. Da die Christen scheinbar verlernt haben, die Menschen aus dem Schlaf aufzuwecken, ist es kein Wunder, dass sie in unserer Gesellschaft immer weniger gefragt sind.

5. Gewalt der Freiheit

Nach dem Kalten Krieg breitet sich die kapitalistische Freiheit hemmungslos in alle Lebensbereiche aus. Unzählig viele Kanäle des Fernsehens in diesem Lande – außer den Sportsendern – können nicht darauf verzichten, jeden Abend mindestens einen „Krimi“ zu senden. Und in jedem „Krimi“ wird mindestens ein Mensch umgebracht. Es ist hierzulande eine Gewohnheit geworden, nach jedem Abendessen eine Kriminalgeschichte auf der Mattscheibe zu präsentieren. Diese gesellschaftliche Lebensgewohnheit ist überall mehr oder weniger ähnlich, wo man sich als freie Marktwirtschaft, als Demokratie versteht. Diese Freiheit verstümmelt allmählich die menschliche Empfindsamkeit bezüglich der Würde des Menschen.

Einige besonnene Eltern schicken ihre minderjährigen Kinder daraufhin in ihre Zimmer zurück, um sie vor der mörderischen Wirklichkeit zu schützen. Die Kinder können sich in ihren eigenen vier Wänden dann allerdings ungestört und aktiv mit ihrem „Computerspiel“ beschäftigen, das sie zum Töten von Menschen animiert.

Gewalt und Mord offenbaren sich immer deutlicher als Elemente der Wirklichkeit unserer bürgerlichen Freiheit bzw. Demokratie. In dieser potentiell mit Gewalt aufgeladenen Stimmung unserer Gesellschaft kann die Schule unserer Kinder auch keine Ausnahme sein. Eine solche Schule, die nicht mehr an der Bildung des Menschen, sondern an der „Ausbildung“ von technischen Fachkräften orientiert ist, steht letztlich nur noch für ein gesellschaftliches Modell, das den Stärkeren hofiert, der ohne Rücksicht seinen Erfolg sucht.

„Mobbing“ wird das Phänomen der üblen Nachrede auf Englisch genannt und findet in der Schule heute viel stärker statt als noch vor 20 Jahren, als ich Religion unterrichtete. „Mobbing“ ist mittlerweile ein gesamtgesellschaftliches Problem geworden.

Selbstverständlich lernen Kinder die Gewalt zuerst in ihren Familien. Nach der Statistik sind 1/3 der Eltern von Kindern in Grundschulen geschieden und die Hälfte der Eltern lebt getrennt. Es ist verständlich, dass Kinder aus solchen Elternhäusern in der zwischenmenschlichen Kommunikation oft beeinträchtigt und auch gewaltgefährdet sind. Psychologen bestätigen ja meistens, dass Kinder, denen menschliche Wärme bzw. Liebe fehlt, leichter zur Gewalt neigen. Mit einem Wort: Unsere Gesellschaft bereitet durch Ellbogenmentalität und Besitzstreben anstelle von Empathie und Liebe den Nährboden für Gewalt.

Die bürgerliche Freiheit, die man als Erfüllung grenzenloser menschlicher Bedürfnisse versteht und danach strebt, zeigt sich heute in dem inhaltsarmen gesellschaftlichen Phänomen von „Kindersex“. Dieses verbotene Spiel von Erwachsenen breitet sich trotz gesetzlicher Überwachung durch die moderne Kommunikationstechnik immer internationaler und subtiler aus. Diese unehrenhafte Freiheit bzw. das unehrenhafte Spiel verbreitet sich besonders unter den so genannten „gehobenen“ Bürgern – sogar Geistliche im Zölibat beteiligen sich daran. Diese moderne Kriminalität macht dem Staat neues Kopfzerbrechen. Tageszeitungen bringen immer wieder Meldungen über Vermisste, missbrauchte und misshandelte Kinder. Die Darstellung von Sex wird zum Objekt von Selbstbefriedigung degradiert. Selbstbefriedigung heißt aber zuerst eine Art Ignorierung des Anderen. Der Vollzug der Selbstbefriedigung kommt einer Vergewaltigung des Anderen gleich.

In diesem Zusammenhang muss die gewaltige Lähmung bzw. der Verlust der geistlichen Kraft erwähnt werden: Die katholische Kirche in den USA hatte einst einen guten Namen wegen ihrer kritischen Haltung gegenüber der Politik ihres Landes während des Vietnam-Krieges und des Kalten Krieges. Nun hat die katholische Kirche keine Stimme und keine Kraft mehr, kritisch die Stimme zu erheben, während Washington sich über den Beschluss der UN und seiner Verbündeten hinweggesetzt und die militärische Invasion in den Irak gewagt hat. In dieser Zeit erlag die Kirche einer großen inneren Versuchung. Wegen sexuellen Missbrauchs an ihr anvertrauten Jugendlichen standen über hundert katholische Geistliche vor Gericht – darunter auch mehrere Bischöfe.

Hier wird die biblische Wahrheit deutlich offenbar: „Ihr seid das Salz der Erde ... Es ist zu nichts mehr nütze, als dass es von den Leuten zertreten werde“ (Mt. 5,13). „Seht zu, dass ihr durch die Freiheit nicht dem Fleisch Raum gebt, sondern durch die Liebe diene einer dem andern“ (Gal. 5,13). Leider haben die christlichen Kirchen und Theologien bereits in der vergangenen Zeit des Kalten Krieges die Chance vertan, die christliche Freiheit mit der bürgerlichen Freiheit zu verbinden gegen den sozialistischen Totalitarismus. Und sie haben es versäumt, die christliche Freiheit – wie Paulus und Luther sie verstehen – von dem Verständnis der westlichen, kapitalistischen, bürgerlichen Freiheit klar zu trennen. Darum sind die Kirchen und die Theologie der Gegenwart gegenüber dem Monopol des bürgerlichen Kapitalismus ohnmächtig, arbeitslos und überflüssig.

„Freiheit" ist der Begriff der „Herrschaft". Dieser Begriff stammt aus der Zeit der Sklaverei. Freie waren Besitzende und Herrschende über andere. Unfreie waren Sklaven, Frauen und Kinder. Darum wies der Apostel Paulus auf die Gesellschaft und die Gemeinde hin, in der es verschiedene Klassen von Freien und Unfreien gab: Juden und Griechen, Freie und Sklaven, Männer und Frauen (Gal.3,28). Es ist heute wie gestern möglich, dass menschliche Freiheit zu Lasten anderer gewonnen wird. Zum Beispiel: Die Vereinigten Staaten von Amerika, die sich selbst als „Musterland der Freiheit" bezeichnen, haben ihre Freiheit dadurch gewonnen, dass die aus Europa eingewanderten Weißen die Einheimischen (Indianer) – über 16 Millionen – ermordeten, ihnen das Land nahmen und über die Überlebenden zu herrschen begannen.

In Europa ist der Freiheitsbegriff des Bürgertums erst in jener Zeit entstanden, als die aufstrebenden Handels- und Kaufmannsleute die Bevölkerung darin unterstützten, den Absolutismus der Adligen mit Gewalt aufzulösen und die Herrschaft der Landesfürsten zu übernehmen. Demnach befindet sich der bürgerliche Freiheitsbegriff nicht außerhalb des Begriffs von „Herrschaft". Die moderne Demokratie definiert Freiheit so: „Jeder Mensch hat das Recht auf Freiheit." Das heißt eigentlich: Wer seine eigene Freiheit behauptet, hat gleichzeitig auch die Freiheit des Anderen anzuerkennen. Wenn nun aber meine Freiheit im Gegensatz zu der Freiheit des Anderen steht, tut sich die Grenze der jeweiligen Freiheit auf. Denn hinsichtlich des Kampfes um Besitz und Macht betrachtet jeder den Anderen als Konkurrenten. Also beschränkt und verhindert jeder Bürger in unserer freiheitlichen Demokratie letztendlich die Freiheit des Anderen. Daher besteht für jeden Bürger das Diktat der Überlegenheit, die eigene Freiheit zu erweitern. Zusammenfassend kann man sagen: Wer in unserer freien Demokratie frei sein will, muss auch *herrschen.*

Also noch einmal: Um seine eigene Freiheit zu erhalten, muss jeder herrschen. Und um die Herrschaft der eigenen Freiheit zu bewahren, macht jeder unter Umständen von der *Gewalt* Gebrauch. „Freiheit, Herrschaft und Gewalt" im Namen der Demokratie praktizieren und demonstrieren die USA heute musterhaft, z. B. indem der amerikanische Präsident George W.

Bush seine militärische Invasion im Irak damit rechtfertigte, dass er sagte: „Wir wollen ja unsere Demokratie dort installieren".

Nach dem Kalten Krieg haben die USA die „Globalisierung des Marktes" konstruiert, um die gesamte Welt „ohne Gewalt" zu beherrschen. Die Staaten, die sich aber von der Herrschaft des amerikanischen Marktes distanzierten – Irak, Iran und Nordkorea –, werden von den USA die „Achse der Bösen" und die verschlossenen Staaten genannt, die der amerikanische Imperialismus als ungehorsame Länder vom internationalen Markt ausschließt. Andererseits segeln alle Industrieländer selbstverständlich auf dem Schiff der „Globalisierung des Weltmarkts" der amerikanischen Konstruktion mit und nennen es „Wertegemeinschaft", weil auch sie davon profitieren.

Entsprechend dem physikalischen Prinzip, dass Druck auf eine Stelle des Objekts viele Reaktionen an einer anderen Stelle erzeugt, entstehen auch Reaktionen, wenn im gesellschaftlichen Kontext Starke Schwache unterdrücken und ausbeuten – wie es ein koreanisches Sprichwort sagt: „Auch ein Regenwurm reagiert, wenn er zertreten wird." Die Geschichte der Menschheit beweist diese Wahrheit mehr als einmal. Deshalb warnen alle Religionen – vom Altertum bis zur Neuzeit – vor übertriebener Unterdrückung und Ausbeutung.

Mit der Aufklärung ist den Menschen klar geworden, dass Freiheit, Gleichheit und Brüderlichkeit als Menschenrechte maßgeblich sind. Das Verständnis der Freiheit kann in Zusammenhang mit Gleichheit und Brüderlichkeit erklärt werden. Die von allen Abhängigkeiten befreite Freiheit gilt allen Menschen und verpflichtet, mit Anderen Freiheit zu teilen und Schwächeren zu helfen.

Wenn die Freiheit allerdings ausschließlich für das eigene Bedürfnis gebraucht wird, entsteht ein Herrschaftsverhältnis, auch ohne jede Absicht. Seitdem die USA eine Außenpolitik verfolgt, die darauf abzielt, sich das Erdöl aus dem Nahen Osten zu sichern, ist das Verhältnis der USA gegenüber den Ölstaaten im Nahen Osten von Herrschaft geprägt. Die Scheiche dieser Länder stellen den USA das Öl gerne zur Verfügung. Andererseits aber stehen gebildete Bevölkerungsgruppen ihren absolutistischen Herrschern kritisch gegenüber. Sie akzeptieren nicht länger, dass die arabischen Monarchen allein das Öl als ihr privates Eigentum beanspruchen und astronomische Reichtümer genießen, während sich die Bevölkerung weiter bescheiden muss. So sind überall in den arabischen Ländern „Vertreter der arabischen Frühlings" aktiv und erkennen in ihren Herrschern und in den politischen Vertretern der USA Interessensgruppen, die die Bevölkerung um ihr Eigentum bringen. Unter diesen revolutionären Bewegungen ist die Gruppe Al-Qaida am aktivsten. Sie kämpfte bereits gegen die Fremdherrschaft der Sowjetunion und jetzt gegen die USA. Alle anderen fremden Invasionsmächte, die mit den USA zusammen arbeiten, betrachtet sie als Feinde. Ihre Mitglieder kämpfen nicht nur gegen Fremde in ihren eigenen Ländern, sondern sie kämpfen auch in den Ländern, die die Invasionsstreitkräfte entsenden. Sie greifen – aus ihrer schwächeren Position heraus – zu allen möglichen Mitteln, vor allem zu terroristischen Aktionen. Am Anfang, als Frankreich und Deutschland sich den USA hinsichtlich der Beteiligung am Irakkrieg verweigerten, waren beide Länder in gewissem Sinn eine „Oase" ohne islamischen Terror.

Nun ist aber auch Deutschland davor nicht mehr sicher, seit es sich in Afghanistan immer aktiver einsetzt.

Es muss die ernsthafte Frage gestellt werden, wieso junge Menschen aus islamischen Ländern bereit sind, sich als Selbstmordattentäter zur Verfügung zu stellen? Unsere Tageszeitungen, unsere elektronischen Medien melden täglich, wie viele Amerikaner und Verbündete getötet werden, während die Verluste der einheimischen Bevölkerung weniger Beachtung finden. Warum machen wir uns mehr Gedanken über so genannte „präventive Maßnahmen" und „Überwachungsgesetze" als über den Ursprung des islamischen Terrorismus? Mit einem Wort: Ist der islamische Terrorismus eine einseitige Angelegenheit oder tragen auch wir eine Mitschuld daran?

Warum fällt es uns so schwer, dieses Phänomen eindeutig zu analysieren und einiges klar zu stellen? Ich glaube, es liegt daran, dass uns die Einsicht fehlt, unsere Freiheit im Licht der Herrschaft zu betrachten. Wie lange braucht die Menschheit, die Grenzen der bürgerlichen bzw. demokratischen Freiheit zu erkennen, um einer besseren Freiheit nachzueifern? Wird es noch in diesem 21. Jahrhundert möglich sein?

Der so genannte islamische Terrorismus ist in der Tat ein großes Krebsgeschwür unserer Zeit. Diese schreckliche Selbstzersetzungsenergie kommt aus dem Inneren der Freiheit des Menschen. Diese Stunde (Kairos) ist aber auch die Chance für die Menschheit, die wahre Freiheit von Gott zu lernen. Diese Freiheit ist eine ganz andere als die, die Amerika lehrt. Die Freiheit, die Jesus uns vorgelebt hat, ist die Freiheit, die nicht das eigene Bedürfnis befriedigt, sondern die den „Nachbarmenschen" liebt und ihm dient.

Nachwort: In der Hoffnung auf den Tag ohne Grenzen

Ein Jahr vor meinem Ruhestand, also 1990, ist die Mauer zwischen der BRD und DDR gefallen und Deutschland wieder eins geworden. Daraufhin wurden überall in Europa, wo die Grenzen des Kalten Krieges durchgezogen waren, die Stacheldrähte weggeschafft. Deutsche und Europäer empfanden mit dem ganzen Körper eine große „Freude ohne Grenzen“! Wie schrecklich hatte sie der Alptraum des Gegeneinanders 45 Jahre lang gequält; umso wunderbarer ihre Befreiung! Nun begannen die Europäer davon zu träumen, „Europa unter einem Dach“ aufzubauen. Ihre Freude war zugleich auch meine.

Obwohl die äußere Mauer verschwunden war, begann aber nun eine unsichtbare Mauer zwischen den „Wessis“ (Westdeutschen) und den „Ossis“ (Ostdeutschen) sichtbar zu werden. Die Wessis meinten, der Zusammenbruch des Sozialismus bedeute gleichzeitig den Triumph des Kapitalismus. Diese Sicht der Westdeutschen war eher hinderlich, den Ossis näher zu kommen. Der Hochmut des Kapitalismus ignoriert die sozialistische Geschichte als einen „nonsense“ oder als einen Unfall in der Geschichte der Menschheit. Den Wessis fehlte einfach eine analytische Selbstkritik.

Die PERESTROIKA von Michail Gorbatschow konnte den Sozialismus, der ständig Reformen vernachlässigt hatte, nicht mehr retten. Seine kritische Bemerkung Erich Honecker gegenüber traf schließlich auch ihn selbst: „Wer zu spät kommt, den bestraft das Leben.“ Verständnislosigkeit der Westdeutschen ist einfach da. Es gibt keine Verständigung und keinen Dialog zwischen Hochmütigen und Gescheiterten. Der Fall der Mauer ist eingetreten, aber eine innere und wirkliche Vereinigung lässt noch auf sich warten.

Der Unterschied zwischen Kapitalismus und Sozialismus ist der Interessenunterschied zwischen Reichen und Armen. Solange der Unterschied zwischen beiden existiert, solange der Besitz auf Kosten der Armen entsteht und solange der Konflikt zwischen beiden anhält, werden Kapitalismus und Sozialismus nicht verschwunden sein. Solange die Stärkeren ihre „Freiheit“ festhalten, solange werden die Schwächeren nach ihrer „Solidarität“ streben. Der Unterschied beider wird immer bleiben. Ich glaube aber, dass eines Tages eine Gesellschaft gestaltet werden kann, in der beide nicht gegeneinander, sondern füreinander arbeiten und miteinander in Frieden zusammen leben werden. Das ist eben der Glaube an „das Kommen des Reiches Gottes“, das Jesus angekündigt hat (Mt. 4,17).

Die Menschen, die seit der Antike hinsichtlich der Zivilisation ihrer persönlichen „Freiheit“ beraubt waren, suchen nun – seit der Aufklärung – intensiv weiter und fragen nach der *wahren und eigentlichen* Freiheit. Die Freiheit des Liberalismus in der Bürgergesellschaft, die Freiheit der Demokratie und die Freiheit im Kapitalismus – allesamt gehören sie zur Freiheit des Individuums. Die Gewährung der Freiheit des Individuums aber heißt zugleich die Gewährung der Würde und des Rechts für den einzelnen Menschen.

„Gewährung der Freiheit“ wird unter uns allgemein als ‚Haben' oder als ‚Besitz' der Freiheit verstanden. Freiheit haben, heißt, Würde und Recht des Individuums vorauszusetzen und zu gewähren. Es darf aber nicht so verstanden werden, dass derjenige, der die Freiheit hat, dann alles besitzen darf. Freiheit darf nur „innerhalb des Begriffs der Menschwerdung und zum Lebenswohl des Menschen“ verstanden und gebraucht werden. Es ist keine Freiheit, wenn ein Mensch aus eigenem Interesse andere Menschen tötet oder opfert. In der Freiheit lebe ich und leben auch andere Menschen. Die Kategorie der Freiheit heißt: *Ich soll leben und andere sollen auch leben.* Für *mein* Leben *anderer* Leben zu unterdrücken oder zu berauben, ist keine Freiheit. Darum ist die Freiheit eines Kapitalismus, in dem die Freiheit der Stärkeren die Freiheit der Schwächeren dominiert und raubt, genau das Gegenteil vom Wesen der Freiheit – ja, sogar ihre Zerstörung.

Das Verständnis der freiheitlich-bürgerlichen Gesellschaft, die eine junge Geschichte hat, konzentriert sich nur auf das *Besitzrecht.* Die Freiheit ist aber nicht dazu da, um nur bei sich selbst zu bleiben, sondern sie will, damit sie weiter geht, andere Menschen außer sich selbst entdecken. Darum sagt Paulus: „Zur Freiheit hat uns Christus befreit!“ (Gal 5,1). So ist sie nicht dem „Fleisch auszuliefern, sondern sie soll durch Liebe dem Nächsten dienen wie dir selbst!“ (Gal 5, 13-14 ; Mk 12, 31).

Die Freiheit gehört also nicht dem egoistischen Streben, sondern dem gesellschaftlichen Gemeingut. Die kapitalistische Freiheit, die die Herrschaft der Stärkeren über die Schwachen bedeutet, ist nicht viel anders als die tierische Freiheit. Theologisch und philosophisch trägt die Freiheit des Menschen eine hohe Qualität. Die menschliche Freiheit erlaubt nicht ein Ignorieren der Freiheit des Anderen. Es ist auch nicht ausreichend, dass die Freiheit des Einzelnen und die des Anderen nebeneinander existieren. Die Freiheit hat die höhere Aufgabe und Verantwortung dafür, dass die Stärkeren die Schwachen schützen und dass diese ihre Freiheit mit den Schwachen teilen, so wie Eltern sich ihren Kindern zur Verfügung stellen.

Der Hauptgrund des Scheiterns des Sozialismus im 20. Jahrhundert lag wohl darin begründet, dass er nicht auf Freiwilligkeit beruhte, sondern auf einer durch Befehl erzwungenen Solidarität. Andererseits befindet sich auch der Kapitalismus wegen der Gegensätze und Streitigkeiten innerhalb der Gesellschaft in einer tiefen Existenzkrise. Es ist an der Zeit, dass sich die Menschen in einer globalisierten Welt nicht nur mit der Freiheit in Bezug auf die eigenen Grundrechte beschäftigen, sondern mehr noch mit der Verantwortung und Verpflichtung hinsichtlich der Freiheit des Anderen, damit unsere Weltgemeinschaft menschlicher und gerechter wird.

Wenn der Kapitalismus dem geschichtlichen Versuch des Sozialismus mit dem nicht entsprechenden Respekt begegnet oder sich täuscht, als ob das Scheitern des Sozialismus den Sieg des Kapitalismus bedeute, hat er nichts dazu gelernt. In diesem Zusammenhang würde ich mir sehr wünschen, dass das koreanische Volk, das in zwei gesellschaftlichen Systemen – im Kapitalismus und im Sozialismus – lebt, seine Trennungszeit dazu nutzt, voneinander zu lernen und einander zu ergänzen. Diese geschichtliche Chance, nämlich die gesellschaftliche Korrelation von Freiheit und Solidarität zu erlernen und zu entwickeln, sollte nicht vertan werden. Es ist darum nicht nur für die Deutschen, sondern auch für die weltweite Gemeinschaft bedauerlich, dass die deutsche Wiedervereinigung das Zwischenstadium des „Voneinanderlernens“ übersprungen hat, indem die sozialistische DDR von der kapitalistischen BRD einfach annektiert worden ist.

Ebenso ernsthaft wie die Grenzziehung zwischen Kapitalismus und Sozialismus verfolge ich nun auch das Grenzproblem von „Migration“, die mit dem 21. Jahrhundert global aufgebrochen ist. Die neuzeitliche Migration begann zuerst mit der Wanderschaft von Volksgruppen aus dem armen Süden nach dem reichen Norden. Mit der Forcierung der Globalisierung wird nun nicht der Arbeitsmarkt zum Kapitalmarkt, sondern umgekehrt, der Kapitalmarkt wanderte hin zum Arbeitsmarkt.

Solange die Differenz zwischen Reichen und Armen auf dieser Erde so groß bleibt, wird der Strom der armen Menschen in reiche Länder nicht aufhören.

Längst ist bekannt, dass die USA die über 1.500 km lange Grenze zu Mexiko mit einem drei Meter hohen Drahtzaun befestigt haben und mit Hunderttausenden von Grenzpolizisten Tag und Nacht überwachen, um illegale Einwanderer aus dem benachbarten Lateinamerika zu stoppen. In Europa ist die Grenze des Kalten Krieges längst verschwunden, aber Europa baut jetzt eine neue Grenze nach Süden zu Afrika auf. Jedes Jahr greift die italienische und spanische Marine im Mittelmeer und im Atlantik Zigtausende illegale Afrikaner auf, von denen ein Großteil wieder nach Hause zurückgeschickt wird.

Es gab vor 50 Jahren, als ich nach Deutschland kam, in der BRD etwa 40 Koreaner. Sie waren fast alle Studenten, die sich befristet hier aufhielten. Heute sind etwa 20.000 unserer Landsleute in Deutschland sesshaft geworden. Man schätzt, dass die ausgewanderten Koreaner in aller Welt etwa sechs Millionen zählen. Die koreanische Auswanderung nimmt von Jahr zu Jahr zu, selbst wenn sich Südkorea in die Zehnergruppe der Industrieländer integrieren will.

Nach Deutschland kamen in der Zeit von 1965 bis 1975 etwa 10.000 Facharbeiter und Facharbeiterinnen aus Südkorea, nämlich etwa 4.000 Bergleute und etwa 6.000 Krankenschwestern, die die BRD dringend benötigte. Beide Staaten hatten damals aus rein arbeitsmarkt- und wirtschaftlichem Interesse jene befristete Migration vereinbart. Die BRD brauchte Fachkräfte, Südkorea Kapital bzw. Devisen. Auswanderung oder Einwanderung kam für beide Länder überhaupt nicht in Frage. Mit der Entwicklung der Globalisierung ist Deutschland nun aufgefordert, die Arbeitereinwanderung nicht mehr mit dem „Ausländergesetz“, sondern auf Grundlage des „Migrationsgesetzes“ zu behandeln und zu bewältigen.

Da Deutsche und Koreaner nun nicht mehr Gastgeber und Gast, sondern gleiche Bürger in einer Gesellschaft sind und auch zwei Kulturen vertreten, ist unsere „Partizipation“ an unserer gemeinsamen Gesellschaft sehr vonnöten. Partizipation ist keine Pflichtsache. Sie ist die Sache der Perspektive bzw. Einstellung des einzelnen Subjekts, also jedes Bürgers, die gemeinsame Gesellschaft als gemeinsame Verantwortung zu betrachten und anzunehmen. Eine partizipatorische Gesellschaft verlangt vom jedem Bürger seinen kulturell partikularen Beitrag. Deshalb setzt diese Gesellschaft die „kulturelle Identität“ jedes Bürgers voraus.

Meine kritische Bemerkung: Deutsche und Koreaner haben ein gemeinsames Problem in Bezug auf eine Multi-Kulti-Gesellschaft. Beide Völker sind sehr lange von der Ideologie des „einrassigen Volkes“ ernährt und erzogen worden. Die Koreaner sind stolz auf den Begriff von „Dan-il-Minjok“ (Volk aus einer Rasse), während viele Deutsche im letzten Jahrhundert an „die Überlegenheit der Germanen“ (oder Arier) geglaubt haben. Es kann sein, dass ein Volk mit solcher Ideologie enger zusammenrückt. Anderseits hat das einrassige Volk einen großen Nachteil, weil es wie beim „Inzest“ oder bei der „Inzucht“ biologisch, ethnologisch und soziologisch hinter Regeneration und Kreativität weit zurückbleibt.

Zum Glück hat das deutsche Volk nach dem Zusammenbruch des Dritten Reiches eine neue Koexistenz mit anderen Völkern in Europa gefunden: nämlich die „Europäische Union“. Es scheint so, dass es den Deutschen gelingt, mit anderen Völkern in Europa zusammen zu leben. Dieser große Versuch geht noch weiter. Aus der kleinen „Montan Union“ ist nun eine fast vollständige Union mit 25 Mitgliedsstaaten geworden.

Die europäische Völkergemeinschaft bezeichnet man hier zu Lande nicht mehr als eine disperate Kulturgemeinschaft – katholisch, protestantisch, orthodox oder jüdisch –, wie es bis 1945 war, sondern man versteht sich nunmehr als „Wertegemeinschaft“. In der Gegenwart, in der eher ein vielfarbiges Zusammenleben praktiziert wird, wird unsere gemischte Gemeinschaft eine „Multi-Kulturelle-Gesellschaft“ genannt.

Es scheint mir so, dass das Zusammenspiel zwischen den europäischen Werten und der asiatischen Kultur immer besser funktioniert. Warum ist aber das Zusammenspiel mit der arabischen bzw. islamischen Kultur im Augenblick so belastet? Siehe z.B. den Streit um das Kopftuch islamischer Kinder in deutschen Schulen! Ich beobachte seit langem, dass in fast allen Symphonieorchestern der großen Städte in Deutschland immer einige asiatische Gesichter zu finden sind. Jedes Mal, wenn ich solche Symphonieorchester höre, träume ich von der schönen und wunderbaren Welt, in der es keine Grenzen mehr gibt. Es kann mir keine bessere Beschreibung einer grenzenlosen Welt gelingen als „eine gemischte und gemeinsame Symphonie“ aller Rassen der Menschheit!